Convite à linguística

Conselho Acadêmico
Ataliba Teixeira de Castilho
Carlos Eduardo Lins da Silva
Carlos Fico
Jaime Cordeiro
José Luiz Fiorin
Magda Soares
Tania Regina de Luca

Proibida a reprodução total ou parcial em qualquer mídia
sem a autorização escrita da editora.
Os infratores estão sujeitos às penas da lei.

A Editora não é responsável pelo conteúdo deste livro.
A Autora e o Organizador conhecem os fatos narrados, pelos quais são responsáveis,
assim como se responsabilizam pelos juízos emitidos.

Consulte nosso catálogo completo e últimos lançamentos em **www.editoracontexto.com.br**.

Claudine Normand

Convite à linguística

Organização de textos e de tradução
Valdir do Nascimento Flores
Leci Borges Barbisan

Copyright © 2009 da Autora

Todos os direitos desta edição reservados à
Editora Contexto (Editora Pinsky Ltda.)

Imagem da capa
Anfiteatro na Sicília, por Jaime Pinsky

Montagem de capa
Gustavo S. Vilas Boas

Diagramação
Kenosis Design

Revisão

Flávia Portellada

Dados Internacionais de Catalogação na Publicação (CIP)
(Câmara Brasileira do Livro, SP, Brasil)

Normand, Claudine
Convite à linguística / Claudine Normand; Valdir do
Nascimento Flores e Leci Borges Barbisan (orgs.); tradução de
Cristina de Campos Velho Birck et al. – 1. ed., 3ª reimpressão. –
São Paulo : Contexto, 2015.

ISBN 978-85-7244-452-1

1. Linguística I. Flores, Valdir do Nascimento. II. Título.

09-10447   CDD-410

Índice para catálogo sistemático:
1. Linguística   410

2015

EDITORA CONTEXTO
Diretor editorial: *Jaime Pinsky*

Rua Dr. José Elias, 520 – Alto da Lapa
05083-030 – São Paulo – SP
PABX: (11) 3832 5838
contexto@editoracontexto.com.br
www.editoracontexto.com.br

Sumário

SOBRE SAUSSURE, BENVENISTE E OUTRAS HISTÓRIAS DA LINGUÍSTICA 7

PROPOSIÇÕES E NOTAS PARA UMA LEITURA DE F. DE SAUSSURE 23

METÁFORA E CONCEITO: SAUSSURE/FREUD – SOBRE ALGUNS PROBLEMAS DO DISCURSO TEÓRICO 47

O CURSO DE LINGUÍSTICA GERAL, METÁFORAS E METALINGUAGEM 81

ALGUNS EFEITOS DA TEORIA SAUSSURIANA SOBRE UMA DESCRIÇÃO SEMÂNTICA 97

LINGUÍSTICA, LÓGICA E FILOSOFIA OU COMO NELAS SE PERDER PARA SE ENCONTRAR 111

FILOSOFIA DOS LINGUISTAS E TEORIA DO SUJEITO 125

INTERIOR/EXTERIOR: FUNÇÃO DE UMA METÁFORA 135

ÉMILE BENVENISTE: QUAL SEMÂNTICA? 153

SEMIOLOGIA, SEMIÓTICA, SEMÂNTICA: OBSERVAÇÕES SOBRE O EMPREGO DESSES TERMOS POR ÉMILE BENVENISTE 173

SEMIÓTICA E PRAGMÁTICA: UM BREVE HISTÓRICO 185

SAUSSURE-BENVENISTE 197

NOTA SOBRE A TRADUÇÃO E A EQUIPE DE TRADUTORES 205

A AUTORA 207

Sobre Saussure, Benveniste e outras histórias da linguística

Leci Borges Barbisan
Valdir do Nascimento Flores

O título dado a esta apresentação do primeiro livro de Claudine Normand em Língua Portuguesa impõe a nós, de imediato, três compromissos: falar sobre Ferdinand de Saussure, sobre Émile Benveniste e sobre a história da linguística.

Esse empreendimento não é novo: ele já nos foi sugerido pelo próprio trabalho de Claudine Normand que, desde muito cedo, preocupou-se em apresentar as ideias linguísticas e discuti-las profundamente. Dentre os vários sistemas de pensamento detalhados pela perspicaz reflexão de Normand – da qual este livro não faz mais que apresentar uma pequena parte – Saussure e Benveniste ocupam, sem dúvida, lugar de destaque. Eles são presenças reiteradas, sempre e cada vez de maneira ímpar, na reflexão da autora.

Não sem razão, Claudine Normand determinou que encerrássemos este livro com um capítulo intitulado "Saussure-Benveniste" (o hífen deve aqui ser entendido como traço de união e não de separação).

Nesse belo texto, originalmente publicado nos *Cahiers Ferdinand de Saussure*, Claudine Normand relembra os contextos teóricos nos quais as relações entre Saussure e Benveniste são comumente estudadas para, enfim, falar em "encontros" (*rencontres*). Para Normand, Benveniste encontrou Saussure.

Nós, aqui, também falaremos de encontros: primeiramente, entre Saussure e Benveniste; em seguida, desses com a linguística e, finalmente, de nosso encontro com eles através do trabalho de Claudine Normand.

Ferdinand de Saussure

Comecemos pelo começo.

A influência de Ferdinand de Saussure[1] decorre, especialmente, do *Curso de linguística geral*, o CLG, livro póstumo organizado por dois de seus amigos, a partir de três cursos ministrados por ele na Universidade de Genebra.

Gostaríamos, antes de tudo, de chamar a atenção para três pontos que normalmente causam muitos mal-entendidos, quando o assunto que está em pauta é Saussure, a fundação da linguística e o papel que teve para o nascimento e apogeu da linguística, na sua versão estruturalista.

O primeiro ponto diz respeito às condições de aparecimento do livro. Geralmente, se ouve dizer que foram os alunos de Saussure que o escreveram. Isso deve ser relativizado. Albert Sechehaye e Charles Bally não assistiram integralmente os cursos de Saussure e dizem isso no prefácio que fazem à obra: "[...] obrigações profissionais nos haviam impedido quase completamente de nos aproveitarmos de seus [de Saussure] derradeiros ensinamentos [...]" (Bally; Sechehaye, Prefácio à primeira edição, p. 2). Disso decorre uma óbvia constatação: o livro foi organizado por pessoas que não ouviram as aulas do mestre e que se basearam tão-somente nas notas dos cadernos dos alunos de Saussure. A leitura que se faz do CLG deve levar esse dado em consideração.

Segundo ponto, esse já mais conhecido: Saussure não utilizou a palavra *estrutura* e o CLG é fiel a isso. Certamente que a teoria saussuriana foi determinante para a instauração do estruturalismo, mas o termo utilizado por Saussure foi mesmo *sistema*. A palavra *estrutura* veio a ser usada apenas no final da década seguinte, mais especificamente, nas teses formuladas no Congresso Internacional de Linguística de Haia pelos linguistas Roman Jakobson e Nicolas Troubetzkoy.

Terceiro ponto: o pensamento de Ferdinand de Saussure é normalmente associado a uma série de dicotomias: significante, significado; paradigma, sintagma, diacronia, sincronia; e a mais famosa: língua e fala.

Sobre esse ponto vale nos determos um pouco mais.

A leitura atenta do CLG permite dizer que Saussure parece não ter tomado essas dicotomias como dicotomias *stricto sensu*. Ao contrário, tudo indica que Saussure insiste num terceiro elemento, mediador da relação binária.

Desse ponto de vista, podemos considerar que Saussure explicita relações que facilmente seriam aprovadas aos olhos dos dialéticos. Vejamos: para a dicotomia significante/significado, há o signo; para relações sintagmáticas/

relações associativas, há o sistema; para diacronia/sincronia, há a pancronia; para língua/fala, há a linguagem. Tudo orquestrado por um grande terceiro, o *valor*: o conceito que sustenta a arquitetura teórica de Saussure.

Ligado ao conceito de *valor* está o de pura *diferença*, uma diferença que não supõe substancialização. A ideia de pura diferença, que leva Saussure a falar em pura negação, o princípio da arbitrariedade do signo e a teoria do valor são, em linhas gerais, os pilares de uma teoria que supõe a desubstancialização da língua e a recusa de uma explicação causal que preexista à própria língua.

Assim, a linguística chega ao século XX. Observemos com mais detalhamento alguns dos conceitos que a conduziram.

Linguagem, língua e fala na teoria saussuriana

Os dois aspectos que fundamentaram e definiram a linguagem na teoria saussuriana – o de língua e o de fala – foram produtivos, embora tenham sido reinterpretados, modificados, alargados em toda a linguística de nosso tempo.

Na teoria saussuriana – ao menos na versão dada no *Curso de linguística geral* (CLG) – há uma importante distinção entre *objeto* e *matéria* da linguística (cf. capítulos II e III da Introdução do CLG).

A matéria é o dado empírico, compreendendo fatos fisiológicos, psíquicos, sociológicos, instituídos por uma coletividade. Os fenômenos que constituem a matéria da linguística são muito diversos, o que torna impossível a construção de uma ciência porque, ao se escolher um aspecto, o linguista corre o risco ou de ser parcial, ou de deformar a realidade, compartimentando-a, isolando fenômenos que talvez não pudessem ser entendidos separadamente. Para evitar essa dificuldade, Saussure opta por um objeto – a *língua* como sistema de signos – que não é uma parte do dado, mas que representa um aspecto privilegiado dos fenômenos.

Saussure pede ao linguista que escolha o ponto de vista a partir do qual interrogará os fenômenos (é o que parece exprimir a afirmativa de que *o ponto de vista cria o objeto*). No capítulo intitulado "Objeto da Linguística" do CLG, Saussure parte do fato de que, diferentemente de outras ciências que têm objetos previamente estabelecidos, na Linguística isso não ocorre, já que a linguagem se apresenta ao pesquisador com faces diferentes como som, como ideia, como estrutura sintática etc. Então, na Linguística, o objeto não preexiste à teoria com a qual ele vai ser analisado. Ao contrário, é à luz de um ponto de vista que o objeto deve ser construído. O objeto da linguística é, assim, denominado língua, o primeiro aspecto da *linguagem*.

A proposta de Saussure de ver na língua o objeto da Linguística decorre da constatação de que a linguagem é um *aglomerado confuso de coisas heteróclitas* que, além de poder ser analisado linguisticamente de diferentes ângulos, está *a cavaleiro de diferentes domínios*, tais como a Psicologia, a Antropologia, a Gramática normativa, a Filologia etc.

A percepção de que a linguagem é *um todo multiforme* aliada à preocupação em construir os princípios da ciência linguística – que necessitava definir um objeto único e autônomo para análise – fizeram com que o conceito de *língua* se tornasse o ponto de partida das reflexões saussurianas contidas no CLG.

Vários argumentos apoiam, no CLG, esse ponto de vista de criação do objeto da linguística: a *língua* tem definição autônoma, é vista como sistema, é norma para todas as manifestações da linguagem, portanto, pode ser estudada cientificamente. A língua é só uma parte da linguagem, é seu produto social e, como tal, é compartilhada pela comunidade de fala por meio de um contrato que se estabelece entre seus membros; é *o produto que o indivíduo registra passivamente* por aprendizagem, é de natureza concreta.

A *fala* – o outro aspecto da linguagem – é a utilização da *língua*, sua parte individual, de caráter criador e livre. É o acessório, o acidental da linguagem. Assim sendo, a *fala* não pode ser o objeto próprio da Linguística, que deve se ocupar do estável, do geral, isto é, da *língua*, porque esta é homogênea, porque faz a unidade da linguagem. A *fala* se subordina à *língua*.

A *língua* pode ser estudada separadamente, mas *língua* e *fala* são estreitamente relacionadas: a *língua* é necessária para a *fala* inteligível, e a *fala* é necessária para o estudo da *língua*. A *fala* vem antes, faz evoluir a *língua*. Há interdependência entre elas. Mas não se poderia reunir, sob o mesmo ponto de vista a *língua* e a *fala*, explica Saussure, para quem o estudo de cada uma implica uma linguística própria.

Assim, ao lermos o capítulo III ("Objeto da Linguística") da Introdução do CLG, observamos que a distinção entre *língua* e *fala* apresenta propósitos bem definidos: 1) o de mostrar sua intenção de fundar a ciência da linguagem; 2) o de enfatizar a necessidade de definição de um objeto único e classificável para essa ciência; 3) o de defender sua tese de que esse objeto é criado a partir de um ponto de vista; 4) o de demonstrar, apoiado em vários argumentos, que esse objeto só pode ser a *língua* como é por ele entendida.

As relações entre *língua* e *fala* também permitiram a Ferdinand de Saussure se ocupar da relação entre o campo da linguística e o da exterioridade. No capítulo IV da Introdução do CLG, "Linguística da língua e linguística da fala", Saussure afirma que "Com outorgar à ciência da língua seu verdadeiro lugar no conjunto do estudo da linguagem, situamos ao mesmo tempo toda a Linguística" (CLG, p. 26).[2] E continua: "Todos os outros elementos da linguagem, que constituem a fala, vêm por si mesmos subordinar-se a esta primeira ciência e é graças a tal subordinação que todas as partes da Linguística encontram seu lugar natural" (CLG, p. 26). Para ele, "[...] a língua pode ser comparada a uma sinfonia, cuja realidade independe da maneira por que é executada; os erros que podem cometer os músicos que a executam não compromete em nada tal realidade" (CLG, p. 26).

Saussure considera que a atividade de quem fala deve ser estudada num conjunto de disciplinas que somente têm lugar na linguística pela relação que mantêm com a língua. Por isso, o estudo da linguagem é dividido em duas partes: a primeira, cujo objeto é a língua; a segunda, cujo objeto é a parte individual, a fala. Conforme Saussure, "Cumpre escolher entre dois caminhos impossíveis de trilhar ao mesmo tempo; devem ser seguidos separadamente" (CLG, p. 28).

Desse prisma, continua Saussure, a definição de *língua* implica a eliminação de tudo o que seja estranho ao sistema, ou seja, tudo o que pertence ao que ele chamará, no capítulo seguinte, "Elementos internos e elementos externos da língua", de a *linguística externa*.

E, quanto a isso, Saussure não foi ingênuo. O CLG registra que ele tinha presentes, para si, de maneira muito clara, as grandes questões que rondavam (e ainda rondam?) a instauração da linguística como ciência.

Se podemos considerar que, de um lado, com a determinação da *língua* como objeto da linguística, Ferdinand de Saussure parece estabelecer um objeto tangível e regular; de outro lado, não se ignora que Saussure não desconhece que a *fala*, ou aquilo que não cabe na definição de *língua*, problematiza a regularidade do objeto construído.

É isso que está exposto em várias passagens do CLG. Daremos apenas um exemplo – no capítulo III da Segunda parte, "Identidade, realidade, valores", Saussure diz:

12 Convite à linguística

Quando, numa conferência, ouvimos repetir diversas vezes a palavra Senhores! temos o sentimento de que se trata, toda vez, da mesma expressão, e, no entanto, as variações do volume de sopro e da entonação a apresentam, nas diversas passagens, com diferenças fônicas assaz apreciáveis quanto as que servem, aliás, para distinguir palavras diferentes (cf. fr. *pomme*, "maçã", e *paume*, "palma", *goutte*, "gota" e *je goute,* "eu gosto", *fuir,* "fugir", e *fouir,* "cavar" etc.); ademais, esse sentimento de identidade persiste, se bem que do ponto de vista semântico não haja tampouco identidade absoluta entre um Senhores! e outro [...] (CLG, pp. 125-26)

Não sem motivo, essa passagem encontra-se em uma parte do CLG na qual Saussure se esforça para estabelecer parâmetros de identificação da unidade de análise da linguística. Ferdinand de Saussure defronta-se aí com um fato fundamental: falamos a mesma língua, mas há algo nela que é específico de quem a fala, logo, irrepetível porque ligado ao tempo da fala.

Para tratar disso, Saussure nomeia uma *linguística da fala* que é diferente da *linguística da língua.* Ao se ocupar da relação entre o campo da linguística e o da exterioridade, no CLG, Saussure impõe a escolha ou do caminho da *língua,* ou do caminho da *fala.* Essa necessidade de escolha, porém, não impede Saussure de admitir a importância dos estudos da *fala.* Em testemunho disso há o capítulo V da Introdução do CLG, "Elementos internos e elementos externos da língua".

Aliás, nunca é demais lembrar: Saussure confere *status* de linguística ao estudo da *fala,* ele o denomina *linguística da fala.*

Émile Benveniste

Enfim, veio Benveniste.

Sendo fortemente influenciada por Saussure, a Teoria da Enunciação criada por Benveniste, poderíamos pensar que *forma* e *sentido* são um espelho das relações *língua/fala,* estabelecidos por Saussure. Ao se abordar o capítulo "A forma e o sentido na linguagem" de *Problemas de linguística geral,* volume II, de 1966, decorrente de uma comunicação a filósofos, que analisa detidamente *forma* e *sentido,* percebe-se o engano. Para tratarmos dessa questão, é necessário retomar as ideias expostas por Benveniste em 1962, no estudo *Os níveis da análise linguística,* volume I.

Nesse estudo, Benveniste apresenta um método de análise para a definição do fato linguístico, trazendo a noção essencial de *nível*, obtido por operações de *segmentação* e *substituição* para a descrição da natureza articulada da linguagem e para a determinação do sentido de seus elementos. A *língua* é vista por Benveniste, nessa data, como *sistema orgânico de signos linguísticos* (PLG I, p. 119),[3] cujos elementos se delimitam através das *relações* que os unem, tanto no eixo do sintagma quanto no eixo do paradigma. A *língua* compreende assim diferentes níveis hierarquicamente constituídos, os fonemas, seus traços distintivos, a palavra, a frase, tornando-se o *sentido* a condição fundamental para que uma unidade de qualquer nível tenha *status* linguístico.

As unidades linguísticas admitem relação com elementos de mesmo nível (relações distribucionais) e com elementos de níveis diferentes (relações integrativas). Esses dois tipos de relação são justificados pelo fato de que um signo é função dos elementos que o constituem e o único meio de definir esses elementos como constitutivos é pela função integrativa. Então, essas duas relações são interdependentes, já que uma unidade só é distintiva se for integrante do nível superior. O nível mais alto é o da *frase* e o inferior é o dos *merismas*. Assim, a *frase* só se define por seus constituintes. Mas, se pergunta Benveniste, que função se atribui à distinção entre constituinte e integrante? *Pensamos encontrar aí o princípio racional que governa, nas unidades dos diferentes níveis, a relação da forma e do sentido* (PLG I, p. 126). O nível da dissociação da unidade em constituintes de nível inferior corresponde à forma; o da integração dessa unidade em um nível superior leva às unidades significantes.

Com essa afirmação, Benveniste retorna à questão da Linguística de sua época que é por ele colocada no início do capítulo: o da necessidade de descrever a língua como estrutura formal, associada à construção do método para definir o objeto a ser estudado. Propõe, então, a noção de *nível* como sendo *essencial* na análise da *língua* vista como *sistema de signos*. O método delimita os elementos da *língua*, por meio da relação que se estabelece entre eles. A análise é feita através de duas operações: a de segmentação e a de substituição. Pelo método de distribuição definem-se os elementos por seus contextos, por meio das relações sintagmáticas e paradigmáticas. Níveis são estabelecidos entre as unidades linguísticas: entre elementos de mesmos níveis são relações distribucionais; entre elementos de níveis diferentes, as relações são integrativas. Uma unidade em um nível é distintiva se ela é integrante do nível superior. A *frase*, que só se define por seus constituintes, é o limite supe-

14 Convite à linguística

rior; o inferior é o *merisma* que é só integrativo. A distinção entre *constituinte* (nível formal) e *integrante* (nível das unidades significantes) é o princípio que estabelece a relação entre *forma* e *sentido*. Para que uma unidade tenha estatuto linguístico, uma condição é indispensável: o *sentido*. A passagem de uma unidade de um nível para o nível superior se faz por meio do *sentido*. Benveniste introduz assim na análise formal o *sentido* que o método distribucional procurou evitar. *Forma e sentido só se definem um pelo outro e devem juntos se articular em toda a extensão da língua* (PLG I, p. 126). O sentido é assim a capacidade de uma unidade de integrar o nível superior. Um outro aspecto da noção de sentido é o fato de que uma unidade é significante. Isso decorre de sua propriedade de ser distintiva, opositiva, delimitada por outras unidades e reconhecida pelos falantes da língua.

A *frase* é o último nível da análise, não se integra em outro mais alto. Como tal, define Benveniste, *é a própria vida da linguagem em ação* (PLG I, p. 129). Com ela entra-se em um domínio novo: deixa-se o domínio da língua como sistema e chega-se ao da língua como instrumento de comunicação, expresso pelo discurso. Essa afirmação encontra justificativa em dois fatos: (1) o de que a frase, além de sentido, tem também referência à situação em que se inscreve, o que fundamenta a comunicação; (2) a de que as três modalidades de *frase* (assertiva, interrogativa e imperativa) refletem a atitude do falante em relação a seu interlocutor.

Percebe-se, nesse estudo de Benveniste, a preocupação com o método de análise, com a incidência do ponto de vista assumido pelo linguista para a definição do seu objeto, o que já se encontra em Saussure. Observa-se igualmente, derivada do método, a definição de *língua*, não em oposição à *fala*, como propôs Saussure, mas a partir da noção mesma de *língua*, como *sistema de signos*. Estabelecendo níveis de análise e hierarquizando-os, em decorrência do último nível, Benveniste concebe a *língua* como instrumento de comunicação. *Aí começa a linguagem* (PLG I, p. 131), afirma ele.

Algumas observações podem ser feitas em decorrência dessa colocação. A primeira é a de que, enquanto Saussure, em termos metodológicos prioriza o estudo da *língua*, recortando-a como objeto de análise, Benveniste, partindo da análise formal, tal como foi preconizado por Saussure, atribui um lugar especial ao *sentido* e chega ao *discurso*, à *linguagem*. Outra observação é a de que a preocupação de Benveniste, como a de Saussure, é metodológica, e ambos se situam em relação aos estudos linguísticos da época em que viveram, questionando-os. Saussure, procurando encontrar na *língua* razões para defini-la como objeto de estudo; Benveniste, contrastando com a Linguística centrada na *forma*, traz de volta o *sentido* e, através de uma metodologia de análise da forma, estabelece um novo domínio: o do *discurso*. Uma última observação é a de que ambos concebem duas linguísticas separadas, embora *seus caminhos* (o das linguísticas) *se cruzem* (PLG I, p. 130), como escreve Benveniste.

Mas esse é um momento da reflexão de Benveniste. A questão da *forma* e do *sentido* na linguagem é retomada em um estudo de 1966, no volume II de *Problemas de linguística geral*. Benveniste volta a falar do abandono, em sua época, do estudo do *sentido*, mencionando linguistas que tratavam desse estudo com certo desprezo, taxando-os de "mentalistas". O problema é, assim, recolocado em contexto semelhante ao do estudo de 1962.

A pergunta inicial que ele se faz é: *o que é significação?* Mostrando que a linguagem é a atividade significante por excelência, Benveniste afirma que a significação não é algo acrescentado à *língua*; ao contrário, é seu próprio ser. Mas a *língua* tem também um caráter diferente, o de sua realização por meios fônicos, subordinado ao *sentido*. Concordando com Saussure, ele continuará a definir *a língua como um sistema de signos,* mas pretendendo ir além de Saussure.

O *signo* como unidade semiótica deve ser entendido do ponto de vista da *forma* e do *sentido*, já que é constituído de um *significante* e um *significado*. O *significante*, explica Benveniste, é o aspecto formal do *signo*, é a *forma sonora que condiciona e determina o significado* (PLG II, p. 220). A significação do signo é definida pela comunidade de fala. *É no uso da língua que um signo tem existência* (PLG II, p. 222). Então, tudo o que se relaciona ao semiótico pode ser identificado *no seio e no uso da língua*. Semiótico é intralinguístico. *Ser distintivo*, num signo, *é ser significativo*.

Benveniste retoma *frase*, função comunicativa da *língua*, e entende que *signo* e *frase* têm descrições distintas. Na *língua* há o *sentido* e a *forma*, o se- *mântico* e o *semiótico*, as funções de comunicar e de significar. O semântico é a língua em uso, descrição e raciocínio, não mais o significado do signo, mas do intentado. Há mudança radical de perspectiva do *semiótico* para o *semântico*: com o *signo* se tem o significado, em relação paradigmática de substituição, a realidade intrínseca da *língua*; com a *frase* se está no domínio do sintagma, da conexão, das coisas fora da *língua*, na referência à situação de discurso. Assim, o sentido da *frase* é a *ideia* e as palavras que a compõem têm *emprego*.

Vê-se nesse estudo de 1966 um desenvolvimento da proposta anterior, não mais em termos de preocupação com o método de análise, como em

1962, mas ainda e, principalmente, com o lugar que o *sentido* deve ocupar nos estudos da linguagem. Continua sendo afirmada a separação entre o sistema semiótico, da organização dos signos, e o sistema semântico, da *língua* em uso na comunicação, embora na base de tudo haja *o poder significante da língua*. Na discussão que se seguiu a essa conferência de Benveniste, transcrita após o estudo, à pergunta de Piguet sobre *como a semiótica e a semântica podem coexistir metodologicamente,* Benveniste responde que naquele momento ele considera necessário proceder por linguísticas separadas e que, desse modo, elas podem ser tratadas com mais rigor, mas podem ser articuladas depois.

No estudo de 1970, *O aparelho formal da enunciação*, Benveniste parte mais uma vez da descrição linguística da *forma* que era feita em sua época, e coloca seu objetivo de estudar o *emprego da língua* distinto do *emprego das formas*. O emprego da língua é um mecanismo relativo a toda a *língua* através da *enunciação*, da qual o discurso é uma manifestação. Mas o *discurso* não é a *fala* de Saussure, que Benveniste interpreta como sendo a produção do *enunciado*. A *enunciação*, adverte ele, é o ato de produzir o *enunciado*. A *língua* é o instrumento de que se utiliza o locutor para se enunciar e produzir o *discurso*. Pela *enunciação* a *língua* se converte em *discurso*.

A *enunciação*, definida em seu quadro formal, é um processo de *apropriação*: o locutor se apropria do aparelho formal da *língua* e se enuncia. O ato de apropriação estabelece o locutor em seu discurso. Nesse momento, em 1970, diferentemente do que se lê nos estudos de 1962 e 1966, o foco temático de Benveniste deixa de ser a definição de um método de análise da forma linguística. Embora tratando ainda do quadro formal, o linguista aqui apresenta a *língua* como instrumento do qual o locutor se apropria e estabelece sua *enunciação*. Ao se apropriar do *aparelho formal*, o locutor refere e torna significantes as *palavras vazias* da *língua*, colocando-se na posição de locutor e instaurando o interlocutor, o espaço e o tempo em seu discurso. Pela noção de *enunciação* assim definida, Benveniste articula *forma* e *sentido*, e dá resposta à pergunta de Piguet, de 1966, sobre a coexistência metodológica do *semiótico* e do *semântico*.

Valor e enunciação

Finalmente, há quem considere que a *enunciação* é o que "sobrou" inconcluso no *Curso de linguística geral*. Em favor disso, normalmente, lembra-se Bally e Sechehaye quando falam da *ausência de uma "linguística da fala"*, no Prefácio à primeira edição do CLG.

Pensemos um pouco sobre isso.

Émile Benveniste fala em *aparelho formal da enunciação*, isto é, um dispositivo que as línguas têm e que é disponibilizado pela estrutura mesma da língua para a atualização que o locutor faz do sistema no uso para propor-se como sujeito.

Aqui, diferentemente de Saussure, *língua* e *fala* não se opõem. A ideia de *aparelho formal de enunciação* inclui a de *língua* e a de *fala* e não se esgota nelas, já que o aparelho seria simultaneamente das duas. O aparelho é uma condição da existência de ambas, logo da ordem da linguagem, para usar o termo saussuriano.

Parece, então, possível considerar que a dicotomia *língua/fala*, embora presente, tem outro estatuto na teoria benvenistiana. Não se trata mais de oposição, mas de ver que a *língua* comporta a *fala* e vice-versa. E, quem sabe, isso esteja, mesmo que de forma embrionária, no próprio CLG, quando Saussure aborda as relações sintagmáticas como pertencentes ao discurso, no capítulo v da Segunda parte.

Talvez tenha sido precisamente esse realinhamento das noções de *língua/fala* que Benveniste tenha feito a partir da leitura do CLG. Se Saussure concedia à língua um *status* de maior relevância para o estudo, Benveniste coloca de novo na ordem do dia a interdependência língua/fala, ao conceber *que não há um único aspecto da linguagem que seja um dado fora dos outros e que se possa pôr acima dos outros como anterior e primordialmente existente*. E é o próprio Saussure quem autoriza esse olhar, ao conceber *língua* e *fala* como dois planos constituintes da linguagem.

A *enunciação* de Benveniste busca, poderíamos dizer, exatamente ser uma Linguística da linguagem, pois, ao incluir no seu escopo ambas, *língua* e *fala*, inclui também linguagem.

Admitido esse raciocínio, o objeto da linguística de Benveniste aparece como não redutível à língua como sistema, mas também não identificado à fala como o uso individual do sistema. As categorias de tempo, espaço e pessoa, por exemplo, não são elementos que se somam à língua, mas que a constituem sem, no entanto, existirem independentemente do uso que se faz delas.

Como podemos ver, as noções de *língua* e *linguagem* – mas também a de *línguas* – são de suma importância no pensamento de Benveniste e todas são relevantes para o autor. Benveniste interessa-se pela linguagem, pela língua e pelas línguas simultaneamente.

Tomemos apenas um exemplo: o estudo "Da subjetividade na linguagem", datado de 1958, presente no PLG I. A intersubjetividade/subjetividade ali estudada inclui a ordem da *linguagem* – o título já atesta isso –, a ordem da *língua* – já que a análise conclui em favor de uma generalização sistêmica da oposição *pessoa*/*não-pessoa* – e a ordem das *línguas* – já que há análises de inúmeras línguas (o francês, certamente, mas também as línguas do Extremo Oriente das quais Benveniste era profundo conhecedor). Talvez, então, o mais adequado seja supor que Benveniste fala em "homem na língua", mas também "na linguagem", já que isso é sobejamente mostrado nas análises que faz "das línguas".

De certa forma, poderíamos dizer que temos aqui mais uma diferença do que uma semelhança entre Saussure e Benveniste. Se para Benveniste *língua*, *linguagem* e *línguas* têm igual importância, mesmo que sejam de diferentes estatutos, então isso o afastaria de Saussure, já que, como se sabe, este teria privilegiado a *langue*.

Não pensamos assim. Ao contrário, acreditamos que a linguística de Benveniste conserva muitos aspectos oriundos da linguística saussuriana. O principal deles é, sem dúvida, a noção de *sistema* e, por essa, a noção de *valor*.

No conjunto da obra de Émile Benveniste, de um lado, há textos que criticam a confusão, corrente à época, entre a noção de *estrutura* e a de *sistema*. Exemplos dessa crítica são os capítulos "'Estrutura' em linguística", de 1962, e "Estruturalismo e linguística", de 1968, presentes em *Problemas de linguística geral I* e *II*, respectivamente. De outro lado, percebe-se em Benveniste grande interesse pelo método estruturalista, em especial pelo que ele poderia renovar do comparativismo.

A distinção entre *sistema* e *estrutura* é cara a Benveniste e, em seus trabalhos relativos à *enunciação*, encontramos grande ênfase na noção de *sistema*, a única realmente utilizada por Saussure. Para os trabalhos sobre *enunciação* é o conceito de *sistema* que mais interessa a Benveniste, mesmo que, para os trabalhos ligados ao comparativismo, percebamos forte influência da noção pós-saussuriana de *estrutura*.

O que nos interessa dessa reflexão é situar uma interdependência entre *língua* e *fala* que, em Benveniste, recebe a forma de um princípio: o de que se deve partir dos fatos da *fala* para atingir o sistema da *langue* e que nesta está contido o uso que aquela promove.

Isso é perceptível em várias passagens da obra de Benveniste. Voltemos a *A forma e o sentido na linguagem*, em que Benveniste diz, a respeito do signo e do nível semiótico:

> [...] o que o signo significa não dá para ser definido. Para que um signo exista, é suficiente e necessário que ele seja aceito e se relacione de uma maneira ou de outra com os demais signos. A entidade considerada significa? A resposta é sim, ou não. Se sim, tudo está dito e registre-se; se é não, rejeitemo-la e tudo está dito também. "Chapéu" existe? Sim. "Chaméu" existe? Não. (PLG II, p. 222)

Nesse caso, a existência ou não do signo e de seu sentido está diretamente na dependência de que ele possa ser usado por aqueles que falam a língua, aqueles para quem uma língua é *a* língua, ou seja, para o sujeito: "e este *sim* ou *não* só pode ser pronunciado por aqueles que manuseiam a língua, aquele para os quais esta língua é *a língua* e nada mais" (PLG II, p. 222).

Em Benveniste, o significado do signo linguístico comporta o uso da língua, logo o *valor*, inerente ao sistema, decorre da influência que o uso tem sobre esse sistema. Diz ele: "Nós erigimos, desta forma, a noção de uso e de compreensão da língua como um princípio de discriminação, um critério" (PLG II, p. 227).

Benveniste chega, por esse viés, à noção de uso da língua, ou seja: "é no uso da língua que um signo tem existência; o que não é usado não é signo; e fora do uso o signo não existe. Não há estágio intermediário; ou está na língua, ou está fora da língua, 'tertium non datur'" (PLG II, p. 222).

Os caminhos que levam à história da linguística são percorridos por Claudine Normand através de muitas *histórias*. Acompanhá-las é um convite à linguística que fazemos ao leitor.

Para o leitor, este *Convite à linguística*: um percurso singular por caminhos nunca antes abertos

Resta dizer, portanto, que é com muita satisfação que apresentamos hoje aos estudiosos da linguagem o primeiro livro de Claudine Normand publicado no Brasil. Trata-se de um conjunto de textos – organizados conforme a supervisão direta da autora – produzidos em um vasto período de seu trabalho de pesquisa (dos anos 1970 até bem recentemente), que dão a conhecer parte do percurso de seu pensamento. Há mais de quarenta anos, Normand tem sido responsável pelo movimento, hoje bastante consolidado na França, de recolocar na ordem do dia questões relativas à epistemologia e à história da linguística.

O que mais imediatamente salta aos olhos nos textos de Claudine Normand é a sua capacidade de estabelecer as relações que configuram uma determinada visada epistemológica. Há, em seus trabalhos, muitos deles desenvolvidos junto ao *Groupe de Recherches en Histoire de la Linguistique* (GRHIL), a trajetória de uma pensadora que se preocupou com as condições de transmissão do saber sobre a língua, que criou um estilo de pensamento com o objetivo de mostrar em que medida o saber sobre a língua pode afetar o fazer do linguista.

Mas não é apenas isso: antes de qualquer designação que a ela se possa atribuir, encontramos em Claudine Normand uma professora, fato que assume extrema importância quando se considera o quanto a linguística deve a professores. Vale lembrar Ferdinand de Saussure – sem dúvida uma forte inspiração de Normand – que deixou um legado cuja origem é uma experiência de ensino: seu *Curso de linguística geral*.

E o professor é responsável pela transmissão de uma herança. Como diz o filósofo Jacques Derrida, em um belo livro que reproduz diálogos seus com Elizabeth Roudinesco,[4] a noção de herança constrói a figura de um herdeiro que é legatário simultaneamente de uma dupla injunção, contraditória na sua gênese: a do saber e a do saber reafirmar. Não se escolhe uma herança, ela se impõe ao herdeiro que, no entanto, pode preferir preservá-la viva ou condená-la à morte. Ao se reafirmar uma herança se pode evitar que venha a morrer; reinterpretá-la é condição para lhe dar um lugar na atualidade.

Mas o que o professor transmite quando ensina? Certamente não apenas um conteúdo, pois nada garante que um conteúdo seja. O que a experiência de ensinar pode transmitir é apenas um lugar de enunciação: o lugar de quem também pode vir a ensinar. Mas essa posição não é jamais absoluta. Ela deve ser concedida pelo professor e construída pelo aprendiz. Um professor deve saber criar em seus alunos a expectativa de que eles venham a descobrir coisas das quais, ainda, pouco ou nada sabem. Deve saber criar o desejo de ensinar e de aprender. E o texto de Claudine Normand faz isso como poucos.

O desejo é algo que só se constrói pela falta. Logo, o bom professor é aquele que sabe faltar e que sabe fazer faltar! É aquele que ensina a seus alunos que não há como ensinar tudo, que não há como apreender tudo, que o tudo não se diz, que ao homem somente é facultado o direito de falar parcialmente das coisas. Ao ensinar que o tudo não se diz, o professor constrói para seu aluno um lugar de falta. Encontramos essa atitude em cada trabalho de Claudine Normand: no seu rigor conceitual; no fascínio com as vicissitudes da língua; no saber faltar em seu saber.

Talvez seja desse saber faltar que fala Roland Barthes, quando lembra, em *O rumor da língua*: "Falhamos sempre quando falamos do que amamos" (Barthes, 1984, p. 255). E diz mais: "quando um professor fala ao seu auditório, está lá sempre o outro, que vem furar o seu discurso; e esse discurso, mesmo que fosse fechado por uma inteligência impecável, armado de rigor científico ou de radicalidade política, nem por isso deixaria de ser furado: basta que eu fale, que a minha palavra corra, para que escorra". (Barthes, 1984, p. 268)

Essa fatalidade da fala, o leitor terá nos textos presentes neste livro. Não à toa, Claudine Normand intitula a parte final de um recente livro – *Allegro ma non troppo: invitation à la linguistique – Une linguistique douce*, termo que, segundo ela, pode "[...] resumir o que essa prática tem de inofensiva sem que seja inteiramente ineficaz naquilo que deseja produzir" (Normand, 2006, p. 239). A *linguistique douce*: uma metáfora que nomeia um fazer.

Tal prática inofensiva resguarda-lhe um lugar único na linguística ou como ela mesma diz (cf. capítulo 4, deste livro):

> No trajeto (ideal?) que Antoine Culioli[5] atribui ao linguista, passar "do empírico ao formal", eu me detenho numa primeira determinação no que ele mostra melhor do que ninguém e que chama "o brilho da diversidade"; deixo a outros a etapa do "trabalho teórico que vai fundar e construir o formal" (p. 45), o que era, evidentemente, o desejo de Benveniste e de Saussure. É aqui, neste propósito (nesta ilusão?) que me separo deles.

Nos capítulos que compõem este livro, o leitor encontrará estudos que refletem a diversidade de interesses e de objetivos de uma pensadora inquieta, empenhada em refletir com método próprio sobre escritos de Saussure, de Benveniste, de Freud, entre outros, o que faz dela uma das linguistas mais instigantes de nosso tempo.

Mas... prepare-se, leitor, é um percurso singular, o desta linguista, por caminhos nunca antes abertos!

> (O projeto deste livro foi concebido no inverno parisiense de 2008, em Montparnasse, sob a supervisão de Claudine Normand.)

Agradecimento

A concretização deste projeto somente foi possível graças ao trabalho de uma equipe movida pelo entusiasmo e pela dedicação. Os agradecimentos devem ser dirigidos aos tradutores, revisores técnicos e organizadores que muito se empenharam. Finalmente, um agradecimento especial a Claudine Normand. *Merci mille fois* pela gentileza de nos enviar seus textos.

Notas

[1] Utilizaremos, aqui, o nome de Ferdinand de Saussure para referir ao conjunto das reflexões a ele atribuídas, aí incluídas as constantes no *Curso de linguística geral*.

[2] Para referir o *Curso de linguística geral* utilizamos a sigla do livro, seguida da página da edição trabalhada (cf. bibliografia).

[3] *Problemas de linguística geral* I e II serão referidos pelas siglas PLG I e PLG II, seguidas das páginas.

[4] Cf. Derrida, J; Roudinesco, E. *De que amanhã*: diálogo. Rio de Janeiro: Jorge Zahar Ed., 2004.

[5] A. Culioli, *Pour une linguistique de l'énonciation*: opérations et représentations, tome I, Paris, Ophrys, 1990.

Bibliografia

BARTHES, Roland. *Le bruissement de la langue*. Paris: Seuil, 1974.

BENVENISTE, Émile. *Problèmes de linguistique générale I*. Paris: Gallimard, 1966.

_____. *Problèmes de linguistique générale II*. Paris: Gallimard, 1974.

CULIOLI, A. *Pour une linguistique de l'énonciation*: opérations et représentations, tome I, Paris: Ophrys, 1990.

DERRIDA, Jacques; ROUDINESCO, Elizabeth. *De quoi demain... Dialogue*. Fayard, 2001.

NORMAND, Claudine. *Allegro ma non troppo: invitation à la linguistique*, Paris: Ophrys, 2006.

Proposições e notas para uma leitura de F. de Saussure

A partir de uma observação de Canguilhem sobre a *Introduction à la médecine expérimentale*, de Claude Bernard, buscamos apresentar uma leitura crítica de dois capítulos do CLG,[1] feita do mesmo ponto de vista histórico-crítico.

> Vê-se a que ponto a primeira parte desta *Introduction* resulta de sua época pelos problemas que examina, pelas intenções de crítica e de polêmica que realiza, pelos problemas metodológicos que aceita ou recusa. – Deve-se lê-la ao lado de outros textos contemporâneos ou ligeiramente anteriores para que apareça plenamente sua surpreendente diferença.[2]

Seria necessário todo um estudo histórico sistemático para situar Saussure no contexto teórico de sua época; estudo este que poderia, talvez, estabelecer em que medida o CLG funda a linguística enquanto ciência, ou seja, introduz uma mudança radical em relação aos discursos anteriores e contemporâneos.

Esse estudo deveria tratar não apenas dos trabalhos dos linguistas contemporâneos – sobretudo da descendência dos neogramáticos –, mas também dos trabalhos das outras ciências humanas (sobretudo a sociologia) e da configuração geral das ideias sobre as ciências, "a ciência", o objeto, o método, as relações do sujeito e do objeto no conhecimento, ou seja, dos problemas levantados nos textos filosóficos desse período sobre a teoria do conhecimento.

Com base nisso, teríamos alguma possibilidade de resolver o seguinte problema, colocado nos termos da epistemologia de Bachelard e retomado por M. Fichant:[3]

- estamos com Saussure diante de um "corte epistemológico", "constitutivo de uma ciência", comparável ao exemplo geralmente evocado dos trabalhos de Galileu?

24 Convite à linguística

- ou é necessário apenas falar de "demarcação" (ou ruptura intraideológica), isto é, de um desses casos de "aperfeiçoamentos, correções, críticas, refutações, negações de certas ideologias ou filosofias, que precedem logicamente o corte epistemológico"?[4] Isso traria o problema corolário de saber se a linguística atual é de fato fundada como ciência e por quais trabalhos (sobre os quais seria necessário fazer as mesmas perguntas);

- ou ainda, trata-se de uma "ruptura intracientífica, simples reformulação da problemática teórica" como intervém na história de uma ciência?

Lembremos que esses conceitos são aplicados por M. Fichant, antes de tudo à física, e que ele adverte contra uma aplicação apressada em qualquer outra disciplina se ela não se apoia, precisamente, sobre "a história da disciplina considerada, referida ao campo diferencial da história das ciências".[5]

O problema crucial que se coloca então, e que permitirá ou não falar de corte, é o dos meios pelos quais determinar exatamente a diferença entre o discurso novo e os outros discursos teóricos.

Em exemplos conhecidos, Bachelard, Canguilhem, Althusser definiram essa abordagem em termos de "leitura". De um mesmo ponto de vista, M. Pêcheux, em uma obra mais recente,[6] propõe para essa análise de discurso a aplicação de um procedimento rigorosamente formalizado do qual ele apresenta a elaboração teórica.[7]

O objetivo dessas notas é propor uma introdução às pesquisas linguísticas. Nos limitaremos, aqui, a um ensaio de leitura de dois capítulos da Segunda parte do CLG dedicados à definição do objeto do estudo linguístico:

Capítulo II: as entidades concretas da língua;

Capítulo III: Identidades – Realidades – Valores.

Nós nos perguntaremos se eles podem ser tomados como exemplo de um procedimento científico.

Mais duas observações antes de abordar essa leitura:

- O CLG não foi escrito por Saussure, como todos sabem, e podemos ser questionados sobre a legitimidade de nosso procedimento: imputar a Saussure o que é apenas uma apresentação indireta e posterior de suas aulas. Mas é através desse texto (e muito mais raramente dos manuscritos apresentados por Godel)[8] que conhecemos, utilizamos, lemos Saussure. É, portanto, esse texto que conta como fonte e referência no contexto teórico atual.[9]

- Quais são os critérios que nos permitirão definir esse texto como científico ou não em relação aos demais discursos?

Na espera da elaboração de um método rigoroso, permitindo-nos determinar os critérios respectivos do discurso ideológico e do discurso científico na disciplina considerada, pareceu-nos possível apoiar-nos em noções tomadas da reflexão teórica sobre outras ciências, particularmente, as de Bachelard em *La formation de l'esprit scientifique* e *Le nouvel esprit scientifique*.

M. Fichant afirma, e isso também pode ser considerado como um critério: "O corte tem por efeito tornar impossíveis certos discursos ideológicos ou filosóficos que o precedem, ou seja, levar a nova ciência a romper explicitamente com eles".[10]

Mas, no presente caso, se há ruptura, ela não é imediatamente explícita; e, se o texto nos interessa, também é, sobretudo, por causa de seus tateamentos e suas ambiguidades.

Nós lhe faremos, então, a pergunta que Bachelard dirige ao especialista:

> Como o senhor pensa? Quais são seus tateamentos, suas tentativas, seus erros? Que impulso o faz mudar de ideia? [...] Dê-nos suas ideias vagas, suas contradições, suas ideias fixas, suas convicções sem provas [...][11]

Nesses dois capítulos, Saussure esforça-se para definir e estabelecer as unidades sobre as quais deve basear-se a análise linguística, em outras palavras, o próprio objeto da linguística.

Tínhamos várias formas de apresentar esse texto:

- Resumir o exposto em uma leitura literal que restabelece os encadeamentos lógicos, quando não são evidentes; perspectiva didática que não dá conta da pesquisa, do próprio procedimento em suas hesitações, mas somente dos resultados.

- Fazer uma leitura crítica, passo a passo, seguindo todos os desvios da apresentação. Essa etapa, necessária, sem dúvida, ao estudo do texto, pode apresentar, exposta como tal, uma grande confusão. Por outro lado, acreditando encontrar, desse modo, todo o percurso do pensamento, não nos tornamos vítimas das aparências? Este texto, ele próprio submetido às exigências da exposição didática, não nos apresenta, diretamente legível, a ordem da pesquisa.

Escolhemos fazer uma "leitura recorrente"[12] dos capítulos estudados. Partiremos, desse modo, da noção de *Valor*, conclusão do capítulo III, que aparece

26 Convite à linguística

como uma noção primeira (e não, como se poderia acreditar pela exposição didática, o resultado de uma demonstração).

Se partimos dessa noção fundamental, ao invés de considerá-la como um ponto de chegada, compreendemos melhor a apresentação crítica das noções tradicionais. O conceito de valor vem responder às questões postas a essas noções tradicionais e, até então, deixadas sem resposta. Saussure parte de uma "ideia fixa" (sem, de fato, explicitá-la) e todos os exemplos dados, todas as questões postas, tendem a nos convencer de que ela é a única forma correta de se abordar o problema.

> Vê-se, pois, que nos sistemas semiológicos, como a língua, nos quais os elementos se mantêm reciprocamente em equilíbrio de acordo com regras determinadas, a noção de identidade se confunde com a de valor, e reciprocamente. Eis porque, em definitivo, a noção de valor recobre as de unidade, de entidade concreta e de realidade.[*]

Os termos de conclusão não devem criar ilusão. Essa afirmação não é o resultado de uma indução a partir de fatos observados. A noção de valor é aqui introduzida por analogia com o jogo de xadrez,[13] sem que o vínculo com o que precede apareça claramente em uma primeira leitura linear.

Trata-se de uma noção fundamental, que desenvolve a noção de língua como sistema. Saussure não pode demonstrar essa hipótese, pode apenas afirmá-la, repeti-la, e é, através de um artifício de apresentação, que ele a apresenta como uma conclusão.[14]

Parece-nos que se pode ler o capítulo II como a sobreposição de três percursos de pensamento, que são contraditórios, sem que a contradição jamais seja explicitamente denunciada.

Em um determinado nível, temos o procedimento empírico, cujas marcas são as seguintes:

- Saussure coloca o problema das "entidades e unidades" da língua, que a linguística deve estudar. Como reconhecê-las, ou seja, delimitá-las?

---

[*] N. T.: as passagens citadas pela autora do CLG correspondem, na tradução, à edição brasileira: Saussure, F. de. *Curso de linguística geral*. São Paulo, Editora Cultrix, 1991. Indicaremos, neste capítulo, a sigla CLG, seguida da página da versão em português entre parênteses e da página da versão francesa citada pela autora entre colchetes. (Saussure, F. de. *Cours de linguistique générale*. Edition critique préparée par Tullio de Mauro, Paris, Payot, 1972.) Assim, tem-se, nesta citação, CLG (p. 128) [p. 154].

• Pode-se, em uma primeira etapa (a da experiência comum), recorrer às significações sem as quais "o ouvido não percebe nenhuma divisão suficiente e precisa" na tira fônica "contínua".[15]

Essa primeira análise "nada tem de material".[16]

• Essa primeira experiência é retomada de modo mais detalhado no segundo parágrafo – "Método de delimitação" – e sua validade é verificada "pelo método das comparações (tem-se a mesma unidade quando a comparação da mesma porção fônica em frases diferentes mostra que se tem, a cada vez, o mesmo sentido. Exemplo: "la force du vent" – "à bout de force".[17]

Estreitamente relacionada a esse primeiro procedimento, sua própria crítica:

• "Essa análise nada tem de material".[18] Saussure não explica o que entende por esse termo. Parece, segundo o que precede, que deseja mostrar aqui a intervenção de uma operação intelectual na própria observação, o caráter puramente intelectual desse tipo de análise.[19]

> Em resumo, a língua não se apresenta como um conjunto de signos delimitados de antemão, dos quais bastasse estudar as significações e a disposição; é uma massa indistinta na qual só a atenção e o hábito nos podem fazer encontrar os elementos particulares. A unidade não tem nenhum caráter fônico especial e a única definição que dela se pode dar é a seguinte: *uma porção de sonoridade que, com exclusão do que precede e do que segue na cadeia falada, é significante de um certo conceito.*[20]

• O primeiro parágrafo conduz a um tipo de impasse, uma vez que a única definição dada da unidade, longe de oferecer o modo de delimitá-la, supõe a resolução do problema *"com exclusão do que precede e do que segue"*.[21]

• O terceiro parágrafo retoma essa experiência comum do recurso às significações para criticar o emprego da noção usual de *palavra*. "[...] o que é uma frase senão uma combinação de palavras, e o que existe mais fácil de perceber?"[22]

Além dos linguistas nunca terem concordado sobre esse conceito, ele não pode responder à definição dada mais acima da unidade; ele não é operatório, uma vez que nos faz classificar sob uma mesma identidade: *cheval – chevaux,*

28 Convite à linguística

ao passo que são "duas coisas bem diferentes, tanto pelo sentido como pelos sons".[23]

Desse modo, o procedimento empírico, acompanhado por sua crítica, conduz, na busca das unidades, a resultados negativos. Depois do impasse do primeiro parágrafo, vem a afirmação do terceiro parágrafo:

"Deve-se procurar a unidade concreta fora da palavra"[24] e se retoma, na forma de um julgamento, a questão posta no início e não resolvida: "[...] é dificílimo desenredar, numa cadeia fônica, o jogo das unidades nela contidas e dizer sobre quais elementos concretos uma língua opera".[25]

Mas, paralelamente, um outro procedimento, dedutivo, que opera através de hipóteses sucessivas desenha-se; essas hipóteses apresentam as noções fundamentais em nome das quais, de fato, Saussure critica o procedimento empírico (sem que jamais esse vínculo com a crítica seja mostrado explicitamente).

São os "dois princípios que dominam toda a questão",[26] apresentados desde o início do capítulo:

- A noção de signo, "associação de um significante e de um significado",[27] e a afirmação de que se trata aqui do objeto procurado. "Os signos de que a língua se compõe não são abstrações, mas objetos reais; é deles e de suas relações que a Linguística se ocupa; podem ser chamados *entidades concretas* desta ciência".[28]

- O princípio do funcionamento da língua por oposição: "São essas entidades delimitadas ou *unidades* que se opõem no mecanismo da língua".[29]

A partir desses princípios, Saussure critica a noção de palavra (como "incompatível" com a definição do signo), critica as "ilusões" do conhecimento comum e de certas teorias gramaticais precedentes e exige um novo método que vá além das aparências.

> Sem dúvida, os falantes não conhecem essas dificuldades; tudo o que for significativo num grau qualquer aparece-lhes como um elemento concreto, e eles o distinguem infalivelmente no discurso. Mas uma coisa é sentir esse jogo rápido e delicado de unidades, outra coisa dar-se conta dele por meio de uma análise metódica.[30]

Esses dois procedimentos são, portanto, realmente contraditórios; o primeiro dependendo da teoria empirista da observação imediata, que pode ser resumida pela fórmula de Canguilhem: "Dos fatos aos fatos através de teoria interposta";[31] o segundo dependendo de um procedimento racionalista, "da teoria à teoria através de fatos interpostos".

Mas, através da crítica sistemática e do abandono do primeiro procedimento, não há passagem explícita de um a outro. Tudo acontece como se a contradição não fosse vista, daí uma certa inconstância no projeto e no emprego de alguns termos ambíguos.

Por exemplo, o que entende Saussure por "abstração" nas frases a seguir?

> A entidade linguística só existe pela associação do significante e do significado; se se retiver apenas um desses elementos, ela se desvanece; em lugar de um objeto concreto, tem-se uma pura abstração.[32]

Dizer que *cheval* e *chevaux* constituem uma identidade é "contentar-se com a abstração que reúne as diversas formas da mesma palavra".[33]

Em outras palavras, a *abstração* seria o inconveniente maior para o pesquisador que deve permanecer colado aos fatos. Abstrair seria perder de vista "o objeto real", "o concreto" (Cf. também no início do capítulo: "Os signos de que a língua se compõe não são abstrações, mas objetos reais".[34]

No mesmo sentido, pode-se salientar a oposição, jamais elucidada, entre "material" – que é recusado – e "concreto" – qualificativo indispensável da unidade que se busca.

Outro exemplo de ambiguidade dos termos: "[...] a língua não se apresenta como um conjunto de signos delimitados de antemão [...]".[35]

Precisamente, ela *se apresenta* desse modo ao sujeito falante, e é pela hipótese que Saussure ultrapassa esse dado aparentemente imediato.

Ou ainda: "Dificuldades práticas da delimitação".[36]

Na *prática*, todo mundo opera assim, e Saussure observa de um outro ponto de vista. As dificuldades são, de fato, de ordem teórica, uma vez que esse método conduz a resultados incompatíveis com a noção fundamental de signo.

Poder-se-ia salientar também a confusão de suas observações sobre a frase,[37] que se deve, ao que parece, ao caráter incompleto de sua distinção metodológica língua/fala, distinção fundamental, mas que não chega a uma reformulação total dos conceitos, língua e fala permanecendo definidas de modo empírico.[38]

Tudo acontece como se Saussure sempre recorresse, contrariado, ao pensamento dedutivo, como se dele se defendesse e se incomodasse pelo emprego de um vocabulário tradicional, contraditório com a nova orientação de seu pensamento.

30 Convite à linguística

A mesma coexistência de elementos contraditórios encontra-se na Conclusão (quarto parágrafo):

- resquício de ligação ao procedimento empírico: a busca das unidades observáveis não é válida em linguística, mas ela não é questionada nas outras ciências nas quais as unidades "são dadas de começo".[39] O campo da língua é considerado como uma exceção ("caráter estranho e surpreendente");[40]

- assiste-se, então, no campo da língua, a uma inversão desse ponto de vista e ao questionamento do dado:

> Mas assim como o jogo de xadrez está todo inteiro na combinação das diferentes peças, assim também a língua tem o caráter de um sistema baseado completamente na oposição de suas unidades concretas. Não podemos dispensar-nos de conhecê-las, nem dar um passo sem recorrer a elas; e, no entanto, sua delimitação é um problema tão delicado que nos perguntamos se elas, as unidades, existem de fato.[41]

O impasse dessa segunda conclusão mostra que o caminho da busca das unidades não se encontra na observação imediata. "A língua apresenta, pois, este caráter estranho e surpreendente de não oferecer entidades perceptíveis à primeira vista [...]".[42]

Em resumo, pensamos poder distinguir nesse capítulo vários procedimentos contraditórios: o empirismo que sustenta analisar um dado imediatamente observável e aí delimitar unidades; a crítica que mostra, mais ou menos claramente, que esse método é ilusório; o procedimento dedutivo, que, de hipótese em hipótese, busca além do dado imediato e procede a uma teorização a partir de uma hipótese fundamental *a priori* (a língua como sistema de valores).

A inconstância entre os métodos explica a ambiguidade de certos termos e, às vezes, certas voltas atrás que ainda aparecem no capítulo III.

O capítulo III apresenta um abandono mais claro do procedimento empírico por um procedimento discursivo, que avança contra as evidências. Lembremos nossa hipótese de leitura: deve-se levar o leitor a admitir a noção de valor no lugar da noção comum de objeto simples, observável diretamente. Em outras palavras, deve-se chegar à conclusão:

> Eis porque, em definitivo, a noção de valor recobre as de unidade, de entidade concreta e de realidade. [...] Procure-se determinar a unidade, a realidade, a entidade concreta ou o valor, e isso suscitará sempre a mesma questão central que domina toda a Linguística estática.[43]

A resposta a essa questão é, de fato, o ponto de partida das reflexões.

Compreende-se melhor, desse modo, a aproximação, à primeira vista pouco evidente, introduzida no início do capítulo, entre as três noções:

> [...] em Linguística estática, qualquer noção primordial depende diretamente da ideia que se faça da unidade, e se confunde inclusive com ela. É o que gostaríamos de mostrar, sucessivamente, a propósito das noções de identidade, de realidade e de valor sincrônico.[44]

Saussure questiona, sucessivamente, cada noção para mostrar que cada uma delas retoma e complica a precedente. E acaba, enfim, por construir uma definição do objeto linguístico.

- Tem-se um fato linguístico sincrônico quando se tem a repetição de um mesmo acontecimento, *identidade*?

- Sobre quais elementos *reais* da língua repousa uma identidade? O que é real na língua, ou seja, "constitutivo do sistema" e não introduzido do exterior?

- Para concluir: o real não é um critério na língua, fora do *valor*, ou seja, das relações e das diferenças.

As questões são, evidentemente, postas em função da resposta.

O capítulo inicia por um princípio metodológico, que depende de uma verdadeira inversão de perspectiva em relação ao procedimento empírico, e retoma, sob uma forma afirmativa e geral, a observação crítica do capítulo ii, quarto parágrafo: "[...] e, no entanto, sua delimitação [das unidades da língua] é um problema tão delicado que nos perguntamos se elas, as unidades, existem de fato".[45]

Aqui: "[...] em Linguística estática, qualquer noção primordial depende diretamente da ideia que se faça da unidade, e se confunde inclusive com ela".[46]

Frase que retoma em eco uma das primeiras observações teóricas do CLG (Primeira parte, capítulo iii, primeiro parágrafo):

> Outras ciências trabalham com objetos dados previamente e que se podem considerar, em seguida, de vários pontos de vista; em nosso campo, nada de semelhante ocorre. [...] Bem longe de dizer que o objeto precede o ponto de vista, diríamos que é o ponto de vista que cria o objeto.[47]

Para chegar à afirmação do final do capítulo iv:

> [...] *os caracteres da unidade se confundem com a própria unidade*. Na língua, como em todo sistema semiológico, o que distingue um signo é tudo o que o constitui. A diferença é o que faz a característica, como faz o valor e a unidade.[48]

Essas afirmações teóricas são as marcas de um procedimento radicalmente oposto ao empirismo; procedimento este que estabelece o princípio da construção do objeto da ciência.

No mesmo sentido, as questões postas aqui são paradoxais; elas vão de encontro ao senso comum do locutor ou às ideias correntes do gramático na medida em que questionam evidências.

Por exemplo: qual é a identidade "em virtude da qual declaramos que duas frases como 'je ne sais *pas*' ('eu não sei') e 'ne dites *pas* cela' ('não digas isso') contêm o mesmo elemento?". "Questão ociosa, dir-se-á; há identidade porque nas duas frases a mesma porção de sonoridade (*pas*) está investida da mesma significação. Mas essa explicação é insuficiente [...]"[49]

Outra questão, sobre o caráter realmente linguístico da "distinção das partes do discurso", conceitos de uso corrente entre os gramáticos (mas já questionados, na época, pela gramática comparada): "Faz-se em nome de um princípio puramente lógico, extralinguístico [...]. Ou corresponde a algo que tenha seu lugar no sistema da língua e que seja condicionado por ela?".[50]

A reflexão segue por uma série de afirmações teóricas, que são hipóteses e não o resultado de observações:

- A ideia que se faz da unidade confunde-se com a unidade.
- "O mecanismo linguístico gira todo ele sobre identidades e diferenças, não sendo estas mais que a contraparte daquelas."[51]
- "[...] a identidade linguística não é a do traje, é a do expresso e da rua."[52]

E a conclusão já citada:

"Eis porque, em definitivo, a noção de valor recobre as de unidade, de entidade concreta e de realidade".[53]

Os exemplos, extralinguísticos:

- identidade dos dois trens expressos "Genebra-Paris, 8h45 da noite";[54]
- identidade da rua arrasada e reconstruída;[55]
- identidade do traje roubado e achado;[56]
- metáfora célebre do jogo de xadrez;[57]

Proposições e notas para uma leitura de F. de Saussure **33**

dependem, por seu caráter analógico, do discurso teórico e não da demonstração experimental ou da observação empírica.[58]

A análise de cada uma das duas noções – identidade sincrônica e realidade sincrônica – acaba por evidenciar:

- a insuficiência desses conceitos: há identidade, se há correspondência entre a porção fônica e o conceito, mas pode haver identidade sem que haja correspondência (a exemplo de "Senhores" repetido várias vezes);[59] por outro lado, acredita-se manipular elementos reais da língua quando se emprega as partes do discurso, mas se chega a uma "definição defeituosa ou incompleta;[60]

- a importância das *relações*, que se busque definir a identidade ou a realidade. A identidade do trem expresso ou da rua "funda-se em certas condições a que é estranha sua matéria ocasional, por exemplo sua situação relativamente às outras", para a rua, "todas as circunstâncias que o distinguem dos outros", para o expresso.[61]

> [...] a distinção das palavras em substantivos, verbos, adjetivos etc., não é uma realidade linguística inegável",[62] [porque não corresponde] "a algo que tenha seu lugar no sistema da língua e que seja condicionado por ela.[63]

Denunciar as insuficiências operatórias dos "conceitos forjados pelos gramáticos",[64] sublinhar a importância das relações, quando nos colocamos na língua, conduz, desse modo, a um novo questionamento para o qual há uma resposta pronta:

> Dessarte, a Linguística trabalha incessantemente com conceitos forjados pelos gramáticos, e sem saber se eles correspondem realmente a fatores constitutivos do sistema da língua. – Mas como sabê-lo? E se forem fantasmas, que realidade opor-lhes?[65]

Será a realidade das relações, constitutivas do sistema da língua, ponto de partida e ponto de chegada do raciocínio. Como o peão do jogo de xadrez, o elemento linguístico "não se torna elemento real e concreto senão quando revestido de seu valor".[66]

"Eis porque, em definitivo, a noção de valor recobre as de unidade, de entidade concreta e de realidade."[67]

Falamos, em relação ao capítulo II, de sobreposição de procedimentos contraditórios, empirismo e crítica do empirismo, hipóteses e receio das abs-

34 Convite à linguística

trações. O capítulo III marca, desse ponto de vista, um avanço essencial na abstração e na construção dedutiva.

A abordagem indireta e cada vez mais complicada do problema do objeto – contrária às evidências do senso comum e da tradição gramatical –, o exame de noções teóricas do ponto de vista de seu valor operatório e a reformulação de conceitos na passagem de identidade-realidade a valor parecem características de um procedimento científico que se libera do empirismo.

Os conceitos de entidade, unidade, realidade eram ambíguos, dependiam de um tipo de discurso filosófico e correspondiam à noção de elementos absolutos no mundo objetivo, podendo ser identificados diretamente através da evidência (noção que depende da epistemologia cartesiana, analítica).[68]

O conceito de valor, inseparável do de sistema, supõe, pelo contrário, uma construção teórica do dado (as relações não são imediatamente legíveis).

A abordagem geral desse capítulo parece-nos, desse modo, depender do trabalho científico, tal como o definiu Bachelard em *Le nouvel esprit scientifique*:

> A clareza de uma intuição é obtida de uma maneira discursiva, através de um esclarecimento progressivo, fazendo funcionar as noções, variando os exemplos.
>
> A ciência contemporânea [...] multiplica seus conjuntos de postulados; ela situa a clareza na combinação epistemológica, não na mediação separada dos objetos combinados. Em outras palavras, substitui a clareza em si por um tipo de clareza operatória. Longe de ser o ser que ilustra a relação, é a relação que ilumina o ser.[69]

Se há corte epistemológico, ele se situaria, então, na elaboração do conceito de valor, na medida em que esse conceito se relaciona a todo um conjunto de postulados: distinções, diacronia-sincronia e língua-fala, definição da língua como sistema.

No entanto, o corte permanece como uma hesitação empirista no desenvolvimento desse capítulo. Ele aparece, inicialmente, no emprego repetido dos termos "entidades (ou unidades) concretas", "real" (termos insuficientemente definidos em relação à atividade abstrata da análise), e isso justo quando somos encorajados a renunciar ao empirismo:

> Para escapar às ilusões, devemos nos convencer, primeiramente, de que as entidades concretas da língua não se apresentam por si mesmas à nossa observação. Mas se procurarmos apreendê-las, tomaremos contato com o real.[70]

A observar: o emprego de *convencer-se* ("devemos nos convencer"), que apela ao esforço científico contra o movimento do senso comum e, ao mesmo tempo, a um tipo de ato de fé, uma vez que não se pode ter, imediatamente, qualquer prova experimental dessa afirmação.

Quando se lê, em seguida, que "a noção de valor recobre as de unidade",[71] o termo *recobre* é evidentemente demasiado vago e não dá conta do que nos aparece como uma reformulação dos conceitos (e não uma simples mudança de termos). O que parece indicar que, lá onde vemos um corte, Saussure (e/ou seus editores) não o via(m) claramente.

Nessas condições, nós nos surpreenderemos menos com o último parágrafo desse capítulo, de orientação inteiramente empirista, e que nos parece um bom exemplo desse discurso teórico ultrapassado que, em princípio, o corte deveria eliminar explicitamente.

Deveríamos citá-lo por inteiro, assinalemos simplesmente que nele encontramos:

- o princípio da busca possível das unidades e da necessidade de sua classificação.

> Do ponto de vista prático, seria interessante começar pelas unidades, determiná-las e dar-se conta de sua diversidade classificando-as [...]. Todavia, malgrado a importância capital das unidades, seria preferível abordar o problema pelo aspecto do valor, que é, a nosso ver, seu aspecto primordial.[72]

Seria simplesmente "preferível" ou indispensável proceder desse modo? Se é verdade, como afirma Saussure, que, até então, "em matéria de língua, [os linguistas] contentaram-se sempre em operar com unidades mal definidas",[73] dever-se-á, sem dúvida, em um primeiro momento, proceder a novas classificações, permanecer, portanto, nessa etapa empirista da ciência que, de um outro ponto de vista, a orientação geral desse capítulo parece refutar.

- A salientar ainda o retorno, em nome da evidência comum, à noção de *palavra*, explicitamente refutada, contudo, como não operatória no capítulo II, terceiro parágrafo:

"A palavra [...] é uma unidade que se impõe ao espírito".[74]

E, se o problema é posto de lado, não é claramente dito aqui que é porque é mal formulado, mas por razões bastante vagas: "[...] isso constitui um assunto que, por si só, bastaria para encher um volume".[75]

36 Convite à linguística

- Enfim, a conclusão sugere, sempre no modo condicional (seria arrependimento?), que esse método, anteriormente eliminado por não ser operatório, permitiria – a partir das classificações de unidades e subunidades – determinar o primeiro princípio da ciência linguística e, desse modo, elaborá-la enquanto tal, o que vai ao encontro de um dos princípios (um dos sonhos?) do positivismo. "Com determinar dessa maneira os elementos que maneja, nossa ciência cumpriria integralmente sua tarefa, pois teria reduzido todos os fenômenos de sua competência ao seu princípio primeiro".[76]

As respectivas partes, nesse discurso, do empirismo, do positivismo, do criticismo e do raciocínio científico deveriam ser determinadas, de modo rigoroso, em comparação a outros discursos teóricos da época. O método a seguir, os critérios de escolha desses textos, os limites históricos dessa escolha (como determinar precisamente a sincronia da qual faz parte o CLG), são algumas das questões teóricas importantes que não serão abordadas aqui.

Nós nos contentaremos com algumas observações cujo caráter empírico não escondemos.

Antes, devemos explicar a desconsideração, nessa análise, do capítulo IV da Segunda parte do CLG, intitulado: "O valor linguístico".

Trata-se de um capítulo essencial e estreitamente relacionado aos dois precedentes, uma vez que desenvolve e especifica a noção fundamental de valor introduzida no final do capítulo III.

No entanto, acreditamos poder desconsiderá-lo nesse primeiro estudo, precisamente porque, do ponto de vista do qual nos ocupamos aqui (a definição do objeto), ele parece mais desenvolver um conceito fundamental, já introduzido, do que contribuir com algo de novo.

Por outro lado, sua riqueza e sua complexidade exigem uma análise específica. A seu respeito, faremos simplesmente aqui algumas afirmações teóricas essenciais sobre as características do valor, que vão, de modo ainda mais claro que anteriormente, no sentido de uma construção do objeto da ciência.

- Em primeiro lugar, a afirmação, várias vezes repetida, de que "a língua é uma forma e não uma substância",[77] o que elimina qualquer esperança de poder observá-la diretamente, uma vez que um sistema formal é forçosamente um sistema reconstruído.

- Recusa da ilusão que faz crer que os objetos existem como entidades: "[...] é uma grande ilusão considerar um termo simplesmente como a

Proposições e notas para uma leitura de F. de Saussure **37**

união de um certo som com um certo conceito. Defini-lo assim seria isolá-lo do sistema do qual faz parte".[78]

Os componentes, conceitual e fônico do valor, são definidos como puramente diferenciais, "Sua característica mais exata é ser o que os outros não são".[79] – "Os fonemas são, antes de tudo, entidades opositivas, relativas e negativas"[80] – De modo que, "na língua, há apenas diferenças *sem termos positivos*"[81] e "*os caracteres da unidade se confundem com a própria unidade* [...]. A diferença é o que faz a característica, como faz o valor e a unidade".[82]

Todas essas afirmações marcam uma recusa explícita do ponto de vista substancialista, um dos obstáculos epistemológicos a serem ultrapassados por uma nova ciência, como mostrou Bachelard.[83]

E é exatamente como um obstáculo no caminho da reflexão científica que é denunciado no final do capítulo IV:

> Dito de outro modo, *a língua é uma forma e não uma substância*. Nunca nos compenetraremos bastante dessa verdade, pois todos os erros de nossa terminologia, todas as maneiras incorretas de designar as coisas da língua provêm da suposição involuntária de que haveria uma substância no fenômeno linguístico.[84]

Observações sobre a configuração teórica geral da época (problemas do objeto e do método científico).

Lembremos que Saussure ministrou apenas três cursos de Linguística Geral* (de 1907 a 1911), mas sabemos, por uma entrevista de 1909 a M. L. Gautier,[85] que, nas próprias palavras de Saussure, esses temas o interessavam há muito tempo.[86]

Os manuscritos inéditos, a respeito da linguística geral, que Godel apresenta (op. cit., capítulo II), vão de 1891 a 1911 e abordam os principais problemas do curso.

Exemplo: "Que tipo de entidades tem-se diante de si em linguística? (referência a Bréal): Fala-se sempre do que se passa entre os termos da linguagem; mas que termos são esses?".[87]

Proporemos, então, como contexto de referência, textos teóricos que se situam aproximadamente entre 1880 e 1910 (sem esconder que essa escolha não se fundamenta em critérios rigorosos nem que não nos atemos absolutamente a ela).

---

* N. T.: empregamos maiúsculas aqui por se tratar do nome do curso ministrado por Saussure.

Os problemas do objeto e do método científico devem ser vinculados às teorias gerais do conhecimento, elaboradas pelos filósofos, e às reflexões metodológicas dos especialistas.

Seria pretensioso querer traçar, em algumas linhas, um quadro da configuração teórica do final do século XIX e do início do século XX. Do mesmo modo, nos contentaremos em fazer, relativamente ao texto de Saussure, algumas reflexões que nos pareceram características, seja porque delas Saussure se afasta, mais ou menos claramente, seja porque a elas ainda se atém.

Pode-se situar no quadro do positivismo, ainda muito importante (sobretudo, graças à atividade de Littré, falecido em 1881), a preocupação em delimitar claramente o objeto e o campo de aplicação de uma ciência.

Goblot, na introdução do *Essai sur la classification des sciences*,[88] apoia-se explicitamente na hierarquia das ciências de A. Comte para solicitar que cada ciência defina, em relação às outras, "sua posição sistemática".[89]

Ele sublinha, em particular, a dificuldade de se levantar os problemas nas "ciências morais" – "É, então, indispensável determinar com exatidão o objeto de sua pesquisa, sob pena de se procurar tudo ao mesmo tempo, o que resulta em absolutamente nada procurar"[90] – e afirma que se deve encontrar "em cada ordem de conhecimentos, um conceito único, que serve para formar todos os outros conceitos da mesma ordem", "uma noção fundamental".[91]

Na mesma página, Goblot denuncia como desprovidos de sentido os problemas ontológicos sobre a substância, "*pois realidade, res* só pode significar para nós a possibilidade de um dado experimental".[92]

Nessa época, as divergências centram-se nos problemas de método entre aqueles, como Littré, que ainda sustentam ser o empirismo o único método válido: "Não há nada no saber positivo que não seja uma transformação da observação e da experiência",[93] e aqueles que sustentam a intervenção ativa do sujeito do conhecimento na própria observação e a necessidade de hipóteses *a priori* na pesquisa: "Recusemo-nos a refletir *a priori*! Fatos, nada além de fatos!"[94]

> [...] O exagero dessa disposição do espírito seria reduzir a ciência a um catálogo, a um diário de laboratório, dela banir a reflexão e as ideias, ou seja, desconhecer sua tarefa essencial, que é a de tornar a natureza inteligível.[95]

"Os fatos não são a ciência; o espírito somente se satisfaz quando compreende, ou seja, quando demonstra, quando estabelece relações, não apenas constantes, mas necessárias."[96]

Por outro lado, os progressos da física contemporânea também levaram os especialistas a rever, nessa ciência, as antigas ideias empiristas:

> Os fatos de laboratório não são fatos naturais. – Entre uns e outros, existe, justamente, a interposição desses quadros formais, que são de iniciativa humana: se uma sombra de subjetividade projeta-se sobre a observação dos fenômenos, eles não podem mais ser considerados como esses dados que subsistem em si, que o empirismo clássico supunha na base dos processos indutivos.[97]

Essa crítica do positivismo e do privilégio exclusivo dado por ele ao empirismo, que se encontra em numerosos filósofos e professores de filosofia[98] da época, não chega a separar radicalmente o método científico do senso comum e do início empírico de uma ciência. Pelo contrário, estabelece-se, em geral, uma progressão entre essas diferentes etapas: [O homem] "aperfeiçoa através da análise e da abstração o julgamento primitivo".[99]

Segundo Ch. Renouvier:

conhecer (= conhecimento primeiro)

é "possuir a síntese natural e confusa das leis essenciais à vida",[100]

saber (= científico)

é "reconstituir essa síntese distintamente reunindo por ordem, de fenômeno em fenômeno, de lei em lei, esses elementos cuja análise definiu as relações".[101]

Do mesmo modo, para Goblot, passa-se "progressivamente" de uma ciência empírica indutiva a uma ciência dedutiva.[102]

É possível encontrar, nas ambiguidades do texto do CLG, ecos dessa dualidade que é a da época, mas tentamos mostrar que Saussure optava, em definitivo, por um método claramente dedutivo, que ele distingue radicalmente do senso comum.

Nós o aproximaríamos, portanto, mais de especialistas como Claude Bernard e Chevreul que, em sua própria disciplina, sustentavam ainda mais claramente a necessidade de se definir *o fato* como abstração e de se refutar o empirismo: "A medicina empírica reina plenamente hoje – Sou eu quem funda a medicina experimental em seu verdadeiro senso científico; eis minha pretensão".[103]

Mais do que qualquer outra, a leitura comparada de E. Durkheim seria esclarecedora, em particular, a dos prefácios da 1ª e 2ª edições de *Règles de la méthode sociologique* (1895-1901).

40 Convite à linguística

Sublinhamos, nesses textos, numerosas observações interessantes a serem aproximadas do CLG: preocupação (novidade na disciplina) com questões metodológicas, separação radical do conhecimento científico e das ideias preconcebidas, projeto de delimitação do campo da pesquisa pelo estabelecimento de noções fundamentais e de uma "definição inicial", dificuldades terminológicas quando se deve definir "a coisa", "o real", "o material" etc.

Sabemos a que ponto o CLG e o início da linguística geral sofrem a influência de Durkheim; influência que ainda não foi determinada de modo preciso.

Faltaria falar, do mais importante talvez, das observações dos linguistas contemporâneos a Saussure sobre o objeto de suas pesquisas. O que exigiria uma análise sistemática que não será realizada aqui.

Fizemos simplesmente três investigações, lendo desse ponto de vista:

- *Les idées latentes du langage*, aula ministrada no Collège de France, por M. Bréal, na reabertura do curso de Gramática Comparada (1868);

- *L'état actuel des études de linguistique générale*, aula ministrada nas mesmas circunstâncias, mas em 1906, por A. Meillet, que sucede Bréal;

- *Le langage* (Capítulo I – Primeira parte, capítulo I – Segunda parte), de J. Vendryès, escrito em 1914 (independentemente do CLG, que foi publicado apenas em 1916).

Bréal, nesse texto, não levanta nenhuma questão metodológica sobre o objeto da linguística. Ele propõe uma representação tradicional idealista do "espírito e corpo das palavras (quero dizer, seu sentido e sua forma)" e toda a sua exposição constrói-se sobre a ideia de que a linguagem traduz apenas uma parte das ideias. Trata-se de fenômenos "de elipse interior" ou "ideias latentes da linguagem".

Ele espera, por outro lado, que a gramática comparada venha confirmar ou infirmar as teorias da gramática geral (Port Royal é explicitamente citada), cujas classificações não são questionadas. Quando essas classificações não correspondem ao que se passa na "fala" (por exemplo, a distinção substantivo/adjetivo, que não é evidente em todas as línguas), justificam-se pelo trabalho do espírito que "adivinha ou sabe pela tradição das relações, que não são absolutamente expressas por palavras".[104]

Os problemas metodológicos, que Meillet formula na aula de 1906,[105] não questionam nunca a validade das noções fundamentais da linguística.

Ele emprega incessantemente a expressão "fato linguístico" sem se interrogar sobre o que ela, de fato, representa. Suas únicas questões tratam das relações que a linguística deve estabelecer com as outras ciências das quais não pode abrir mão, caso queira "explicar":"Na medida em que se quer explicar os fatos, é evidente que se deve deixar os fatos de língua e não se limitar à linguística pura".[106]

Para Meillet, a solução dos problemas depende, portanto, simplesmente "de um grau a mais de precisão na determinação dos fatos"[107] e de uma confrontação esclarecedora com as outras ciências: "não há fato linguístico que não repouse sobre uma atividade psicológica e que, em seu estudo, não se possa aproveitar as descobertas da psicologia".[108]

A anatomia e a fisiologia também são necessárias "para estabelecer as leis da linguística geral".[109]

E enfim, sobretudo, sendo a linguagem uma "instituição social", "dever-se-á determinar à qual estrutura social corresponde uma dada estrutura linguística" (devendo a mudança linguística ser explicada por uma mudança nas estruturas sociais).[110]

Ainda que Meillet tenha sido ouvinte e amigo de Saussure (que homenageia no início de sua aula), não o segue em absolutamente nenhuma de suas dúvidas e questões metodológicas. Ele parece considerar como resolvida a questão do fundamento científico da linguística.

Não encontramos mais questões metodológicas em Vendryès quando dá suas definições, nem no capítulo I – Primeira parte ("Le matériel sonore"), nem no capítulo I – Segunda parte ("Mots et morphèmes"). Ele não se questiona sobre o problema da validade dessas noções tradicionais.

Ele anuncia que vai inicialmente estudar "os resultados da fonação, ou seja, os fonemas".[111]

No segundo capítulo citado, afirma desde o início:

"Toda frase encerra dois tipos de elementos distintos: de um lado, a expressão de um certo número de noções representando ideias e, de outro, a indicação de certas relações entre essas ideias". Os primeiros são os "semantemas"; os segundos, os "morfemas".

Mais adiante, acrescenta, como precisão metodológica:

"Nós tomamos os fatos tais como a linguagem nos fornece, ou seja, consideramos as imagens verbais sob a forma como se apresentam na linguagem".[112]

Concluímos, a partir dessas rápidas observações (e, em uma primeira abordagem, que deveria ser retomada em um estudo rigoroso), que:

42 Convite à linguística

- esses três autores refletem aquém da distinção fundamental língua/fala; sem separar claramente os problemas de psicologia e os problemas linguísticos; em função de uma representação tradicional do signo (muitas vezes confusa);[113] em termos, cujo caráter aproximativo, não parece incomodá-los.[114]

O problema da delimitação do próprio objeto da linguística nunca é posto. O dado é evidente. Ele depende de noções correntes (a palavra, a frase etc.), mais ou menos complicadas pelas observações da gramática comparada; mas sempre se sabe do que se fala.

Lembremos simplesmente que, sobre esse ponto, Saussure, ainda que não faça nenhuma declaração primorosa como Claude Bernard (cf. citado anteriormente), tinha plena consciência de que se separava radicalmente de seus contemporâneos:

> Incessantemente essa inépcia da terminologia corrente, a necessidade de reformá-la e de mostrar, para isso, que espécie de objeto é a língua em geral, vem comprometer meu prazer histórico, ainda que meu desejo mais caro seja o de não ter que me ocupar da língua em geral.
>
> Isso acabará, contra minha vontade, em um livro no qual, sem entusiasmo, explicarei porque não há um único termo empregado em linguística ao qual eu dê um sentido qualquer.[115]

Texto originalmente publicado em *La pensée*, n. 154, 1970.

Notas

[1] CLG: *Cours de linguistique générale*.

[2] G. Canguilhem, *Etudes d'Histoire et de Philosophie des Sciences*, Paris,Vrin, 1968.

[3] M. Fichant; M. Pêcheux, *Sur l'histoire des sciences* (*Cours de philosopphie pour scientifiques III* – Paris, Maspéro, 1969).

[4] Idem, p. 10.

[5] Idem, p. 12.

[6] M. Pêcheux, *Analyse automatique du discours*. Paris, Dunod, 1969.

[7] Idem, p. 112: "A identificação da "ruptura epistemológica" entre uma ciência e o campo do qual ela se retira para se constituir, apareceu como um dos problemas cruciais que a história das ciências deve resolver: a análise das condições nas quais um novo discurso científico se instaura, com meios que toma emprestado às ciências já existentes ou às representações "não-científicas" pode ser descrito como a relação de vários processos de produção cuja interação cria, em certas condições, um novo processo que revoluciona as regras de coerência que regem o discurso anterior [...]". "O estudo dos processos que uma ciência toma emprestado, dos quais ela se serve como de *metáforas* para se compreender e para se fazer compreender, o do "contexto" de uma obra científica – a constelação dos processos discursivos com os quais ela debate e se debate – aquele enfim da "difusão" dos conhecimentos em um sistema de representações pré-científicas, levantam uma série de problemas para cuja solução o tipo de análise proposto talvez contribua".

[8] R. Godel, *Les sources manuscrites du Cours de Linguistique générale*, Genève, Droz, 1957.

[9] Parece-nos legítimo proceder aqui, em função da análise, a uma redução de Saussure ao CLG, deixando-se de lado o aspecto distinto dos *Anagramas*.

[10] M. Fichant; M. Pêcheux, op. cit., p. 11.

[11] Bachelard, *Philosophie du Non*, p. 13.

[12] Tomamos esse conceito a Canguilhem (op. cit., p. 167). A partir da interrogação bachelardiana citada anteriormente, ele acrescenta: "Interrogar C. Bernard, desse modo, resulta em ler a *Introduction* às avessas, e já tentamos justificar uma tal inversão pelo benefício que traz para a compreensão do texto. Considerando-se apenas a primeira parte da obra, acredita-se ser somente um tratado geral do método [...]. Mas, começando-se a leitura pelo histórico dos trabalhos que resume a terceira parte da *Introduction*, compreende-se que as aparentes generalidades metodológicas da primeira parte são o envelope literário das lições que o experimentador tirou de suas aventuras experimentais, no laboratório onde hipóteses livremente, senão arbitrariamente, imaginadas o conduziram, através de decepções ou fracassos, a realidades imprevistas". A ideia de uma leitura recorrente relaciona-se à concepção bachelardiana de uma história das ciências recorrente. Cf. *Activité rationaliste de la physique contemporaine*, apresentada por Canguilhem na mesma obra, p. 181.

[13] Qualquer peça do jogo pode ser substituída por uma outra peça qualquer, sem semelhança com a primeira, que "será declarada idêntica, contanto que se lhe atribua o mesmo valor" (p. 128) [p. 154].

[14] O fato de se tratar de uma "ideia fixa" fundamental aparece claramente na leitura dos manuscritos apresentados por Godel, op. cit.

[15] CLG (p. 120) [p. 145].

[16] Idem, ibid.

[17] Idem (p. 121) [p. 147].

[18] Idem (p. 120) [p. 145].

[19] Essa observação pode ser esclarecida por uma nota manuscrita (cf. Godel, op. cit., p. 48). "A ideia de que, para ver o que se encontra, de fato, nas formas, basta 'analisar as formas', como se analisa uma substância química ou como se disseca, oculta um mundo de inocências e de concepções surpreendentes. É mostrar <que se ignora> que:
1) existem n tipos de análises não tendo nada em comum e somente tendo um valor caso tenham sido classificadas;
2) o objeto não é analisável antes de ter uma existência definida" (n. 12, p. 11).

[20] CLG (p.120) [p. 146].

[21] Idem, ibid.

[22] Idem (p. 122) [p. 147].

[23] Idem, ibid.

[24] Idem (p. 122) [p. 148].

[25] Idem (p. 123) [p. 148].

[26] Idem (p. 119) [p. 144].

[27] Idem, ibid.

[28] Idem, ibid.

[29] Idem (p. 120) [p. 145].

[30] Idem (p. 123) [p. 148].

[31] Canguilhem, op. cit., p. 168.

[32] CLG (p. 119) [p. 144].

[33] Idem (p. 122) [p. 148].

[34] Idem (p. 119) [p. 144].

[35] Idem (p. 120) [p. 146].

[36] Idem (p. 122) [p. 147].

[37] Idem (p. 123) [p. 148].

[38] Problema exposto por D. Slakta em uma comunicação feita na Self, em 16 de novembro de 1969 e, creio eu, inédita.

[39] CLG (p. 123) [p. 149].

[40] Idem (p.124) [p. 149].

[41] Idem, ibid.

[42] Idem, ibid.

[43] Idem (p. 128) [p. 154].

44 Convite à linguística

44 Idem (p. 125) [p. 150].

45 Idem (p. 124) [p. 149].

46 Idem (p. 125) [p. 150].

47 Idem (p. 15) [p. 23].

48 Idem (pp. 140-41) [p. 168].

49 Idem (p. 125) [p. 150].

50 Idem (p. 127) [p. 152].

51 Idem (p. 126) [p. 151].

52 Idem (p. 126) [p. 152].

53 Idem (p. 128) [p. 154].

54 Idem (p. 126) [p. 151].

55 Idem, ibid.

56 Idem (p. 126) [p. 152].

57 Idem (p. 128) [p. 153].

58 Haveria um estudo a ser feito sobre o uso epistemológico das metáforas e das analogias como elemento constitutivo, necessário ou não, do discurso teórico (Cf. exemplos em Freud, para citar apenas um nome).

59 CLG (pp. 125-26) [pp.150-52].

60 Idem (p. 127) [p. 153].

61 Idem (p. 126) [p. 151].

62 Idem (p. 127) [p. 153].

63 Idem (p. 127) [p. 152].

64 Idem (p. 127) [p. 153].

65 Idem, ibid.

66 Idem (p. 128) [p. 153].

67 Idem (p. 128) [p. 154].

68 Cf. Bachelard, *Le nouvel esprit scientifique* (p. 138 e seguintes).

69 Idem, pp. 144-45.

70 CLG (p. 127) [p. 153].

71 Idem (p. 128) [p. 154].

72 Idem (pp. 128-29) [p. 154].

73 Idem (p. 129) [p. 154].

74 Idem (p. 128) [p. 154].

75 Idem, ibid.

76 Idem (pp. 128-29) [p. 154].

77 Idem (p. 141) [p. 169].

78 Idem (p. 132) [p. 157].

79 Idem (p. 136) [p. 162].

80 Idem (p. 138) [p. 164].

81 Idem (p. 139) [p. 166].

82 Idem (pp. 140-41) [p. 168].

83 *La formation de l'esprit scientifique* (Capítulo VI).

84 Idem (p. 141) [p. 169].

85 Godel, op. cit., p. 30.

86 "São temas que me interessaram sobretudo antes de 1900". A continuação dessa entrevista (que ocorreu, mais precisamente, um dia após uma aula sobre *as entidades concretas da língua*) confirma nossa ideia de que a ruptura de Saussure em relação ao pensamento de sua época foi extremamente penosa: "encontro-me diante de um dilema: ou bem expor o assunto em toda a sua complexidade e admitir todas as minhas dúvidas, o que não convém a uma aula que deve ser matéria de prova; ou bem fazer algo de simplificado, melhor adaptado a um auditório de estudantes que não são linguistas. Mas, a cada passo, meus escrúpulos me paralisam. Para resolver-me, precisaria refletir, por meses, exclusivamente sobre a questão."

87 Nota 16 citada por Godel, op. cit., p. 50.

[88] Goblot, *Essai sur la classification des sciences*, 1898.

[89] Idem, p. 2.

[90] Idem, ibid.

[91] Idem, p. 8.

[92] Idem, ibid.

[93] Citado por L. Liard: *Science positive et métaphysique*, p. 61.

[94] Goblot, op. cit., pp. 22-23.

[95] Idem, ibid.

[96] Idem, ibid.

[97] P. Duhem citado por L. Brunschwig na introdução à *Orientation des Sciences actuelles*, conferências realizadas na École Normale Supérieure em 1929-1930.
P. Duhem (1861-1916). Suas ideias sobre a parte de interpretação teórica na experiência física acham-se expressas, desde um estudo de 1894, na *Revue des questions scientifiques*.
Mesma crítica em G. Milhaud: *Etudes critiques sur A. Comte*, 1902.

[98] Nós nos limitamos a: L. Liard: *La science positive et la métaphysique* (1879) – C. Renouvier: *Essais de critique générale*, 1861 a 1864 – 2ª edição em 1896 – L. Brunschwig (citado anteriormente) – Goblot, op. cit.

[99] L. Liard, op. cit., p. 27.

[100] Ch. Renouvier, op. cit., cap. XXV.

[101] Idem, ibid.

[102] Goblot, op. cit., p. 23.

[103] *Principes de médicine expérimentale* (p. 151) citado por Canguilhem (op. cit., p. 133). – Chevreul citado por Canguilhem (p. 154).

[104] M. Bréal, *Les idées latentes du langage*, aula ministrada no Collège de France, 1868, p. 11. Seria interessante aproximar e distinguir sua conclusão do discurso saussuriano, na medida em que este introduz a noção de "sistema" ou "estrutura", explicada, aqui também, por uma intervenção do espírito na linguagem.

[105] Mesma observação em relação ao estudo: "Le langage", em Année Sociologique (t. XII, 1909-1912).

[106] Année Sociologique (t. XII, p. 856).

[107] *Etat actuel...* (p. 10, 12, 28, 29). Aborda-se sempre o problema e a linguística, na medida em que progride como ciência, só pode, como qualquer ciência, fazê-lo saindo das fronteiras estritas fixadas, a cada ciência particular, pelo positivismo. Somente com essa condição, ela poderá efetivamente "explicar" e não mais apenas descrever e classificar. Mas, à força de querer que ela deixasse rapidamente essas fronteiras, não se corria o risco dela não se fundar enquanto ciência específica? É o que diz Saussure. Um problema metodológico, talvez ainda, permaneça: ela pode fundar-se sozinha enquanto ciência? Problema que se pode formular de um outro modo: uma ciência pode abrir mão de uma etapa empírico-positivista?

[108] Vendryès, op. cit., Primeira parte, capítulo III: as considerações sobre "a imagem verbal" e sua "realização material".

[109] Idem, ibid.

[110] Idem, ibid.

[111] Vendryès, op. cit., p. 22.

[112] Vendryès, op. cit., p. 85.

[113] Vendryès, op. cit.

[114] Vendryès fala, desse modo, de morfemas mais ou menos "concretos" ou "sutis", pp. 91-92.

[115] Carta a A. Meillet, não datada, mas, segundo Godel, de 1894 (Godel, op. cit., p. 31).

Metáfora e conceito: Saussure/Freud – sobre alguns problemas do discurso teórico

Saussure: a crítica do sentido

Em sua área, a crítica saussuriana das teorias gramaticais e linguísticas parece, para nós, ter efeitos decisivos sobre uma questão da qual tratamos em outros textos de maneira aprofundada: a da metáfora. É verdade que Saussure não se interessa por isso diretamente (explicitamente) e se contenta com algumas observações sobre o uso que os linguistas fazem das metáforas; no entanto, seu papel na reformulação do problema é essencial. Em um percurso que poderia ser comparado ao de Nietzsche na filosofia, ele integra esse problema a uma teoria geral da linguagem, o que deveria impedir, por conseguinte, de reduzi-lo a um problema de retórica sendo de interesse para os linguistas apenas de modo acessório. Com efeito, se ele não fala precisamente de metáfora, ele teoriza, por outro lado, sobre *a atividade de associação* (comparação), fazendo desta um componente fundamental do ato linguístico, ato de "construção" sempre ligado a uma "comparação" implícita, ato de síntese ("sintaxe") que implica uma "análise", produção de "discurso", referindo-se sempre a uma "intuição".[1]

As definições da língua como sistema de diferenças e do ato linguístico como funcionamento dos dois tipos de relações (de combinação e de associação) parecem fundamentais desse ponto de vista. Referimo-nos aos capítulos II, III, IV (Segunda parte do CLG)* que elaboram o conceito de língua como "sistema de valores puros" e aos capítulos que vêm imediatamente depois:

---

* N.T.: as obras têm o título traduzido. As citações, porém, foram traduzidas sem recurso às publicações brasileiras. Com isso, mantém-se coerência entre as páginas citadas e a bibliografia referida pela autora. As passagens do CLG, na tradução, correspondem à edição brasileira. Usa-se a seguinte notação: a página da versão em português entre parênteses e a página da versão francesa citada pela autora entre colchetes.

48 Convite à linguística

"Relações sintagmáticas e relações associativas" (capítulo v) e "Mecanismo da língua" (capítulo vi), no qual se encontra a metáfora bem conhecida[2]: "um dado termo é como o centro de uma constelação".[3]

Para sair da oposição clássica próprio/figurado, encontramos aqui algumas possibilidades: a língua como sistema de diferenças, sem termos positivos, implica (contém, mesmo que não seja realmente produto) o desaparecimento do pressuposto clássico de um sentido sempre já lá, idêntico a si mesmo sob formulações diversas (pois a identidade linguística é apenas uma relação). Desaparecimento, portanto, também do sentido próprio, original, que perde seu poder de jurisdição, uma vez que todas as diferenças se equivalem; em um campo sincrônico, nenhuma delas pode valer-se de privilégios com base em qualquer tipo de anterioridade. Assim, elimina-se a referência à origem e o problema é reformulado em termos de funcionamento, de jogo, de mecânica.

"Qual é o mecanismo de um estado de língua? Dissemos: jogo de diferenças [...]"[4]

Por outro lado, se "tudo acaba em diferenças, tudo acaba também em agrupamentos" conforme os dois atos do sintagma e do paradigma (chamado grupo associativo por Saussure), a ordem dos sintagmas é aquela do discurso, a ordem das associações é aquela "da memória, da intuição, do que temos na cabeça".[5] O *sintagma*, induzindo as noções de contexto e de distribuição, apareceu como um elemento fundamental na reformulação do problema do sentido.

Da mesma forma, porém, que vemos nos dicionários estruturais, a consideração dos contextos, se permite evitar a oposição próprio/figurado (ou principal/secundário), não parece eliminar a filosofia do sentido que a sustenta. Esta é uma das razões, para nós, da leitura redutora que é feita com frequência de Saussure (na tradição distribucionalista), que privilegia o sintagma em detrimento do paradigma, como observam Ducrot e Todorov:

> O linguista não reconhece outra ordem senão a de sucessão; os elementos que seriam simultâneos (os diversos constituintes fonéticos de um mesmo fonema, ou os traços semânticos de uma palavra) são comprimidos em um único ponto da representação linear.[6]

"Se há um largo consenso para subordinar, na prática, o estudo paradigmático ao estudo sintagmático, divergências aparecem quanto ao sentido a ser atribuído a essa subordinação",[7] subordinação total nos distribucionalistas, atitude mais relativizada em Hjelmslev e/ou Martinet, para quem, no entanto, a expressão "relação paradigmática" parece sempre tomada no sentido restrito de "relação de seleção" (no interior de "classes"), e não no sentido amplo de associação, que seria a acepção de Saussure (e de Jakobson).[8]

Parece bom lembrar que, para Saussure, esses dois eixos são opostos, mas complementares, já que "o mecanismo consiste em empregar tipos de sintagmas que nós temos em mente, jogando com os grupos de associação para chegar à diferença desejada [...] todo valor resulta desse duplo agrupamento, mesmo no caso de um som [...]".[9] De tal modo que se impõe a necessidade de "uma dupla teoria".

A respeito disso, podem ser mencionados dois capítulos do CLG, geralmente pouco evocados, provavelmente porque estão na terceira parte ("Linguística diacrônica") onde Saussure desenvolve sua concepção da analogia (cap. IV e V). Mesmo que essas observações – que no texto intervêm a respeito do problema mais geral da mudança linguística –, pareçam distantes (na apresentação) da teoria do mecanismo da língua que acabamos de lembrar, somos autorizados a considerá-las uma vez que formam com esta um conjunto. *Les sources manuscrites du cours de linguistique générale*,[10] aliás, nos dão duas indicações nesse sentido: na primeira parte (*diacrônica*, Curso II, notas de Riedlinger), encontra-se, ao longo de observações sobre "a analogia, princípio geral de criação da língua", uma variante da metáfora da constelação:

"Toda palavra se encontra no ponto de intersecção de várias séries que podem ser representadas pelos raios de uma estrela".[11] Na sequência da mesma obra, as reflexões sobre a analogia vêm imediatamente depois da parte que trata do mecanismo da língua ("divisão do campo sincrônico") e das observações sobre "a sintagmática" e "a ordem associativa". Por fim, é uma mesma conclusão que resume os dois parágrafos.[12]

A analogia em Saussure

A analogia, vista como fator de mudança linguística, aparece na tradição do século XIX como um problema de linguística histórica. A posição de Saussure se define contra a opinião dos "primeiros linguistas", que viam nesse fenômeno uma espécie de *erro* da língua, uma criação irregular e errônea em relação à "forma ideal" ("eles acreditavam que, ao inventar *Honor*, o latim "tinha se enganado" com o protótipo de *Honoš*); e se define também contra a posição dos neogramáticos, que, no entanto, deram destaque a essa "ilusão" na medida em que viram na analogia "o grande fator da evolução das línguas, o procedimento pelo qual elas passam de um estado de organização para outro".[13] Saussure, por sua vez, introduz o problema fundamental "da natureza dos fenômenos analógicos",[14] e não o separa da descrição do mecanismo linguístico "obscurecido" pelas mudanças fonéticas e reequilibrado, de algum modo, pelas formações analógicas sempre feitas "de acordo com uma determinada regra".[15]

Portanto, trata-se provavelmente de um fenômeno "de ordem psicológica" (como salientaram os neogramáticos), mas que deve ser abordado também no campo "gramatical", porque supõe a consciência e a compreensão de uma relação que une as formas entre si.[16] (A articulação do "psicológico" com o "gramatical" é evidentemente de uma confusão interessante em todo o capítulo). Posta assim a verdadeira questão linguística, o fenômeno é definido brevemente com a ajuda de uma metáfora e de um esquema. *A metáfora é aquela de um drama da usurpação*:

> Todo fato analógico é um drama de três personagens que são: 1º o tipo transmitido, legítimo, hereditário (por exemplo, *Honos*); 2º o concorrente (*Honor*); 3º um personagem coletivo constituído pelas formas que criaram esse concorrente (*Honorem*, *Orator*, *Oratorem* etc.)".[17]

O esquema é aquele da "quarta proporcional":
"reação: reacionário = repressão: x
x = repressionário"[18]

A metáfora e o esquema permitem evidenciar que se trata:

- de um *processo* ("esse processo é evidentemente o mesmo que há pouco engendrava *Honor*");[19]

- de uma *produção*, e não de uma mudança interpretada como uma substituição ("a analogia serve tão pouco para substituir uma forma por outra que, com frequência, se vê a produção de umas que não substituem nada."[20] Caso de repressionário.);

- em suma, de uma *criação*, cujo princípio se confunde simplesmente com aquele das criações linguísticas em geral, ou seja, com o mecanismo da linguagem. (O problema da origem é assim mais uma vez atribuído a um problema de funcionamento linguístico.)[21]

Que importância têm então essas observações para nossa proposta? Destacamos:

Metáfora e conceito **51**

- a insistência sobre o papel da comparação: toda criação linguística supõe uma "análise" (dita normalmente "subjetiva") dos materiais dos quais dispõe a língua, "correlação, comparação, que antecede, ou ao menos sustenta, toda reconstrução". ("Para dar conta do surgimento de Honor, é preciso recorrer a outras formas.")[22] "A razão de ser" da analogia está "na análise e na reconstrução de elementos fornecidos pela língua".[23] E se analogia é somente um caso particular do funcionamento linguístico em geral, é porque "toda uma parte do fenômeno é realizada antes que a nova forma apareça". A atividade contínua da linguagem que *decompõe* as unidades que lhe são dadas

> contém em si, não somente todas as possibilidades de um falar conforme o uso, como também todas aquelas das formações analógicas [...] Uma palavra que eu improviso como *indecorável* já existe *potencialmente* na língua [...] e sua realização na fala *é um fato insignificante se comparado à possibilidade de formá-la.*[24]

Assim, a analogia, "manifestação da atividade geral" da linguagem, permite chamar a atenção para o papel do eixo associativo, para a função no ato linguístico das potencialidades, do *latente*, diante do que as *realizações* são sempre insignificantes.[25]

- a analogia é apresentada como um fenômeno ao mesmo tempo "estático e dinâmico": ela tem um papel "conservador" (conservação das formas dentro de um sistema) e simultaneamente um papel inovador. Essas duas tendências operam no mecanismo regular da linguagem:

> *Agonti – agunt*. São formas refeitas continuamente pela força estática da analogia (cf. a força dinâmica da analogia inovadora!): é a combinação de *ag-* e de *-unt* que é refeita de tempos em tempos [...] analogia latente.[26, 27]

"Assim, as formas se mantêm porque são constantemente refeitas de modo analógico" pela análise (comparação virtual) que conserva as formas ou "redistribui a matéria linguística"[28] em novas construções. Parece-nos que, por essas considerações, Saussure toca no difícil problema de uma estrutura que "se move" e que leva a supor que essa ação não pode se reduzir a um jogo imanente de formas, que passa por um processo que não pode ser reduzido a uma análise linguística. O que enuncia em sua linguagem é o seguinte: "Esse processo é, evidentemente, o mesmo que, há pouco, engendrava *Honor*",[29] "toda uma parte do fenômeno é realizada antes [...]" Trata-se de "uma operação

52 Convite à linguística

complicada" de um "processo psicológico"; "nada entra na língua sem ter sido experimentado na fala, e todos os fenômenos evolutivos têm sua origem na esfera do indivíduo"; "a ação da língua é atravessada por uma infinidade de hesitações, por espécies de semianálises. Em nenhum momento, um idioma possui um sistema perfeitamente fixo de unidades" etc.[30, 31] Os fatos de analogia aparecem como "construções súbitas" ("involuntárias"),[32] provenientes do mesmo princípio de qualquer atividade da linguagem. Todo estado de língua, aliás, não passa de "transição entre o estado da véspera e o do dia seguinte",[33] sendo a distinção diacronia/sincronia simplesmente a condição necessária de uma "generalização".[34]

As formas aparecem agindo por si mesmas ("personagem coletivo constituído pelas formas que criaram esse concorrente")[35] e, ao mesmo tempo, pelo viés de um sujeito falante, a quem se atribui, independentemente dele, a iniciativa desse processo. A mudança analógica está, assim, ligada ao que é "psicológico e mental" no ato da fala (por oposição ao fisiológico e físico): a analogia "é a obra ocasional de um sujeito isolado. É nessa esfera e à margem da língua que convém surpreender, primeiramente, o fenômeno".[36] A oscilação inevitável na articulação desses dois fatores aparece na seguinte questão: "Trata-se de um ato consciente?" A comparação que subentende a criação é dita "inconsciente";[37] no entanto, por oposição à mudança fonética, posta como inconsciente na tradição neogramatical, o fato analógico é caracterizado como consciente[38] ou ainda como racional (por oposição à etimologia popular.[39] Na verdade, Saussure explica: não se deve esquecer que se trata de "graus de consciência sendo que mais elevado ainda se encontra na inconsciência pura, comparado ao grau de reflexão que acompanha a maioria de nossos atos".[40]

"O ato linguístico é o menos refletido, o menos premeditado, o mais impessoal de todos."[41] Com os conhecimentos psicológicos dos quais dispõe, ele tenta resolver a dificuldade apresentada por esse processo associativo dizendo que "ele joga com formas das mais contemporâneas, já que a associação foi feita no cérebro do mesmo indivíduo e que não foi preciso mais do que um segundo para concluir [...]".[42] Seria fácil sorrir, mas preferimos destacar o quanto a famosa distinção língua/fala, tomada ao pé da letra pela linguística estrutural, trouxe obstáculos para o próprio Saussure, confrontado com os problemas que ele permitiu, juntamente com outros, formular e que não podia resolver, das relações da linguagem e do inconsciente.

Levantaremos, por fim, seguindo a mesma linha de consideração, a sensibilidade às questões de ambiguidade e de polissemia (e isso, apesar das

Métáfora e conceito **53**

restrições impostas tanto por sua própria necessidade de rigor quanto por sua formação linguística).[43] Apesar da interpretação redutora dos distribuciona-listas, a teoria dos agrupamentos sintagmáticos não permite superar valores, como sugere essa curiosa observação (omitida no CLG) sobre a multiplicidade das relações entre sintagmas e associações, sobre as diferentes interpretações de um sintagma em função das diferentes associações:

"O mesmo sintagma pode ter várias significações diferentes: *tri-polis* = três cidades, ou: quem possui três cidades (relação bem diferente!)", após o quê, ele propõe: "discursivo" para sintagmático, "intuitivo" para associativo, representando as duas ordens de relação por dois atos sincrônicos.[44,45]

Essa atenção dada ao jogo do significante se revela em outras observações ocasionais (quase à parte no curso), por exemplo, a respeito das regras que determinam o processo analógico:

"A analogia é exercida a favor da regularidade [...] mas ela tem seus caprichos";[46] ou ainda, a respeito das relações da analogia e da "etimologia popular" (capítulo IV, Terceira parte),[47] fenômenos "cuidadosamente distin-guidos" no texto do CLG, um sendo "um fato absolutamente geral" e o outro um fenômeno marginal à base de "interpretações puras e simples de formas incompreendidas pelas formas conhecidas", ao passo que, em uma passagem (tirada pelos editores) os dois fenômenos são associados desta forma: "Há aí [na etimologia popular] algo que pode passar por vicioso, por patológico, ainda que seja uma aplicação extremamente particular da analogia".[48]

Do mesmo modo, o *problema da elipse* é apresentado em termos total-mente novos:

> Essa palavra parece supor que se sabe, *a priori*, de quantos termos *deveria* se compor a frase. Pensando de modo geral, se verá que *nada é elipse*, sendo os signos sempre adequados ao que eles expressam [...] Reciprocamente, nenhuma palavra tem sentido sem elipse; *mas desse modo, por que falar de elipse (como Bréal) como se houvesse uma norma qualquer por trás da qual as palavras são elípticas? [...] A elipse nada mais é do que o excedente do valor.*[49, 50]

Se voltamos então à questão mais geral que nos motiva, qual seja, a crítica (desconstrução mais ou menos consciente e explícita) da concepção clássica da metáfora, pensamos poder concluir, provisoriamente, sobre a contribuição saussuriana da seguinte forma: apesar de todas suas confusões, ou mesmo contradições, já destacadas muitas vezes, o CLG, tendendo a situar seu pro-jeto fora da consideração da *verdade* (de sua origem, de sua representação,

54 Convite à linguística

da adequação etc.), deve incitar, por isso mesmo, a se situar fora da oposição clássica conceito/metáfora, sentido primeiro/sentidos derivados...[51]

Na mesma confusão, as observações que dizem respeito à importância do eixo associativo, à língua como diferenças sem termo positivo, à analogia (e à etimologia popular) revelam uma sensibilidade ao que ainda não se pode nomear como tal, o trabalho do significante, abrindo caminho para um questionamento da representação clássica do significado sempre já lá, associado à problemática da metáfora.[52]

Essas mesmas observações contribuem de forma decisiva para o questionamento do sujeito livre, consciente de suas escolhas e de suas metáforas, mesmo que pareça provisoriamente ao abrigo no domínio não teorizado da "fala" (oposta à língua).

Finalmente, reduzindo o problema da origem (do signo, do sentido) ao problema mesmo do funcionamento da língua, e mostrando o princípio desse funcionamento na correlação de diferenças (jogo cruzado das combinações e das associações), Saussure contribui para uma mudança de campo: passar da oposição tradicional sentido próprio (primeiro)/figurado a um campo teórico que não isola mais a metáfora, mas a integra ao próprio ato da fala que sempre comporta uma "escolha", uma escolha de alguma forma obrigatória, um "deslocamento" constitutivo, sem ponto de partida, sem termo primeiro, uma vez que na língua tudo já funciona sempre sobre diferenças.

Essas observações nos parecem capazes de justificar uma opinião segundo a qual não deveríamos separar radicalmente o CLG do trabalho com os *Anagramas* (sobre o qual não falaremos aqui). No CLG também, trata-se frequentemente de "palavras sob as palavras" conforme diz Starobinski; de qualquer forma, o percurso que preside a pesquisa (compulsiva e irracional) dos anagramas não pode ser, em nossa opinião, separado da teorização do valor e do paradigmático (associativo) realizada no CLG. É por essa via também que Saussure, paralelamente a Freud, abriu as pesquisas relativas ao trabalho do significante. Daremos aqui simplesmente como exemplo o capítulo de O. Mannoni, intitulado *"La pression paradigmatique"* ou, retomando a brincadeira linguística de um poeta (*"c'est en lisant qu'on devient liseron"*),* o autor aproxima essa criação do esquema saussuriano da quarta proporcional:

---

* N.T.: a autora sugere aqui um jogo de palavras que poderia se dar ou entre o verbo *lire* (é lendo que se torna...) e *liseron* (campânula, planta ornamental nativa da Europa e da Ásia), ou entre o verbo *lire* e um neologismo *liseron* (aquele que lê).

"Não há amostra de uma língua que se torne logo exemplo, ou como dizem os gramáticos, 'paradigma'[...]" Alguma coisa do inconsciente se expressa, não no sentido de um discurso, mas na emergência, por assim dizer, a despeito do sentido, de uma lei como a quarta proporcional ou a pressão paradigmática. O funcionamento das leis linguísticas encontra assim as "leis combinatórias do processo primário" que se manifestam quando "o desejo inconsciente de uma forma ou de outra está implicado".[53] Não fazendo "nenhuma acepção do desejo", o linguista, porém, nunca poderia, para O. Mannoni, encontrar o analista na apreensão da linguagem.

Freud: o estatuto novo da metáfora

Pensamos, porém, que a linguística, sobretudo em seus desenvolvimentos para a análise do discurso (dos textos), pode cada vez menos ignorar o trabalho de desconstrução empreendido por Freud e do qual uma das consequências pode ser o questionamento da problemática clássica da metáfora (mesmo que ele não trate diretamente desse problema).

Lembremos, em primeiro lugar, que, por uma elaboração totalmente independente, Freud encontra a linguística moderna em, no mínimo, dois pontos fundamentais:

- a aplicação da técnica das associações livres vai ao encontro da propriedade inerente ao funcionamento da linguagem, teorizada por Saussure sob o nome de eixo associativo; nos dois casos, esse processo estabelece uma relação constitutiva com a memória, língua como "tesouro registrado na memória", inconsciente como memória recalcada que a linguagem atualiza por seus subterfúgios.[54]

- a evidenciação (consequência do ponto anterior) dos processos de "deslocamento" e de "condensação" tanto no humor, nas formulações espirituosas quanto no sonho. Aqui o encontro, inicialmente menos evidente, parece-nos claro: a condensação ou "síntese que de *familiar* e de *milionário* forma a "palavra composta": *familionário*" aparece como uma "formação substitutiva" que joga com o eixo das associações-substituições ao mesmo tempo que com o eixo das combinações (decomposição).[55] O esquema do "neologismo" proposto por Freud[56] lembra muito o esquema linguístico da quarta proporcional que dá conta das "criações analógicas" (decomposição, aproximação, síntese, ato "criador" na fala).[57]

Como Saussure, Freud insiste no caráter formal da operação[58], e no funcionamento da polissemia (polissemia apresentada em um primeiro momento como redutível de forma legítima pelos contextos).[59] O funcionamento das leis linguísticas faz parte, assim, do funcionamento próprio ao inconsciente das leis dos processos primários, e o paragrama (as palavras sob as palavras), assim como a metáfora aparecem, então, como casos particulares (linguísticos) do processo geral de deslocamento, manifestações da lógica do "substituto", relacionada teoricamente ao recalque, portanto ao inconsciente. Ainda que Freud não a explicite, pensamos que o problema da metáfora é abordado nessa demonstração em que intervêm – como vestígios – os termos tradicionais de "duplo sentido", "sentido metafórico"/"sentido real" etc.

Assim, em muitos exemplos de palavras de duplo sentido: "o elemento essencial consiste no desvio do fio condutor do pensamento, no deslocamento da ênfase psíquica do tema *primitivo* para um tema diferente".[60] Ou ainda, o deslocamento é definido como "esse fato de que tudo o que, nos pensamentos oníricos, era periférico e *acessório* se encontra, no sonho, manifesto, transposto para o *centro* e se impõe vivamente ao sentido e *vice-versa*".[61] No jogo de palavras como no sonho: "condensação", "deslocamento", "representação indireta" aparecem como o resultado do "tratamento inconsciente de um pensamento pré-consciente".[62]

Acrescentaremos imediatamente como importantes para nossa proposta os seguintes pontos: Freud insiste com frequência na importância, no processo de deslocamento (em particular na forma da conversão histérica), das "formas de falar", em que ele vê uma espécie de incitação da língua. Por outro lado, ele multiplica as observações que visam a legitimar o uso inevitável (necessário teoricamente) das noções confusas e das metáforas no discurso específico da psicanálise como ciência. Na perspectiva da construção de um estatuto teórico novo da metáfora, reuniremos aqui a contribuição de Freud segundo dois pontos de vista: *teórico* (teoria da metáfora como substituto e suas consequências para a prática psicanalítica) e *metateórico* (problema do discurso teórico).

De um ponto de vista teórico, parece-nos importante esclarecer primeiramente a oposição entre processos primários/processos secundários, fundamental para se compreender a lógica do substituto que é a do inconsciente e da metáfora. Lembremos esses processos de modo sintético.[63] Os processos primários próprios ao sistema inconsciente são definidos como o funcionamento de "moções pulsionais" (de desejo) que "persistem umas ao lado das outras sem se influenciarem reciprocamente" nem se contradizerem para resultar em "formações de compromisso". "Não há nesse sistema nem negação, nem dúvida, nem grau na certeza [...], só há conteúdos mais ou menos fortemente investidos." Esse investimento se caracteriza por uma extrema mobilidade que permite os deslocamentos e condensações. Esses processos não têm relação, enfim, nem com o tempo nem com a realidade externa, e só estão submetidos ao princípio do prazer. Recobertos muito cedo pelo sistema consciente-pré-consciente, eles são "por si só irreconhecíveis" e só se revelam nas formações dos sonhos, dos sintomas, lapsos, jogos de palavras etc., ao passo que o sistema consciente-pré-consciente (processos secundários) coloca em jogo representações cujos investimentos só podem se deslocar levemente (ação da censura), capazes de serem comunicados e de se influenciarem reciprocamente, dando conta do tempo e da realidade externa.

As relações complexas entre os dois sistemas não podem se limitar "ao ato de recalque, uma vez que o pré-consciente lança no poço do inconsciente tudo o que lhe parece perturbador";[64] há um trabalho próprio do inconsciente que se manifesta particularmente na produção de "rebentos" que influenciam de modo permanente o pré-consciente: "a essa espécie pertencem as formações fantasmáticas tanto dos homens normais como dos homens neuróticos" e elas aparecem na consciência na forma de representações "substitutivas".[65]

A metáfora, exemplo linguageiro dessas formações substitutivas, encontra-se desse modo integrada a uma problemática que elimina inteiramente qualquer consideração de origem. Trata-se, Freud explica muito bem isso, de uma descrição estrutural, e de modo algum de uma hipótese genética.[66, 67]

Essa elaboração do duplo processo, portanto da dupla lógica que rege o psiquismo, está relacionada evidentemente de forma íntima com as observações clínicas. Muito cedo, Freud, em particular, foi levado a se fazer perguntas relativas à linguagem: trate-se do *discurso* feito pelo paciente (ver a denominação de *"talking-cure"* dada por Dora à técnica de Freud), dos sintomas (conversões somáticas do discurso, "linguagem de órgão"), da relação (estrutural, e não genética) entre esses dois níveis, tal como emerge às vezes no nível dos comportamentos (e aí está todo o problema chamado por Freud de "simbolização").

Pensemos nas descrições clínicas numerosas dos *Estudos sobre a histeria* que destacam esse problema. Assim, a respeito de um caso de dor nas pernas que dificultava seu deslocamento ("abasia"): "a paciente [...] não se cansava nunca de repetir que o que lhe parecia, nesses casos, era o sentimento de sua "impotência", sua impressão de não "poder avançar". Era preciso a partir daí atribuir a suas reflexões alguma influência sobre a formação da abasia e admitir que, ao buscar diretamente alguma tradução simbólica de seus pensamentos dolorosos, ela a havia encontrado em uma intensificação de suas dores. Já dissemos [...] que simbolizações da mesma ordem podiam dar lugar a sintomas somáticos de ordem histérica [...] Ela tinha encontrado na astasia-abasia uma maneira de se expressar. A frase: "permanecer pregada no lugar, não ter nenhum apoio etc., serve de base a esse novo ato de conversão".[68, 69]

Se Freud permanece aqui em uma terminologia tradicional da tradução-transposição, do sentido próprio e do sentido figurado, primeiro e derivado, parece-nos, ao mesmo tempo, que ele já sai disso e supõe um tipo de causalidade não mecânica entre esses dois níveis de linguagem:

> Tomando as locuções "punhalada no coração" ou "tapa na cara" em sentido literal no momento de uma ofensa, sentindo-a como um fato real, ela não faz disso um abuso sentimental, mas tão somente reanima as impressões às quais a locução verbal deve sua existência [...] Consistindo primitivamente em atos adequados, bem motivados, esses movimentos, em nossa época, encontram-se geralmente tão enfraquecidos que sua expressão verbal nos parece uma tradução imagética; mas parece provável que tudo isso tenha tido outrora um sentido literal. A histérica tem razão, portanto, de dar a suas inervações mais fortes um sentindo verbal primitivo. Talvez mesmo estejamos equivocados ao dizer que ela cria sensações assim por simbolização; talvez não tenha de modo algum usado a linguagem usual como modelo, mas bebido dessa mesma fonte.[70]

Se os *Estudos sobre a histeria* mostram o mecanismo da metáfora na medida em que faz parte do fenômeno geral do deslocamento, ligado de forma constitutiva ao Inconsciente, em *Psicopatologia da vida quotidiana* e em *A interpretação dos sonhos* ele chama mais a atenção para o funcionamento significante da linguagem portadora de multiplicidade de sentidos na aparente informação monossêmica, produtora de sentido por sua própria polissemia. A escrita "hieroglífica" do sonho traz à tona o fato de que a ambiguidade, os sentidos contraditórios, a polissemia "não são o obstáculo de uma inscrição (inscrição de um sentido), mas constituem suas vias".[71, 72]

Assim como para Saussure (em *Anagramas*, mas também já na teoria do valor exposta no CLG), o sentido, enquanto valor tomado em um sistema, é irredutível à significação (simples relação de um Se com um So)*, a representação do sonho revela uma cadeia ilimitada de substitutos que nunca pode levar a um sentido primeiro:

> o introcável (*das Unersetzliche*: o insubstituível) que é eficaz no inconsciente se manifesta frequentemente por sua dissolução em uma série infinita, infinita no sentido de que cada equivalente leva a lamentar a ausência de significação para a qual se tende.[73]

Com isso se afirma que a polissemia é a lei da linguagem, não mais sua falha, instabilidade da fala, legitimamente redutível pelo contexto, mas projeção no uso da língua da sobredeterminação própria ao inconsciente. Nós reencontramos também, com isso, a importância atribuída por Saussure ao eixo associativo, aquele do não-dito, condição mesma do ato de fala, da mesma forma que o eixo sintagmático. É porque há não-dito, sentido a mais, que a técnica psicanalítica é possível, em uma situação de escuta e de interlocução que não tem mais nada a ver com o esquema clássico da comunicação, da língua como código cuja eventual ambiguidade sempre seria legitimamente redutível. Nessa situação, o papel da metáfora se encontra completamente subvertido, já que ela aparece como um dos meios pelos quais se dá a entender o que não era destinado conscientemente à informação, e o esquema da comunicação é *em consequência disso definitivamente questionado*.[74]

A negação e a metáfora

Destacaremos rapidamente, por fim, que o estatuto dado por Freud à negação vem ao encontro do problema da metáfora. Por um lado, a negação manifesta "uma espécie de aceitação intelectual do recalcado, ao passo que o efeito essencial (afetivo) do recalque persiste".[75]

A negação (consciente) funciona assim em uma estrutura de desconhecimento-reconhecimento que entra na mesma lógica do substituto que a metáfora. Por outro lado, em suas formas não verbais (no nível das fantasias), a negação vai ao encontro ainda mais claramente da metáfora, passando por ela para se manifestar. O exemplo mais conhecido é "a cabeça de Medusa", metáfora da castração pela representação do que parece justamente o contrário: a multiplicação das serpentes, símbolos fálicos. Nesse caso limite, a metáfora

---

* Se e So são formas abreviadas utilizadas pela autora para indicar, respectivamente, significante e significado.

se torna o substituto de uma ausência, seu referente não é mais um objeto cuja existência garantida nos permitiria denominá-lo sem passar por esse desvio; seu referente é um objeto cujo modo de existência tange a fantasia.[76]

Como conclusão desses pontos, proporemos três observações sobre a contribuição de Freud à desconstrução da metáfora clássica:

- a metáfora, tomando lugar em um funcionamento polissêmico da linguagem, revela-se de modo evidente na prática analítica como um dos meios aprendidos pelo desejo em seu processo geral de deslocamento, de substituição, de mascaramento. Mas não há sentido primeiro verdadeiro, e que seria mascarado por algum artifício do inconsciente, já que o deslocamento (na forma do recalque) é constitutivo mesmo do inconsciente. Qualquer acesso ao real passa pela fantasia, assim como pela linguagem, portanto pela metáfora.[77]

- o problema da metáfora se encontra a partir daí inscrito em uma questão muito mais ampla, que é aquela do funcionamento dos processos psíquicos (teoria visada por Freud na forma de uma "metapsicologia"), no qual o mascaramento, o deslizamento (de sentido) se revela como o lugar mesmo de seu contrário: o desmascaramento, o surgimento do sentido, o conhecimento a partir do desconhecimento (na interpretação analítica). Não se tratará mais, com a metáfora, de desgaste ou de desvio, definidos em relação a uma origem ou a uma natureza, mas da própria lei do funcionamento da linguagem, no sentido de que nela sempre emerge o desejo. Mais do que surgimento do sentido, deve-se dizer, certamente, produção do sentido, como nos mostra o trabalho do sonho; o que destrói um dos fundamentos da metáfora clássica: a existência de um sentido já presente, que só será expresso diretamente ou por meio de desvios.

- finalmente, a problemática idealista da metáfora é profundamente desestabilizada ainda, na medida em que é questionada a dicotomia corpo/psique que a funda (própria, isto é, concreto oposto a figurado, isto é, representado em segundo grau, signo do signo). Esse questionamento se opera, nos parece, devido à noção de pulsão,[78] definida por Freud como um "conceito limite entre o psíquico e o somático", o que significa dizer que essa noção – indispensável tanto quanto confusa (Freud recorre a ela sem nunca ter elaborado realmente uma "teoria das pulsões", declarada no entanto indispensável) – exige talvez que se saia da problemática implicada por essa dicotomia (psíquico/somático, abstrato/concreto etc.). Desse ponto de vista, a metáfora (transposição, translação, transposição da barra), tomada por definição nesse conjunto conceitual, desapareceria como conceito operatório. O problema deveria ser posto então de outra maneira, talvez em termos de fantasia, ponto de encontro da história e do sujeito, em suas relações com o real e o simbólico.

Primeiras consequências para o discurso teórico

Quanto ao próprio discurso teórico, aquele que uma ciência faz de si mesma (o que anunciamos como o ponto de vista metateórico), a descoberta freudiana do inconsciente, a conceitualização que Freud fez disso e os desenvolvimentos que ela suscitou parecem-nos de tamanha importância que a noção clássica do discurso teórico só pode ficar desestabilizada.

Notemos, primeiramente, que Freud sempre foi sensível à repreensão que faziam a ele de abusar das metáforas e das noções confusas. Ou ele responde a essas observações, ou ele as previne, de qualquer modo, as justificativas são muitas nesse sentido. Citaremos apenas algumas. Para representar o que foi chamado de tópica (distinção do sistema Consciente/Pré-consciente/Inconsciente), ele recorreu à "representação mais simples" e "mais cômoda", a representação espacial, que assimila o sistema inconsciente a uma "grande antecâmara", onde se encontram as tendências psíquicas, a consciência ficando-do em "um tipo de sala" adjacente; na fronteira entre os dois fica o vigia que censura as tendências e as envia para o inconsciente quando julga necessário.[79]

Essa apresentação pedagógica e quase ingênua tem, diz Freud, "essa vantagem de nos permitir desenvolver nossa nomenclatura", em outras palavras, de elaborar um sistema de noções e de conceitos inexistentes na psicologia tradicional.

> Vocês me dirão, provavelmente, que essas representações, ao mesmo tempo simples e um pouco fantasistas, não podem constar em um relato científico. Vocês têm razão, e eu mesmo sei muito bem que elas são, além disso, incorretas e, se não me engano muito, logo teremos alguma coisa mais interessante para dizer em seu lugar. Ignoro se, corrigidas e completadas, elas parecerão menos fantásticas. Saibam, enquanto isso, que essas representações auxili-

ares, das quais temos um exemplo no homenzinho de Ampère nadando no circuito elétrico, não devem ser desprezadas, pois ajudam, apesar de tudo, a compreender certas observações [...].[80]

Ele repete em *Metapsicologia* acerca dessa primeira tópica e da expressão "o aparelho psíquico": "Será útil igualmente lembrar que nossas hipóteses não podem pretender ter outro valor do que aquele de uma representação figurada".[81]

Acreditamos poder tirar daí duas observações: trata-se, certamente, de ilustrações esquemáticas ("representações auxiliares") cujo papel pedagógico é claramente destacado (particularmente em *Introdução à psicanálise*, sequência de lições e de conferências), mas esse uso figurado é, definitivamente, inseparável do trabalho de elaboração de conceitos novos. Claro, será preciso encontrar noções melhores para "serem ditas em seu lugar"; enquanto, porém, essas metáforas servem de substituição em uma elaboração teórica na qual tudo está por ser feito.

> Em psicologia não podemos descrever senão com a ajuda de comparações. E isso não é privilégio da psicologia, ocorre com frequência em outras áreas. Mas devemos continuamente mudar de comparações: nenhuma nos satisfaz por muito tempo.[82]

O que pode ser compreendido também como cada metáfora, em seu tempo, funciona como um conceito, em seu lugar, mas permitindo também produzi-lo.[83] Assim, o conceito de recalque apresentado com uma simplicidade quase ingênua (em um texto, é verdade, para médicos!) não escapa da apresentação metafórica no texto muito mais elaborado e abstrato que é a *Metapsicologia*.[84]

Freud justifica igualmente seu recurso às expressões comuns, aos termos triviais, dizendo que são necessários na elaboração de uma ciência cujo objeto está precisamente em relação estreita com a linguagem mais corriqueira. Dessa forma, a respeito da segunda tópica: "Vocês vão achar provavelmente inadequado que tenhamos escolhido, para designar nossas duas instâncias ou províncias psíquicas (o eu e o isso), palavras corriqueiras em vez de sonoros vocábulos gregos. Mas gostamos, nós psicanalistas, de permanecer em contato com a forma de falar popular e preferimos tornar as noções populares utilizáveis para a ciência do que rejeitá-las. [...] O "isso" impessoal corresponde exatamente a certas maneiras de falar do homem normal. "Isso me fez tremer, se diz, alguma coisa em mim, nesse momento, era mais forte do que eu [...]".[85]

Ou ainda, a respeito do *"Problema econômico do masoquismo"* e da distinção que ele estabelece entre: o masoquismo erógeno, o masoquismo moral e o masoquismo feminino, em que ele observa que o masoquismo moral requer somente o sofrimento e não a condição de que provenha da pessoa amada; mas acrescenta: "poderíamos ficar tentados a ignorar a libido para explicar semelhante acontecimento: se admitiria unicamente que o instinto de destruição, reorientado para dentro, se prende ao eu do sujeito; mas seria preciso de qualquer forma reconhecer um sentido no fato de que a linguagem diz "masoquismo" aí, como nas variedades estudadas anteriormente, isto é, recusa renunciar a marcar uma relação entre esse comportamento e o erotismo".[86]

É patente que o recurso (provisório?) às metáforas, às expressões corriqueiras, às noções confusas (tais como, a pulsão, a bissexualidade),[87] aos mitos (*Totem e tabu*) ou às "ficções teóricas", como a "cabeça de Medusa", nem sempre tenha resultado no estabelecimento de conceitos seguros e de acordo com as exigências tradicionais do discurso científico. Talvez seja nesse caso um problema específico do discurso da psicanálise, a menos que, longe de ser tão particular, esse discurso permita questionar os critérios de validade de qualquer discurso teórico.

Questionaremos, em outros contextos, os epistemólogos sobre o estatuto que eles dão à metáfora (já que, afinal, é a eles, assim como a seus colegas, que se dirige Freud em seus discursos) e outros que, em nome de Freud, julgam a questão resolvida.

Marx: metáfora e conceito

Este tipo de trabalho poderia ser feito sobre certos termos modais de diferentes disciplinas: mostrar como tal metáfora, inicialmente indicativa, permitiu, em um dado momento, passar de uma noção mais ou menos abstrata, insuficientemente elaborada, a uma apreensão mais complexa de um objeto, ou mesmo à definição de um novo objeto, definição primeiramente aproximativa ("metafórica", mas fazendo ver assim o que não tinha sido visto até então), exigindo uma abstração mais profunda, preparando e invocando um novo conceito teórico.

Remetemos ao trabalho de Althusser sobre inúmeros termos dos clássicos do marxismo.

64 Convite à linguística

Por exemplo, suas observações sobre o conceito de *mais-valia*, substituindo em Marx a terminologia comercial e industrial da economia política clássica (os "conceitos correntes de lucro e de renda"), que permite levar a ver o que, até o momento, nunca tinha sido examinado ("a parte não paga do produto [...]") e que aparece assim como "o representante de um novo sistema conceitual, correlato ao surgimento de um novo objeto".[88] Este é um exemplo que mostra a passagem de um termo corrente a um conceito abstrato (científico); passagem que também pode ser feita pela etapa de uma metáfora: assim, a respeito da "inversão", as observações de Althusser tratam do interesse dessa "imagem", indicativa de novos problemas, mas que pode funcionar, a partir de um certo momento, como freio se, em uma nova etapa, não há esforço para se pensar o problema que ela designa de forma mais abstrata.

> Lavoisier foi o primeiro a descobrir que o novo tipo de ar era um elemento químico novo, que na combustão não é o misterioso flogístico que escapa, mas esse novo elemento que se combina com o corpo; e ele foi assim o primeiro a *pôr de pé a química completa*, que, na forma flogística, *estava de ponta-cabeça* [...]. Marx é para seus antecedentes, quanto à teoria da mais-valia, o que Lavoisier é para Pristiley e Scheele.[89]
>
> Pôr de pé a química que estava de ponta-cabeça significa, sem nenhuma ambiguidade possível no texto de Engels: *mudar* a base teórica, mudar a problemática teórica da química, substituir a antiga problemática por uma nova problemática. Este é o sentido da famosa "inversão": nessa imagem, que é apenas uma imagem e que, portanto, não tem nem o sentido nem o rigor de um conceito, Marx buscava indicar simplesmente, por sua vez, a *existência* dessa mutação da problemática, que inaugura toda fundação científica.[90]

Ou ainda, a respeito dessa vez da "inversão" da dialética hegeliana:

> Vou mais longe sugerindo que na expressão conhecida "A dialética em Hegel anda de cabeça para baixo. Para descobrir na carapaça mística o núcleo racional, é preciso invertê-la", a expressão "inversão" só é um indicativo, mesmo metafórico, e traz tantos problemas quanto os resolve. [...] Não se pode se contentar em repetir indefinidamente aproximações tais como: a inversão da filosofia ou da dialética, a extração do "núcleo racional" etc., a menos que se deixe para essas expressões a tarefa de pensar em nosso lugar, isto é, de não pensar e de acreditar na magia de algumas palavras perfeitamente sem valor.[91]

Esse desenvolvimento sobre a contradição e a sobredeterminação nos parece um exemplo claro de análise histórica da produção de um conceito e de proposições construtivas que visam a dar continuidade a essa elaboração.

Remetemos, novamente, ao texto de Althusser, sugerindo simplesmente aqui três momentos que o marcam:

1) O ponto de partida em Marx do conceito hegeliano de negação (contradição), que define a dialética que, "como inclui na compreensão do dado ao mesmo tempo a compreensão de sua negação e da destruição necessária, como concebe toda forma madura ao longo do movimento e, portanto, também em seu aspecto efêmero [...] (ela) é, pois, em sua essência, crítica e revolucionária".[92]

2) A metáfora marxista do "invólucro místico" e do "núcleo racional" visando a desmitificar a dialética hegeliana em seu idealismo, e "o acúmulo das metáforas" (extração, inversão etc.), índice, segundo Althusser, da dificuldade teórica sentida por Marx: de fato, em virtude mesmo do marxismo, a dialética não pode ser colocada no sistema de Hegel, como um núcleo em seu invólucro. Ela não pode deixar de ser hegeliana e se tornar marxista "pelo simples milagre de uma extração".[93] Daí a necessidade de apresentar mais claramente este problema teórico: "o problema da natureza da dialética considerada em si mesma, isto é, o problema de suas estruturas específicas"[94] e a necessidade de "pensar as diferenças de estrutura" entre a dialética hegeliana e a dialética marxista.

3) A ideia, proposta por Althusser, do recurso a um outro conceito (tomado da psicanálise): *a sobredeterminação* cujo uso, talvez provisório, permite apresentar novas questões e questionar, por sua vez, outras noções metafóricas.

> A "contradição" é inseparável da estrutura do corpo social inteiro, no qual se exerce, inseparável de suas *condições* formais de existência [...] afetada por elas, determinante, mas também determinada em um único e mesmo movimento [...] pelos diversos níveis e pelas diversas instâncias da formação social que ela anima: poderíamos dizer que é *sobredeterminada em seu princípio* [...] Não gosto muito justamente desse termo *sobredeterminação* (tomado de outras disciplinas), mas o utilizo, por falta de algo melhor, ao mesmo tempo como um *indício* e como um *problema*, e também porque ele permite muito bem ver por que nós lidamos com *algo totalmente diferente da contradição hegeliana* [...] nunca *realmente sobredeterminada*.[95]

Daí a questão nova (se se renuncia ao esquema "refinado e simples" da "bela contradição do Capital e do Trabalho"): qual é "o elo necessário que une a estrutura própria da contradição em Marx à sua concepção da sociedade e da história"? O que acaba igualmente na necessidade de se elaborar: "a teoria da eficácia específica das superestruturas e outras circunstâncias"[96] e de encontrar o estatuto teórico das "sobrevivências" e do "atraso".

Salientaremos rapidamente que, em nossa opinião, em seu último trabalho (*Eléments d'auto-critique*), Althusser não maneja de forma notável o que diz respeito à função da metáfora. No entanto, ele parece (um tanto rapidamente talvez) insistir muito menos em seu papel negativo (freio) do que em seu papel positivo (e inevitável), dentro, de qualquer forma, do discurso filosófico, se é verdade que "só se pensa em filosofia por meio de metáforas".[97] Na verdade, tudo o que ele desenvolve (de seu "desvio por Spinoza" que lhe foi necessário para compreender o "desvio" de Marx por Hegel) o leva a afirmar que "o jogo da dialética marxista é dependente do dispositivo de uma Tópica",[98] ou seja, de um conjunto de metáforas e, em particular, da mais célebre, aquela do edifício (infraestrutura/superestrutura) que permitiu "pensar a realidade de uma formação social".[99]

Se é importante explicitar a fórmula da "inversão" e evidenciar realmente a diferença Hegel/Marx, o papel da tópica parece determinante, como demonstra Althusser, a partir do fato de que "em nenhum lugar se vê Marx pensar na figura de uma Tópica"; a partir daí, pouco importa que a metáfora do edifício seja apenas uma metáfora, já que ela levanta "problemas teóricos que não têm nada de metafórico".[100] A metáfora oposta – mas se trata ainda de uma oposição? – ao conceito é reduzida assim a seu papel histórico na produção de uma teoria: levar a ver o que não era visto, "designar" o lugar de uma "realidade", permitir apresentar novos problemas.

Intervenção do inconsciente

A pergunta que nos fazemos então é: essa apreensão histórica do funcionamento da metáfora, por ser necessária e perfeitamente esclarecedora, é suficiente? Aqui surgem as questões decorrentes da consideração do inconsciente. O problema geral do deslocamento no discurso teórico (do qual a metáfora só é um caso particular) não é apanágio dos epistemólogos clássicos, dos historiadores das ciências e dos filósofos; os psicanalistas, ao menos quando refletem sobre as condições de elaboração de seu discurso teórico, se veem confrontados com a questão.

Como vimos anteriormente, o próprio Freud, muitas vezes, levantou o problema, integrando-o dentro daquele mais amplo da elaboração do discurso psicanalítico: observações numerosas (frequentemente em forma de defesa) sobre as dificuldades do manejo de conceitos, obrigatoriamente aproximativos, associados à necessidade de hipóteses complicadas e talvez arriscadas, de distinções e classificações *provisórias*, de empréstimos nocionais, de recursos às simples indicações fornecidas pelas *formas de falar...*

A psicanálise: seu discurso

As noções confusas

Tomemos, por exemplo, uma noção tão confusa quanto essencial na teoria freudiana, *a pulsão*, tal como Freud a apresenta no texto "Pulsão e destino das pulsões" (em *Metapsicologia*). A exigência de rigor perfeito no ponto de partida da elaboração teórica é, colocada em seu lugar, ilusória: "Com frequência, ouvimos a seguinte exigência: uma ciência deve ser construída com base em conceitos fundamentais claros e bem definidos. Na realidade, nenhuma ciência, mesmo a mais exata, começa por tais definições".[101]

Na descrição, assim como no estabelecimento de relações, recorre-se a "certas ideias abstratas que se *colhe aqui ou ali*, e certamente não somente na experiência atual. Tais ideias – que se tornarão os *conceitos fundamentais* da ciência – fazem parte da elaboração posterior dos materiais ainda mais indispensáveis. Elas comportam, antes de tudo, necessariamente um certo grau de indeterminação; não se pode querer circunscrever claramente seu conteúdo".[102] As "definições" às quais se chega, após exame mais aprofundado dos fenômenos, permanecem sempre sujeitas a modificações.

Assim, "Há um conceito *fundamental convencional* desse tipo, ainda bastante *confuso no momento*, o qual não podemos ignorar em psicologia: é o da pulsão. Tentemos lhe dar um conteúdo abordando-o *por diversos ângulos*".[103]

Uma dessas abordagens necessárias: a aplicação ao material empírico de "muitas *pressuposições* complicadas",[104] por exemplo, a hipótese biológica que opera com "o conceito de tendência" do sistema nervoso, responsável por controlar as excitações.

Outra hipótese de "caráter altamente indeterminado", aquela da atividade dos aparelhos psíquicos submetida ao princípio do prazer. A partir daí, é possível se elaborar uma primeira definição da pulsão como "conceito limite entre o psíquico e o somático, como o representante psíquico das excitações, oriundas do interior do corpo e alcançando o psiquismo",[105] definição sobre a qual salientamos que ela nos parecia essencial, mesmo em seu caráter aproximativo, por sair da problemática metáfora/conceito.

Passaremos para os outros ângulos ("construções auxiliares" provisórias, empréstimos de noções e de hipóteses de outras disciplinas) para destacar o recurso que nos parece novo e, à primeira vista, paradoxal em uma elaboração que se quer teórica, às formas comuns de falar:

> *O uso linguístico*, que certamente não é desprovido de sentido, nos incita a restringir ainda a significação de "amor" e de "ódio". Objetos que servem para a conservação do eu, *não se diz* deles que são amados [...] A palavra *amar* sai, portanto, cada vez mais da esfera da pura relação de prazer do eu com o objeto.[106]

"A separação das pulsões do eu e das pulsões sexuais [...] se revela então de acordo com *o espírito de nossa língua*".[107]

> Não temos o costume de *dizer* que uma pulsão sexual particular ama seu objeto; o uso mais adequado da palavra "amar" se encontra na relação do eu com seu objeto sexual; *isso nos ensina que o uso dessa palavra* para uma tal relação só pode começar com a síntese de todas as pulsões parciais da sexualidade sob a primazia dos órgãos genitais e a serviço das funções da reprodução [...].[108]

Dessas reflexões resulta que, *a priori*, Freud não despreza nada e que tudo é bom para ele em um dado momento, contanto que possa integrá-lo ao conjunto conceitual que está se elaborando, a fim de fazer avançar sua reflexão e teorizar sua experiência.

As metáforas

O papel da metáfora é, dessa forma, particularmente insubstituível. Tomemos o caso de *recalque*: a definição que ele dá (citaremos mais precisamente a obra *Metapsicologia* que oferece o texto mais desenvolvido, mas se encontraria o mesmo tipo de definição em textos bem anteriores) é, no início, totalmente metafórica.

"Um destino possível para uma moção pulsional é *chocar-se* com *resistências que buscam* torná-la ineficaz, ela chega então em situação de recalque".[109]

"Um estágio preliminar à condenação, um meio termo entre a fuga e a condensação, assim é o recalque; *o conceito* disso não podia ser formado em um momento anterior às pesquisas psicanalíticas".[110]

"A essência do recalque consiste apenas nisto: *colocar de lado e manter distante do consciente*".[111] A distinção fundamental, e ela própria muito abstrata, do "recalque originário" e do "recalque propriamente dito" é exposta da mesma forma. No primeiro caso: "A representação psíquica da pulsão (representante-representação) se vê *recusar o trabalho* no consciente." No segundo:

> diz respeito aos rebentos psíquicos do representante recalcado [...], o recalque não impede o representante da pulsão de persistir no inconsciente, de continuar a se organizar, de formar *rebentos* e de estabelecer *ligações* [...] Ele prolifera então, *por assim dizer*, na obscuridade.[112]

Sem entrar em detalhes sobre a questão particularmente complexa do recalque e de sua relação com o inconsciente, lembramos simplesmente que a definição relativamente simples e quase inteiramente metafórica que funda a primeira tópica (distinção dos dois sistemas consciente-pré-consciente/inconsciente), recorrendo também à noção não menos metafórica de *censura*,[113] serve de ponto de partida para uma elaboração teórica mais consistente da própria natureza do inconsciente e das modalidades de seu funcionamento. Essa elaboração é marcada, entre outras, pela passagem à segunda tópica: *Isso-Eu-Supereu* (sabe-se que se o *isso* reproduz as características principais do sistema inconsciente da primeira tópica, o *eu* e o *supereu* estão ligados também, em parte, ao inconsciente), assim que pela adoção, paralelamente do ponto de vista tópico, do ponto de vista *dinâmico* que tende a dar conta, em termos de investimento de problemas, tais como o conflito, a repetição, as resistências. O que nos interessa aqui é mostrar sobretudo como o próprio recurso a uma tópica, à primeira metáfora em sua aproximação e em seu esquema,[114] permitiu dar um passo decisivo em relação à psicanálise tradicional:

"Ao admitir esses (dois ou três) sistemas psíquicos, a psicanálise deu um passo a mais na direção que a afasta da psicologia de consciência descritiva, ela criou para si *uma nova forma de formular os problemas* e um novo conteúdo."[115]

Nesse sentido, provavelmente a metáfora, etapa decisiva, pode aqui desempenhar também um papel de freio ou orientar para impasses, como destaca Leclaire (cf. *Psychanalyser*):

70 Convite à linguística

> O trabalho do analista [...] consiste em tornar possível um certo acesso a esse inconsciente das representações "recalcadas" para restabelecer sua *lógica*, descobrir para cada um a *coerência singular disso* [...] [Porém, se esse] trabalho de decodificação [se revela muito difícil, é comum voltar a] formas de pensar mais tradicionais, mas, em certo sentido, também mais regressivas: substituindo a ordem lógica das representações que a psicanálise promove, encontra-se, para se confrontar a ela, o modelo biológico em sua *opacidade metafórica*.[116]

O duplo discurso freudiano

A posição freudiana pode, desse modo, parecer ambígua e suscitar dois pontos de vista contraditórios:

> por um lado, aquele que sustenta que tudo o que diz respeito ao campo psicanalítico fica no nível das representações concebidas como elementos formais, [...] por outro, aquele que sustenta que a essência do processo inconsciente deve ser situada no nível das moções pulsionais, isto é, de uma energia de natureza orgânica.[117]

Porém, se se sabe ler por esse duplo discurso que se sustenta *em* e se obstrui ao mesmo tempo por metáforas, o conceito de pulsão

> tende precisamente a compreender esse dualismo [psíquico/orgânico] em uma dinâmica realmente nova: a originalidade desse conceito, descrito como limite, está no fato de ele fundar o Inconsciente fora das categorias do biológico e do psicológico, tal como entendido em seu sentido pré-freudiano.[118]

Abre-se então a possibilidade de uma teoria nova da representação pelo próprio questionamento da "distinção comum e cômoda entre *um termo de realidade* e sua *representação*", pois "Um único e mesmo texto, ou melhor, uma única e mesma letra constitui e representa ao mesmo tempo o desejo inconsciente".[119]

Os problemas do discurso teórico analítico e/ou de qualquer discurso teórico

Outra questão que se impõe a partir de então: será que esse estatuto do objeto da psicanálise (o desejo inconsciente) implica que o discurso teórico que se faz dele tenha uma relação específica com a metáfora (enquanto representação de um termo da realidade)? Em outras palavras, será que os problemas que surgem aos teóricos da psicanálise (de seu discurso) lhes seriam próprios, e a importância irredutível da metáfora nesse discurso estaria necessariamente ligada a seu objeto, o inconsciente? Ou ainda: o exemplo do discurso psicanalítico, na medida em que a metáfora parece não poder se reduzir nele, a uma etapa histórica da elaboração conceitual, mas se impor também por sua própria ambiguidade, seria esse exemplo privilegiado e único? Ou poderia nos esclarecer sobre os outros discursos?

Sobre esse ponto, recorreremos a analistas que se dedicaram particularmente aos problemas de terminologia de sua disciplina e, precisamente, a Pontalis, quando expõe as dificuldades que encontrou com Laplanche para estabelecer o *Vocabulaire de la Psychanalyse*.[120]

Percurso particularmente interessante para nós, uma vez que, além das questões fundamentais dos empréstimos nocionais e das aproximações metafóricas, ele também expõe pontos de vista já encontrados, mas levantando, igualmente, o problema próprio da relação da psicanálise com seu discurso devido à especificidade de seu objeto, o inconsciente, abrindo por suas observações, segundo nos parece, uma dimensão nova para todo discurso teórico.

Sendo a proposta "analisar o aparelho nocional da psicanálise, qual seja, o conjunto dos conceitos que ela elaborou progressivamente para dar conta, em seu "campo", de um método e de descobertas específicas",[121] impõe-se desde o início a questão crucial, sobre a qual já vimos Freud se explicar mais ou menos, acerca da validade das metáforas e dos empréstimos nocionais.

> A linguagem psicanalítica apresenta com frequência um caráter metafórico marcado por antropomorfismo (ex.: isso, supereu) ou por referências explícitas a registros não psicológicos (neurofisiologia, biologia, mitologia). O caráter metafórico adquire, em psicanálise, um valor particular, irredutível àquele oferecido pelo uso de imagens que servem simplesmente para ilustrar noções.[122]

Os autores do *Vocabulário* se depararam com um "processo" aberto da terminologia analítica, inclusive nos analistas que, "conscientes do que seus termos oferecem de profundamente inadequado ou de acidentalmente degenerado, (eles) só os utilizam entre aspas, em um *como se* redobrado (pois Freud nunca deixou de salientar o caráter metafórico dos termos)".[123]

Sobre essa questão (metáforas e empréstimos), Pontalis nos leva, antes de tudo, a uma posição que nós já vimos desenvolvida pelos especialistas do discurso científico: a validação por especificação dos usos e pela integração a um sistema conceitual coerente. Ele lembra "a originalidade dos usos freudianos" em relação à linguagem científica de seu tempo: por exemplo, o inconsciente, noção pré-freudiana, que designava de modo completamente negativo processos privados de consciência ou "uma força obscura", não pode de maneira alguma ser aproximada do inconsciente, "sistema" que funciona segundo suas próprias leis e que gera "formações identificáveis", "lugar psíquico", que tem seu modo de organização.[124] Assim como "uma noção marcada dessa vez por significação biológica, como aquela de *defesa*, da qual se sabe que serviu a Freud para traduzir, em termos de conflito, a ideia de uma clivagem (*Spaltung*) da personalidade, está presente em seus contemporâneos (Brener, Janet). A experiência propriamente psicanalítica impõe uma verdadeira perversão da noção original no trabalho que ela lhe faz sofrer" em função do princípio essencial segundo o qual: "a estrutura de conjunto da obra remaneja os elementos que a constituem".[125]

E quando se trata de metáforas, mais ou menos tomadas da "língua comum, no que ela oferece de evocatório (censura, isso)", é preciso, para esclarecer e delimitar essas noções, não apenas "apurá-las", mas ressaltar "seu encaixe".[126]

Porém, e esta é a novidade mais interessante deste texto, em nossa opinião, aparece também a ideia insistente de que esse caráter metafórico e aproximativo talvez seja consubstancialmente relacionado ao próprio objeto do discurso que se elabora. Enquanto, em um outro discurso, pode-se dizer que as imagens são "esquematicamente [...] que são destinadas ou a ilustrar um conceito que sua complexidade ou sua originalidade [...] tornam difícil de apreender, ou a indicar que se faz referência a um campo de operações mentais para as quais uma formulação conceitual adequada se mostra, ao menos no estágio atual da elaboração, impossível. É o "tudo se passa como se [...]",[127] em psicanálise, o recurso à linguagem metafórica tem um "outro alcance".

Pontalis observa que todas as tentativas de reformulação e de definições científicas de noções, tais como o eu, o isso (sob pretexto de que não tinham "a dignidade conceitual desejável"), traíram até aqui "a dimensão da experiência psicanalítica", ou seja, que "as categorias que regem efetivamente a constituição e o funcionamento do indivíduo humano estão muito distantes daquelas que tanto a observação objetiva do comportamento quanto a análise da vivência atualizam". A questão, portanto, é como expor esse "tipo de realidade [...] objeto da investigação psicanalítica", "a realidade psicanalítica", isto é, "o que, para o sujeito, adquire valor de realidade"?

Diremos então: esse objeto específico, "o desejo inconsciente e sua organização em uma fantasmática" pode ser apreendido, de outro modo que não por metáforas, por uma linguagem que permanece "encerrada na alternativa realidade-ilusão"?[128] E trata-se então ainda de opor conceitos e metáforas?

> A diversidade dos registros [...] marca a impossibilidade de uma linguagem unificada *considerando a própria natureza do objeto a ser apreendido*; [...] se se considera que este, tanto em sua lógica quanto em sua eficácia, obedece a leis muito distantes daquelas que regem a linguagem do conceito, toda obra norteada precisamente por tal linguagem e destinada, por princípio, a perdurar nessa esfera de inteligibilidade, será imediatamente marcada por uma relativa impotência ou, no mínimo, confrontada com uma contradição fundamental?[129]

A dificuldade é particularmente sensível quando se trata dos processos

> que fazem a própria trama da experiência analítica, mas cujo estatuto teórico se deixa dificilmente definir [...]. É o estatuto da realidade em questão que causa problema [...] uma realidade que, por sua própria natureza, se opõe, senão a toda lógica, ao menos às apreensões do conceito: fantasias apreendidas em sua constituição, movimentos transferenciais etc.[130]

Trata-se então de um problema específico à análise? Que, diferentemente de outras ciências humanas (que visam a reduzir a distância entre "o aparelho nocional" e "a ordem dos fenômenos" para "garantir aos conceitos uma melhor apreensão do real"), não consegue encontrar, na apropriação dos conceitos, garantia para sua prática, isto é, o acesso às estruturas inconscientes que passa pela mediação de elementos "que escapam ao compreensível"?[131]

Ou se trata de um problema bem mais geral, que a descoberta psicanalítica permitiu desvelar, mas que diz respeito também aos outros discursos? Poderá a contestação da linguagem conceitual pela psicanálise permanecer sem efeito para a concepção da linguagem científica?

> A experiência psicanalítica se desenvolve inteiramente na linguagem, mas é, no fundo, contestação da linguagem conceitual [...]. A oposição fundamental entre o processo primário e o processo secundário [...] é, com efeito, assimilável a dois tipos de funcionamento, ou a dois estados da linguagem, que não são nunca encontrados em estado puro: um onde a linguagem seria totalmente propícia ao deslizamento de sentido, o outro que a aproximaria de um código com ligações estáveis entre Se e So.[132]

Contra o que permanece ativo, "o ideal leibniziano de uma língua 'benfeita'" a fantasia tecnicista de uma linguagem transparente reduz à função

74 Convite à linguística

de um "sistema decodificável de signos de ponta a ponta, que faz falar de opacidade, a partir do momento em que a fala, ao se realizar, provoca efeitos de sentido [...]",[133] convém lembrar, pois, tanto da descoberta do inconsciente quanto dos próprios princípios da língua, a língua como "sistema de diferenças e não como nomenclatura de termos positivos" (é o próprio Pontalis que nos lembra).

E se é verdade que o discurso sobre a psicanálise se vê confrontado com uma dificuldade maior,[134] essa dificuldade é provavelmente aquela de todo discurso que tenderia a levar em conta a dimensão do inconsciente, sem no entanto ceder à vertigem de um deslocamento-deslizamento universal. Mencionaremos, no mínimo, como programa desejável esta última observação oposta por Pontalis aos defensores unicamente da tecnicidade do vocabulário científico:

> Se se ousasse designar com um traço o movimento que anima as ciências do homem e a maioria das tentativas estéticas contemporâneas, poder-se-ia dizer que ele busca alcançar muito mais – em parte, aliás, estimulado pela psicanálise –, antes da lógica analítica da palavra, uma articulação original que constitui uma racionalidade implícita, uma ordem subjacente ao conceito e ao julgamento.[135]

Texto originalmente publicado em *Dilectiques*, 1976.

Notas

[1] R. Godel, *Les sources manuscrites du Cours de linguistique générale*, Genève, Droz, 1957, p. 58.
[2] Ver sobre esse assunto no capítulo "Proposições e notas para uma leitura de F. de Saussure", neste livro.
[3] CLG (p. 146) [p. 174].
[4] *Manuscrits* citado por Godel, op. cit., p. 72.
[5] Idem, p. 73.
[6] O. Ducrot; T. Todorov, *Dictionnaire Encyclopédique des sciences du langage*, Paris, Seuil, 1972, p. 141.
[7] Idem, p. 142.
[8] Ver Ducrot e Todorov, p. 140 e seguintes.
[9] Godel, op. cit., pp. 72-73.
[10] Idem, ibid.
[11] Godel, op. cit., pp. 57-58. Notemos, porém, que se trata dos termos do resumo de Godel e não de uma citação exata de Saussure.
[12] Idem, pp. 72-73.
[13] CLG (p. 189) [p. 223].
[14] Idem (p. 189) [p. 224].
[15] Idem (p. 187) [p. 221].
[16] Idem (p. 191) [p. 226].
[17] Idem (p. 190) [p. 224].
[18] Idem (p. 191) [p. 225].
[19] Idem (pp. 190-91) [p. 225].

20 Idem, ibid.

21 Diferentemente do que se vê em Whitney que, ao falar da analogia, a vincula ao conjunto de suas visões sobre a origem da linguagem: "The principal is often appealed to in explaining the processes of earlier language-making. The force of analogy is in fact one of most patent in all language-history [...]" Cf. *Life and Growth*, cap. IV, pp. 74-75.

22 CLG (p. 192) [p. 226].

23 Idem (p. 194) [p. 228].

24 Idem (p. 193) [p. 227].

25 Ver Freud e suas observações sobre as palavras espirituosas, particularmente "familionário".

26 Godel, op. cit., p. 62. Cf. o *Cours II, Riedlinger*. Conforme o CLG, Terceira parte, capítulo V.

27 CLG (p. 200) [p. 236].

28 Idem (p. 201) [p. 237].

29 Idem (pp. 190-91) [p. 225].

30 Sobre essa questão, essencial a uma teoria do discurso, remetemos às observações de J. A. Milner: *Action de la structure* (*Cahiers pour l'analyse*, n. 6) que, em um outro nível, trata do mesmo problema: "A topologia da estrutura não contradiz a partir daí sua dinâmica, que o deslocamento de seus elementos pontua. O estruturante, por não estar nela, não rege o real. Aí se encontra a discordância motora [...] Uma conversão da perspectiva se impõe para percebê-la [...] Mas é nesse ponto, onde precisamente se intersectam, se articulam o espaço marcado pelo estruturado e o espaço "transcendental" do estruturante que o olhar deverá ser regulado e seguir como princípio de organização o próprio lugar-tenente" (pp. 95-97).

31 CLG (pp. 190-99) [pp. 225-34].

32 Godel, op. cit., p. 58.

33 Godel, op. cit., p. 39.

34 Idem, p. 46.

35 CLG (p. 189) [p. 224].

36 Idem (p. 192) [p. 227].

37 Idem, ibid.

38 Godel, op. cit., p. 38.

39 CLG (p. 202) [p. 238].

40 Godel, op. cit., p. 38.

41 Idem, ibid.

42 Godel, op. cit., nota p. 42.

43 "As quantidades da linguagem e suas relações podem ser regularmente expressas em sua natureza por fórmulas matemáticas [...] se a teoria dos signos for perfeita", citado por Godel, p. 44.

44 Godel, op. cit., p. 73.

45 A observação de Godel em forma de nota nos parece reveladora de uma interpretação saussuriana clássica que não admite a intrusão do jogo significante: "O sentido dessa passagem, sem paralelo em outras partes, não é muito claro. Saussure quer dizer que a significação de um esquema sintagmático não pode ser determinada *a priori*? [...] A significação (imaginária) 'três cidades' tenha sido provavelmente sugerida a Saussure pelo tipo raro: *megalopolis* [...]" etc.

46 CLG (p. 188) [p. 222].

47 Aquela que consiste em aproximar formas que não têm etimologicamente nenhuma relação, por exemplo, em alemão *durchbläuen*: dar uma surra e *blau*: azul. CLG (p. 202) [p. 239].

48 Citado por Tullio de Mauro, *Cours de linguistique générale*: édition critique préparée. Paris, Payothèque, p. 473.

49 O que está em itálico corresponde ao texto de Saussure.

50 Godel, op. cit., p. 50.

51 "Se escolhemos demonstrar a necessidade dessa "desconstrução" (da "ideia de signo" que permanece "na dependência da onto-teo-teleologia"), privilegiando as referências saussurianas, não é somente porque Saussure domina ainda a linguística e a semiologia contemporâneas; é porque ele nos parece também ficar nos limites ao mesmo tempo da metáfora que deve ser desconstruída e para além do conceito de signo (significante/significado) do qual ele se serve. Porém, com quanto escrúpulo, quantas hesitações intermináveis, especialmente quando se trata da diferença entre as duas "faces" do signo e do "arbitrário"[...]. Derrida, *La Grammatologia*, p. 107.

76 Convite à linguística

52 "O que faz a nobreza da lenda como da língua é que, condenadas uma e outra a só se servirem de elementos trazidos diante delas e de um sentido qualquer, elas os reúnem e tiram deles continuamente um sentido novo [...] Imaginar que uma lenda comece por um sentido, que teve, desde sua origem, um sentido qualquer, ou sobretudo imaginar que não pôde ter um sentido absolutamente qualquer, é uma operação que vai além de meus limites [...]" *Manuscrits* citado por Arco Silvio Avalle em "Essais de la théorie du texte", pp. 29-30.

53 Para maior clareza, remetemos à apresentação, no mesmo capítulo, do exemplo: *Laurence*, por outro lado muito desenvolvido por E. Roudinesco, no qual a manifestação do desejo recalcado pelo viés do processo linguístico da analogia é particularmente visível.

54 Ver especialmente *Introduction à la Psychanalyse*, capítulo vi "Conditions et techniques de l'interprétation"; *La technique psychnalytique*, capítulo x "Remémoration, répétition et élaboration", Sigmund Freud, 1916. "O objetivo dessas diversas técnicas continuou o mesmo, ou seja, do ponto de vista descritivo, preencher as lacunas da memória, do ponto de vista dinâmico, vencer as resistências do recalque." Sigmund Freud, op. cit., p. 12.

55 S. Freud, *Le mot d'esprit*, especialmente p. 26; 40; 43.

56 Idem, p. 25.

57 Freud fala de "Associação discursiva", p. 12.

58 "O caráter espiritual não depende em sua essência do pensamento, precisamos buscá-lo na forma, nos termos que o exprimem", p. 23.

59 Ver a observação feita anteriormente sobre *tri-polis*. "Combinações cujo número aparece *a priori* incalculável permitem empregar em uma frase a mesma palavra ou o mesmo material verbal, jogando com a multiplicidade de seu sentido", em Godel, p. 45.
Ver Freud – sobre familionário, considerado inicialmente um "neologismo defeituoso (que) é explicado imediatamente pelo contexto", *Le mot d'esprit*, p. 26.

60 Freud, op. cit., p. 74.

61 Idem, p. 251.

62 Idem, p. 254.

63 Para maiores esclarecimentos, cf. *Métapsychologie*, l'Inconscient, especialmente a partir da p. 96.

64 Freud, op. cit., p. 101.

65 Idem, p. 103.

66 Permitimo-nos colocar a metáfora junto a essas formações substitutivas, mesmo que ela não seja denominada aqui, com base em muitos exemplos clínicos dados por Freud. Ver, particularmente, o "Homem dos ratos" que se deixou perder "por uma metáfora". Sigmund Freud, L'Homme aux rats, *Journal d'une analyse*, p. 155.

67 "Cabe também ter cuidado com uma generalização prematura do que destacamos aqui em relação à distribuição das operações psíquicas entre os dois sistemas. Descreveremos as coisas tais como elas se apresentam no homem adulto, no qual o sistema inconsciente, no sentido estrito do termo, só funciona como nível preliminar da organização superior. Quanto a saber quais são o conteúdo e as relações desse sistema durante o desenvolvimento individual e qual significação lhe ocorre no animal, isso não pode ser deduzido de nossa descrição, mas deve ser objeto de uma pesquisa independente. Devemos ainda prever a descoberta no homem das condições patológicas nas quais os dois sistemas mudam de conteúdo, assim como de caracteres e mesmo os trocam entre si". Freud, op. cit., pp. 100-1.

68 Idem, pp. 120-40.

69 Outro exemplo "chocante": "Ela me relatou uma conversa que havia tido com ele, uma observação que ele havia feito e que a tinha atingido dolorosamente. Então ela levou subitamente a mão à bochecha, que ficou dolorida, a ponto de começar a gritar de dor e dizer: 'É como um tapa recebido na cara! [...]', sem dúvida se tratava de uma simbolização; ela realmente havia sentido como se tivesse levado um tapa na cara" (Idem, p. 142). Ou ainda: "Outros incidentes vinham, para ela, acompanhados por uma sensação de punhalada na região cardíaca ("isso me deu uma punhalada no coração"). Para eliminar a dor de cabeça histérica, seria preciso, provavelmente, tratá-la como uma dor criada por um problema intelectual ("tenho alguma coisa na cabeça") [...] A sensação de aura histérica da garganta se produzia paralelamente ao pensamento: "Me sinto obrigada a engolir isso", quando essa sensação tinha sido provocada por uma ofensa [...] Era ora a sensação que sugeria a ideia, ora a ideia que, por simbolização, tinha criado a sensação, e frequentemente nos perguntávamos qual desses dois elementos era o elemento primário" (Idem, p. 144).

70 Podemos nos perguntar, diante do testemunho dessa dificuldade teórica dado por Freud, se ele não antecipa aqui que o que Lacan chamará de "a ordem simbólica", em sua relação com o "imaginário" e com o "real", deve ser teorizado em um outro nível, diferente daquele da explicação pela origem e pelo uso, ponto de vista tradicional da representação tomado na problemática do próprio e do figurado.

Metáfora e conceito **77**

[71] J. M. Rey, *Critique*, p. 141.

[72] "*Saussure avec Freud*", retomado em *Parcours de Freud*, Editions Galilée.

[73] Freud, VIII, pp. 71-72, apud Rey, op. cit., p. 143.

[74] "Mesmo que não comunique nada, o discurso representa a existência da comunicação; mesmo que negue a evidência, ele afirma que a fala constitui a verdade [...] Dessa forma, o psicanalista sabe melhor do que ninguém que a questão aí é de entender à qual "parte" desse discurso é destinado o termo significativo, e é exatamente assim que ele opera no melhor dos casos: tomando a narrativa de uma história quotidiana por um apólogo – que a bom entendedor basta –, uma longa prosopopeia por uma interjeição direta ou, ao contrário, um simples lapso por uma declaração muito complexa, ou mesmo o suspiro de um silêncio por todo o desenvolvimento lírico que ele vem substituir" (Lacan, *Ecrits*, p. 252).
Ver também Freud (*Uma neurose demoníaca do século XVII*). A respeito dos pactos assinados pelo pintor Christophe Haitzmann com o diabo, em que o pintor se compromete a ser o filho do diabo durante nove anos (interpretação de Freud: o diabo é o substituto do pai), Freud faz uma objeção que "consiste em dizer que não se está autorizado a dar muito peso à expressão: ser o próprio filho do diabo, que ela poderia ser somente uma forma comum de falar [...] Nós mesmos concordaremos, quando examinarmos quando e por quem esses pactos foram redigidos, com a ideia de que seu texto devia ter sido concebido em termos habituais e fáceis de apreender por todos. Mas nos basta que eles conservem uma ambiguidade à qual nossa interpretação possa se vincular", p. 242.

[75] *Die Verneinung*, p. 269. Assim, no discurso analítico, a aceitação do conteúdo do inconsciente pelo eu, "se expressa por uma frase negativa". (Exemplo: "Não é minha mãe" significa, com certeza, "é minha mãe").

[76] O falo materno que encontra tão bem "metaforicamente" sua representação nos objetos fetiches. As relações da metáfora e da negação são evocadas alusivamente por L. Irigaray (*Le sexe fait comme signe*, em *Langages*, n. 17), que designa na metáfora o que subverte a comunicação e seus critérios: não-contradição, coerência, identidade etc., o que é, ao mesmo tempo, afirmação e negação, "asserção e sua eventual suspeita, talvez negação ou denegação", p. 46.
Ver igualmente Lacan: "Ele (estudante em psicanálise) poderá a partir daí mais facilmente tocar, a cada instante de sua prática, que a exemplo da negação que seu desdobramento anula, essas metáforas perdem sua dimensão metafórica, e ele reconhecerá que é assim porque opera na área própria da metáfora que não passa de J. M. Rey: *De la dénégation* (in *Parcours de Freud*), especialmente p. 171: "Se o sinônimo do deslocamento simbólico implicado no sintoma. Escritos, p. 260. Ver "símbolo da denegação", é como o ponto de contato obrigatório do recalque e do pensamento (capaz de julgamento), se portanto ele for equivalente a uma formação de compromisso [...]" e p. 185: "mostra-se igualmente impossível qualquer abordagem que poderia distinguir rigorosamente o que diz respeito efetivamente a uma metáfora e o que diz respeito a uma metonímia. Freud desconstrói o recorte tranquilizador da retórica clássica [...] (essa dissolução do espaço do metafórico) [...] está relacionada com a "questão" da origem, e também, aliás, com aquela da negação.

[77] Ver o estudo de C. Clément: *Fantasme, texte, scène* em *Le pouvoir des mots*.

[78] "O conceito de "pulsão" nos aparece como um conceito-limite entre o psíquico e o somático, como o representante psíquico das excitações, oriundas do exterior do corpo e alcançando o psiquismo, como uma medida da exigência de trabalho que é imposto ao psiquismo devido à sua ligação com o corporal." *Métapsychologie*, p. 18.

[79] Ver Sigmund Freud, *Introdução à Psicanálise*, capítulo VI, p. 276.

[80] Idem, p. 277.

[81] Idem, pp. 79-80.

[82] Ver Sigmund Freud, *Minha vida e a psicanálise*, p. 111.

[83] "As representações fundamentais ou conceitos dominantes das disciplinas próprias às ciências naturais são, inicialmente, deixados na imprecisão, são ilustrados apenas provisoriamente pela indicação da área fenomenal, de onde eles provêm e só podem se tornar claros, plenos e inquestionáveis pela análise progressiva do material a ser observado." (Idem, p. 73)

[84] "O "eu" na infância é fraco e pouco diferenciado do "isso". Agora imagine o que acontecerá quando esse "eu" sem força for exposto a uma aspiração instintiva do "isso" à qual ele gostaria de resistir, adivinhando que a satisfação disso seria perigosa [...] mas isso, sem ter força ainda para dominar essa aspiração instintiva. O "eu" trata o perigo interior emanado do instinto como se ele fosse perigo exterior; ele tenta fugir, retira-se dessa região do "isso"[...] Dizemos então que o eu realiza um recalque dessa aspiração instintiva [...]" ("Psicanálise e medicina" em *Minha vida e a psicanálise*, p. 121).
"Um destino possível para uma moção pulsional é confrontar-se com resistências que buscam torná-la ineficaz [...] Ela acontece então em situações de recalque. Se fosse o efeito de uma excitação externa, a fuga seria,

78 Convite à linguística

evidentemente, o meio apropriado [...] Um estado preliminar da condenação fica no meio termo entre a fuga e a condenação, tal como o recalque." *Métapsychologie*, p. 45.

[85] Ver Sigmund Freud, *Psicanálise e medicina*, p. 111.

[86] Ver Sigmund Freud, *O problema econômico do masoquismo*.

[87] Ver J. M. Rey em *Parcours de Freud*.

[88] Ver Louis Althusser, *Lire le Capital* I, pp. 6-7.

[89] Engels, Préface au second livre du Capital, apud Althusser, pp. 12-13.

[90] Althusser, op. cit., p. 17.

[91] As citações deste parágrafo encontram-se in Contradiction et surdétermination, in *Pour Marx*, pp. 82-92.

[92] Althusser, op. cit., p. 89.

[93] Idem, ibid.

[94] Idem, p. 91.

[95] Idem, p. 100.

[96] Idem, p. 113.

[97] Ver Louis Althusser, *Eléments d'auto-critique*, p. 79.

[98] Idem, p. 77.

[99] Idem, ibid.

[100] Idem, p. 80.

[101] Ver Sigmund Freud, *Métasychologie*, p. 10.

[102] Idem, pp. 10-11.

[103] Idem, p. 12.

[104] Idem, p. 15.

[105] Idem, p. 18.

[106] Idem, p. 60.

[107] Idem, ibid.

[108] Idem, p. 41.

[109] Idem, p. 43.

[110] Idem, p. 47.

[111] Idem, ibid.

[112] Idem, pp. 48-50.

[113] "Um ato psicológico passa, em geral, por duas fases, dois estados, entre os quais se intercala uma espécie de provação (censura). Na primeira fase, ele é inconsciente e pertence ao sistema inconsciente"; é "afastado pela provação que lhe faz sofrer a censura [...] é dito então recalcado e deve necessariamente permanecer inconsciente. Mas se ele consegue ter êxito nessa provação, então entra para a segunda fase, passando a pertencer ao segundo sistema, que decidimos chamar de sistema consciente." (Idem, p. 76)

[114] "[...] Lembrar-se que nossas hipóteses não podem pretender, acima de tudo, ter outro valor senão aquele de uma representação figurada." (Idem, p. 79)

[115] Idem, p. 77.

[116] Ver Leclaire, *Psychanalyser*, pp. 56-58.

[117] Idem, p. 59.

[118] Idem, p. 60.

[119] Idem, p. 57.

[120] *Questions de mots* em *Après Freud*.

[121] Laplanche; Pontalis, *Vocabulaire de la Psychanalyse*, p. 157.

[122] Idem, p. 160.

[123] Idem, p. 120.

[124] Idem, pp. 162-63.

[125] Idem, pp. 164-65.

[126] Idem, p. 171.

[127] Idem, p. 166.

[128] Idem, pp. 167-68.

[129] Idem, pp. 160-61.

[130] Idem, pp. 169-70.

[131] Idem, p. 173.

[132] Idem, p. 72.

[133] Idem, p. 121.

[134] "Se se toma para si a concepção de Lacan que assimila o inconsciente, no sentido psicanalítico, a uma estrutura que funciona como uma linguagem e que submete o desejo humano às leis da articulação significante [...] Ela (essa concepção) tem, entre outras consequências, a de valorizar a incompatibilidade do *Begriff* e da *Deutung*, de uma linguagem que pretende apreender o real por um aparelho de conceitos e de um discurso inconsciente que só pode ser *interpretado* à medida que é dado aos efeitos de sentido do deslocamento, da condensação e da sobredeterminação. Que distância, nessa perspectiva, entre o vocabulário técnico da psicanálise, produto de teoria [...], e o isso, fala inconsciente que, se não escapa a todas as apreensões, é indócil, de qualquer modo, à apreensão conceitual [...]. Tal distância constitui a dificuldade maior de todo discurso sobre a análise para fins de comunicação científica ou de ensino. Porém, é trazendo essa dificuldade à reflexão que se pode – a menos que se esteja condenado à afasia ou que se tenha aceitado que ela é impenetrável e fale como seus doentes em circuito fechado – pretender dominá-la." (Idem, p. 130)

[135] Idem, p. 122.

O *Curso de linguística geral*, metáforas e metalinguagem

para Rudolph Engler

"A língua é, por assim dizer, uma álgebra que teria somente termos complexos."*

Hesita-se em interpretar essa comparação que aparece, no CLG, no final de uma longa exposição sobre o *valor* linguístico: ela condena o linguista à abstração e à formalização? É o caminho que parecem indicar as diferentes fontes que, desse modo, observam:

> Não existe de modo nenhum expressão simples para coisas a serem desig-
> nadas pela primeira vez em linguística, não pode haver. A expressão simples
> será algébrica ou não será. (3301, II, p. 29)[1]

No entanto, com mais gravidade, uma outra observação, que ecoa uma nota sobre o *valor*, parece condená-lo, antes, ao desespero:

> *Valor* é eminentemente sinônimo, a cada instante, de termo situado em um
> sistema de termos similares, assim como é eminentemente sinônimo, a cada
> instante, de algo que pode ser trocado. [...] É próprio do *valor* correlacionar
> essas duas coisas. Ele as correlaciona de tal modo que chega a desesperar o
> espírito pela impossibilidade de investigar se essas duas faces são diferentes
> para ele ou em que diferem. (3339, I, p. 259)

De fato, acreditando-se em outras notas, não se pode esperar nada de qualquer relação que seja para nos esclarecer sobre a língua:

---

* N. T.: As passagens do CLG, na tradução, correspondem à edição brasileira. Usa-se a seguinte notação: a página da versão em português entre parênteses e a página da versão francesa citada pela autora entre colchetes. Assim, nesta citação, temos: CLG (p. 141) [p. 168].

> Estamos, pelo contrário, profundamente convencidos de que qualquer um que adentrar no terreno da *língua* pode dizer-se abandonado por todas as analogias do céu e da terra. (3297, I, p. 169)

O que esta passagem de "Reflexões sobre as entidades" confirma:

> Devido às causas que fazem da linguagem um objeto situado fora de qualquer comparação e *não classificado* nem na mente dos linguistas nem na mente dos filósofos. (3326, II, p. 41)

As metáforas, comparações, analogias, remetidas, desse modo, a sua impotência, desaparecem, apesar disso, do CLG e das notas manuscritas? Bem pelo contrário, como se sabe. Mas são, então, apenas um instrumento pedagógico cuja eficácia, acreditando-se em Meillet, era incontestável? Defenderei, antes, a hipótese, apesar do pessimismo das observações precedentes, de que elas tiveram um papel importante na elaboração da teoria e gostaria de mostrar que as escolhas metafóricas de Saussure nos esclarecem, ao mesmo tempo, sobre as dificuldades próprias ao objeto *língua* e sobre o que se pode chamar de um "estilo" de trabalho reflexivo.

Quadro da análise

Do levantamento sistemático das metáforas saussurianas, tratarei aqui somente daquelas que retomam os pontos mais difíceis, que se referem sobretudo à natureza do objeto língua. Decidi, por outro lado, empregar o termo "metáfora" tanto para as comparações e analogias quanto para as metáforas propriamente ditas, pois essas diferenças, que interessam à retórica e à reflexão lógico-filosófica, não me parecem pertinentes quando se trata dos desvios e titubeações de uma terminologia que busca se estabelecer. Enfim, como anunciei, sustento que não se pode reduzir as metáforas saussurianas ao papel auxiliar de ilustração de conceitos abstratos. Para Saussure, que tinha de apresentar a alunos o que, para ele, pareciam ser apenas resultados provisórios e que, como afirma a Gautier, se achava "diante de um dilema: ou bem expor o assunto em toda a sua complexidade e admitir todas as minhas dúvidas, o que não convém a uma aula que deve ser matéria de prova; ou bem fazer algo simplificado [...]",[2] as figuras fazem parte da reflexão, assim como de sua exposição.

É difícil, igualmente, considerá-las conforme uma perspectiva clássica em epistemologia, como etapas do percurso de uma abstração completa, livre de qualquer aderência ao sensível. Sabe-se que, nessa ótica, embora se admita facilmente que uma exposição pedagógica não pode abrir mão de figuras que permitam "ver" de algum modo o pensamento, prefere-se crer, quando se está inscrito na "ciência", que o recurso metafórico na pesquisa resume-se a um procedimento provisório, uma aproximação que, por um momento, dá espaço à imaginação, mas que deve, posteriormente, superar-se em definições puramente conceituais[3]. Se assim parece o objetivo de Saussure, quando sonha com uma álgebra, nada indica que sua reflexão disso se aproxima; pelo menos, nos pontos mais problemáticos (como a natureza do signo), as metáforas mais concretas são tão numerosas nas diversas notas manuscritas (traços da busca) quanto nos cadernos dos alunos (ecos do ensino).

Construir uma terminologia

É no programa de renovação completa da terminologia que intervêm as metáforas e as questões atinentes, pois não parece possível resolver a questão seguindo a palavra de ordem tão simples de alguns:

Sobre as dificuldades da terminologia: "Basta de figuras!" (3300, ii, p. 29)

Existem metáforas a combater, aquelas cujo caráter puramente imaginativo ainda se ignora e que dizem respeito a uma concepção de língua ridícula e doravante obsoleta:

Alguns inspirados disseram: "A linguagem é uma coisa absolutamente extra-humana e em si organizada, como se fosse uma vegetação parasita disseminada sobre a superfície de nossa espécie".[4]

> Não existem línguas filhas nem línguas mães, não existem de modo nenhum, jamais existiram. Existe, em cada região do globo, um estado de língua que se transforma lentamente [...], mas jamais houve nenhum parto (ou procriação) de um novo idioma por um idioma anterior [...]. Uma língua não pode morrer naturalmente e de velhice. Ela só pode morrer de morte violenta [...], ou seja, por exemplo, pela exterminação total do povo que a fala. (3281, ii, p. 7)

O tom parece, no entanto, menos incisivo nas aulas que aceitam alguns acordos, por exemplo, sobre *organismo* e *sistema*: não que os dois termos sejam sinônimos, como deixam crer os editores "Nossa definição da língua supõe que eliminemos dela tudo o que lhe seja estranho ao organismo, ao seu sistema [...]" (p. 29) [p. 40]; como nos dizem as notas, é preferível substituir um termo pelo outro, o mais importante sendo contudo compreender que *interior* ou *interno* e *organismo* podem representar um momento na abordagem da verdadeira natureza da língua:

84 Convite à linguística

Deve-se, previamente, pôr de lado tudo o que não é diretamente relativo ao *organismo* interior da língua [...]. Pode-se, no entanto, empregar essa palavra sem dizer que a língua é um ser à parte, que existe fora da mente, independente. (372, I, p. 59)

Caso se prefira, pode-se, em vez de *organismo*, falar de *sistema*. Isso é preferível e dá no mesmo. (372, I, p. 59)

Digamos sempre, de preferência, *sistema* e não *organismo*, caso se queira. O que é linguística interna é o que se refere a seu sistema. (373, I, p. 59)

De fato, nada é resolvido pelos neogramáticos quando ridicularizam sem piedade as figuras inocentemente organicistas do primeiro comparatismo, pois a verdadeira necessidade é a de uma terminologia precisa, e isso concerne a todos, tanto os neogramáticos como os outros:

Basta de figuras! Portanto, nada além de expressões correspondendo às realidades absolutas da linguagem? É um belo plano que logo se colocou no papel. E o que é necessário para pôr esse preceito em prática? [...] Proscrever a figura é dizer-se de posse de todas as verdades, caso contrário, está-se radicalmente impedido de dizer onde começa e onde acaba uma metáfora. [...] Isso equivale a dizer que as realidades absolutas da linguagem não oferecem mistério para os neogramáticos; realidades estas que eles nos revelaram [...] (3300, I, p. 18)

A busca da verdade leva, portanto, a esta aporia: as metáforas são detestáveis, correm sempre o risco de nos induzir ao erro, mas sem elas não podemos ficar. As notas insistem sobre esta dificuldade; dessa maneira:

Todos os modos de se exprimir que, por vezes, parecem estabelecer uma conjunção entre os fatos verticais e os fatos horizontais são, sem exceção, imagens; a outra causa de aversão é que não se pode nem abrir mão dessas imagens nem se decidir por aceitá-las. (1484-85, II, p. 25)

Toda uma série de observações retoma, assim, comparações já utilizadas ou novas (anatomia, química, fisiologia, mecânica, vida...) para tentar avaliar o que elas trazem e, a cada vez, suas insuficiências.[5] Deter-me-ei provisoriamente neste estranho balão que tenta condensar em uma só imagem as propriedades do signo (chamado aqui de sema) e as dificuldades do linguista às voltas com esse objeto fugidio:

Item. só podemos realmente dominar o signo, segui-lo como um balão no céu, com a certeza de alcançá-lo, quando nos tivermos dado completamente conta de sua natureza – natureza dupla, que não consiste, de modo nenhum, no invólucro nem, tampouco, na mente, no hidrogênio que nele se insufla e que não significaria absolutamente nada sem o invólucro. – O balão é o

O Curso de linguística geral, metáforas e metalinguagem **85**

sema e o invólucro é o *sôme*, mas isso está longe da concepção que diz que o invólucro é o *signo* e que o hidrogênio é a *significação*, sem que o *balão* seja algo por sua vez. Ele é tudo para o balonista, assim como o sema é tudo para o linguista. (3320, II, p. 40)

Fiar-se na intuição?

Conceber e fazer admitir o tipo de união que constitui o signo é a exigência que suscita a maioria das metáforas saussurianas. Seria quase de se surpreender que, nessa busca pela palavra enfim precisa, certos termos correntes oferecessem um suporte suficiente que parecesse poupá-los do questionamento; como a expressão *linguagem articulada* que, no CLG, vem "confirmar" a observação sobre o caráter "secundário" do aparelho vocal quando se trata da linguagem:

> Em latim, *articulus* significa "membro, parte, subdivisão numa série de coisas"; em matéria de linguagem, a articulação pode designar não só a divisão da cadeia falada em sílabas, como a subdivisão da cadeia de significações em unidades significativas; [...]. Apegando-se a esta segunda definição, poder-se-ia dizer que não é a linguagem que é natural ao homem, mas a faculdade de constituir uma língua, vale dizer: um sistema de signos distintos correspondentes a ideias distintas.[6]

Essa apresentação bastante elíptica do termo *articulado*, que apenas justifica a etimologia, permite que se passe ao mais importante – a noção abstrata de subdivisão e, desse modo, de unidades distintas; essa ideia é retomada e longamente desenvolvida (com remissão a essa primeira passagem) no capítulo sobre o *valor* no qual as subdivisões são chamadas de "contíguas" e constituem "delimitações recíprocas de unidades".

Mas *articulado* não é, ele também, um termo metafórico que evoca as articulações do esqueleto ou de uma boneca, pontos de junção das diferentes partes de um corpo? Imagem, em todo o caso, bem concreta... De fato, se os editores seguem rigorosamente o que foi apresentado, com essa concisão, no curso (o que atestam os diferentes cadernos), é interessante ver, nas notas manuscritas, que o termo *articulação* não escapa às questões e se insere em uma exposição sistemática sobre o trabalho terminológico.

Uma longa nota intitulada *Da articulação* distingue três casos na crítica dos termos:

86 Convite à linguística

> Existem termos que, inventados em um período primitivo e titubeante, vêm responder às distinções necessárias e, desse modo, ajudaram historicamente o progresso do estudo em cada ciência. Existem outros que, radicalmente falsos, ou (o que é certamente mais grave) *meio falsos*, usurpam um lugar *ao lado das distinções naturais* para criar o mundo dos equívocos e dos mal-entendidos [...]

e enfim

> Uma terceira e bem curiosa categoria, a dos termos propriamente precisos e que julgamos precisos, sem que tenhamos jamais podido dizer exatamente seu alcance e seu conteúdo, nem decidir que ideia encerram. A sensação de sua precisão provém do fato de que jamais criam dificuldade: assim, a palavra *articulação* não cria em absolutamente nenhum caso estudado dificuldade, ao passo que não vemos precisamente o que ela contém, enquanto a palavra, por exemplo, *consoante* ( ) (3302, I, pp. 34-35)

Articulação tangeria, então, a situação na qual seria possível fiar-se simplesmente na intuição, intuição das unidades da língua como divisão e junção. Mas é bem isso, precisamente, que se trata de conceitualizar, pois *articulado* apenas afirma essa união sem explicá-la, e, desse modo, trata-se justamente de um termo metafórico, de certo modo dissimulado. Mesmo que não seja jamais apresentado como tal, fica claro, no capítulo IV, em todo o caso, que seu papel é puramente descritivo: chamar a língua de "domínio das articulações" é, de certo modo, acrescentar uma lenda ao esquema do pensamento e do som, é colocar em imagem

> [esse] fato, de certo modo misterioso, de o "pensamento-som" implicar divisões e de a língua elaborar suas unidades constituindo-se entre duas massas amorfas.[7]

E se o termo *articulação* "não cria dificuldade", exige, pelo menos, toda uma exposição, na forma de comparações explícitas, tais como o anverso e o verso da folha de papel ou a imagem das vagas, que resulta do contato do ar e da superfície da água.[8]

Os termos da união

Elaborar o conceito dessa união e nomear as unidades dizem respeito, portanto, a uma mesma busca, pois, enquanto os termos forem inadequados, não se pode, de fato, pensar a natureza específica do signo linguístico; mas

O Curso de linguística geral, metáforas e metalinguagem 87

somente um pensamento adequado pode ajudar a nomear ou, pelo menos, criticar as nomeações insatisfatórias. São, desse modo, submetidos à questão todos os candidatos potenciais – *palavra*, *termo*, *peça*, *pedaço*, *fatia*, *parte*, *membro*... –, que é difícil livrar das ideias acessórias trazidas pelo uso comum da língua, do qual se pode, por vezes, se servir:

> Mas, antes mesmo de se falar em valor, dever-se-ia constatar que as palavras se apresentam como os *termos* de um sistema. Desse modo, a significação geral da palavra *termo* mostra-se aqui: assim que nós dizemos *termo*, ao invés de *palavra*, a ideia de sistema é evocada [...]. A palavra *palavra* permanece aqui vaga para nós; a palavra *termo* nos é suficiente. (1816, I, p. 251)

Os cadernos refletem pouco aqui a perplexidade que se expõe até o limite nas notas manuscritas sob o título "Notas Item", do qual darei somente uma ideia:

> A palavra *expressão* (essa forma é a expressão de...) a ser estudada.
> Mostrar que *termo* foi tão incapaz quanto *signo* de encerrar um sentido material ou vice-versa [...]
> *Termo* seria (aliás) aproximativamente o que nós queremos dizer por *sema* [...] etc. (3314.1.2.3, II, p. 35)

Além disso, apesar da obstinação empregada para fixá-la, a metalíngua não escapa à lei da língua, a esse tipo de vida que trabalha mesmo a palavra mais claramente definida:

> [...] Mesmo um termo como *sôme* (σωμα) se tornaria, em muito pouco tempo, se tivesse a chance de ser adotado, sinônimo de *sema*, ao qual quer se opor. É aqui que a terminologia linguística paga seu tributo à própria verdade que nós estabelecemos como fato de observação [...] (3318.8, II, p. 39)

A decisão necessária de uma demarcação de unidades desnatura essa mutabilidade da língua, que leva à dizê-la "viva". O jogo das metáforas afirma essa dificuldade ou esse mal-estar:

> Nessa difícil questão da adoção de uma palavra que desnatura (mais ou menos) a [...] não podemos, entretanto, esquecer dentre as coisas que consagram a palavra sema os σήματα λυγρά: semas gráficos, mas vimos o parentesco (...teremos, entretanto, coincidido com a mais antiga palavra empregada pelo poeta para...) (3314.7, II, p. 37)[9]

88 Convite à linguística

O dentro e o fora

> *Item*. Para abordar, sensatamente, a linguística, deve-se abordá-la de fora,
> mas não sem alguma experiência dos fenômenos prestigiosos de dentro.
> (3315.3, II, p. 38)

Na diversidade metafórica desses textos, privilegiei as figuras do espaço e do corpo, que mostram a oposição recorrente do interior/exterior. Com efeito, embora o gesto positivista de uma necessária demarcação do objeto *língua*, afirmado em numerosas metáforas espaciais, encontre a intuição (a evidência) das unidades distintas, ele não ajuda a pensar sua própria natureza; é isso que tenta fazer a multiplicação das metáforas do corpo.

Deve-se, portanto, primeiramente dividir o espaço da língua e, através dessa separação, mostrar sua diferença, talvez radical, no conjunto das instituições. O *círculo*, metáfora descartada pelos editores, tenta representar esse estatuto semiológico:

> Pode-se, portanto, afirmar que a língua não é a única de sua espécie, mas que se encontra cercada no círculo por aquilo que se chama pelo nome um tanto amplo *instituições*, por um certo número de coisas que devem ser estudadas ao lado dela [...] vemos, pois, que a língua não é um objeto isolado, mas cercado. (315, I, p. 51)

Nesse círculo, há um "centro", um "primeiro lugar", o da língua, que deve servir de "plataforma", de "ponto de partida", para classificar os "outros elementos da linguagem", para distinguir o que pertence ou não à linguística. Essas indicações espaciais – descartadas pelos editores, que falam apenas do "verdadeiro lugar" da língua –[10] são constantemente retomadas, de modo, à primeira vista, mais abstrato – por exemplo, em uma longa consideração sobre a fonação, muito resumida no CLG – nos termos da oposição *fora/dentro* que vai se tornar central na argumentação.

Essa oposição aparece muito cedo na preparação do curso, para definir a linguística enquanto ciência. Encontra-se, desse modo, em notas intituladas "Linguística geral. Preliminares. Parágrafo primeiro da Introdução":

> [...] Partindo-se de um princípio interior, poder-se-ia definir a linguística: a ciência da linguagem ou das línguas. Então, a questão se coloca imediatamente: "o que é a linguagem?"[11]

Sendo essa abordagem provisoriamente postergada ("devido ao pouco tempo do qual dispomos"), o curso segue desse modo:

> Deveremos, portanto, nos contentar, no momento, em definir a linguística do *exterior*, considerando-a em suas titubeações progressivas através das quais ela se conscientiza de si mesma, estabelecendo o que ela não é (comparação da criança!). Uma tal definição é uma demarcação periférica entre a linguística e as outras ciências através das relações que ela tem com estas, tanto as divergências quanto os contatos. (102, I, p. 19)

Encontra-se a mesma preocupação em um outro caderno, com uma metáfora mais concreta: "Uma ciência tem, primeiramente, de se definir pelo exterior. Deve-se, primeiramente, fixar o cinturão exterior que envolve a linguística." (102, I, p. 19)

Nesse "cinturão", situa-se, em particular, o que Saussure chama de fonologia:

> Existe um estudo que não entra na linguística, trata-se da *fisiologia da fala* [...]. Diz-se que ela é auxiliar da linguística, mas, do nosso ponto de vista, ela é absolutamente exterior à linguística. (329, I, p. 53)

E mais vigorosamente nas notas manuscritas: "[...] qualquer questão fonológica está, para nós, absolutamente FORA DA LINGUÍSTICA". (640, I, p. 91)

Descartado o cinturão das ciências conexas, deve-se ainda separar, na própria linguística, "linguística interna" e "linguística externa" ou

> Quando se tem algum escrúpulo, pode-se dizer *estudo* interno e externo da linguística. O que entra no lado externo: história e descrição externa [...]. É o lado que não pertence à linguística propriamente dita ou pura. (374, I, p. 59)

Encontra-se novamente o problema da demarcação do objeto língua e, portanto, do signo com suas dificuldades de definição, o que mostra bem a seguinte nota em suas hesitações (que reproduzo):

> Uma língua (é formada) por um certo número de objetos exteriores que (a mente) utiliza como signos. (É apenas (palavra riscada) na medida exata em que o objeto exterior é signo ((é percebido como signo)) que ele implica (...),) faz parte da linguagem por uma razão qualquer. (3297, I, p. 63)

De fato, o que se deve remeter claramente ao exterior é o referente, o objeto, e, portanto, ir contra o pensamento mais corrente, inclusive em semântica.

A recusa da língua *nomenclatura* é argumentada, desse modo, em termos de interior/exterior, pois uma nomenclatura supõe:

> *Primeiramente* o objeto, depois o signo; portanto, o que nós negaremos sempre, base exterior dada ao signo e figuração da linguagem através dessa própria relação:

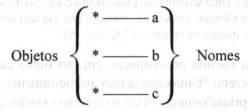

> o passo que a verdadeira figuração é a-b-c, fora de qualquer conhecimento de uma relação efetiva comum * - - - - - **a** fundada em um objeto. Se um objeto pudesse, onde quer que fosse, ser o termo sobre o qual é fixado o signo, a linguística deixaria imediatamente de ser o que ela é, do topo à base. (3299, I, p. 148)

Se, então, "nos colocamos para além dessa tentação de reduzir a língua a algo *externo*" (3299, I, p. 148), como se vai pensar de modo *interno* a distinção, que é, ao mesmo tempo, ligação, dos dois termos que constituem o signo, o conceito e a imagem acústica? Basta, inicialmente, para dizê-los internos, afirmá-los psíquicos?

> [...] eles encontram-se ambos no sujeito e são ambos psíquicos, concentrados no mesmo lugar psíquico pela associação. (186, I, p. 148)

> Mas essa interioridade não pode ser a de um indivíduo, hipótese claramente descartada quando a língua foi definida como "um instrumento vindo de fora" para permitir, a cada indivíduo, exercer a "*faculdade da linguagem articulada*"; o fora designando "o corpo social" (159, I, p. 31)

É aqui que a oposição interno/externo torna-se difícil de manejar, quando não provoca a confusão. Pois o social, característica externa, também é uma característica interna da língua, se não quiser cair em uma definição subjetivista; a língua "essa coisa, ainda que interior a cada indivíduo, é, ao mesmo tempo, bem coletivo que se situa fora da vontade de cada indivíduo". (352, I, p. 57)

A interioridade da língua não é a de uma vontade individual; o traço interno remete a outras propriedades, as das unidades, a sua dupla característica e a

O Curso de linguística geral, metáforas e metalinguagem **91**

seu pertencimento ao sistema; o que define uma ordem própria, *semiológica*, e, desse modo, social. É à ordem própria dos *valores* que o jogo de xadrez tenta fazer pensar de modo mais abstrato, referindo sempre o interior ao sistema: "o fato de ele ter passado da Pérsia para a Europa é de ordem externa; interno, ao contrário, é tudo quanto concerne ao sistema e às regras".[12]

É, portanto, retomando a questão das unidades que se pode penetrar no interior da língua, o que uma série de observações apagadas pelos editores desenvolve no início do capítulo "Identidades, realidades, valores":

> Até aqui, tentamos nos esclarecer sobre *a natureza e o lugar* da língua, mas através de uma *tentativa externa*, através do que não é ela; aproximando-a de um sistema de signos – por exemplo, a língua dos surdos-mudos –, ou mais geralmente dos signos, ou ainda mais geralmente do valor, ou ainda mais geralmente do produto social. [...] Mas mais circulamos em torno da língua do que estivemos em seu centro, não exploramos do interior as características primárias essenciais para a fixação da natureza e do lugar da língua. Se nos perguntamos por esse lado interior, considerando "o organismo" da língua, quais são as características mais surpreendentes do objeto, deve-se assinalar, colocar como tal, que ele suscita, assim que é considerado, fundamentalmente duas questões (que parecem em contradição com o que se disse e, aliás, não são apontadas por ninguém!): é a questão das *unidades* e a questão das *identidades*. (1755, I, p. 242)

Aqui está o *interno* específico da língua e, ao mesmo tempo, o que não se consegue dizer em termos de interno/externo; falar-se-á então de *valor*, esse mesmo termo que, como se viu, chega a "desesperar o espírito" por sua opacidade: "Valor não pode ser determinado mais pelo linguista do que em outros domínios; nós o tomamos com tudo o que tem de claro e de obscuro". (1894, I, p. 263)

O corpo da língua

A opacidade das unidades, produtos distintos da "união e, por assim dizer, do acoplamento do pensamento com a matéria fônica",[13] estava na origem das ilusões organicistas, mas ela não é completamente dissipada pelo recurso à comparação do jogo de xadrez e à terminologia dos *valores-diferenças*. Alguma coisa aqui insiste e escapa ao mesmo tempo.

92 Convite à linguística

Conhecem-se os esforços do CLG para representar essa união: além da incongruidade do acoplamento,[14] retomado nas fontes por casamento (e divórcio), o CLG manteve a relação "pouco satisfatória" do corpo e da alma,[15] logo substituída por "composição química",[16] que também não convém muito; com efeito, se o resultado de uma análise química sempre dá elementos químicos, uma decomposição desse tipo não dá elementos linguísticos:

> Deixa-se a ordem linguística: não se tem mais entidade linguística. (1699, I, p. 233)
>
> Tanto é verdade que, no sema, o som não é separável do resto, e só temos o som na medida em que consideramos *todo o sema*, portanto, com a significação. (3323.5, II, p. 41)

E, no entanto: "Deve-se *delimitar* as unidades, operação de modo nenhum puramente material, mas necessária e possível, porque há um elemento material". (1700, I, p. 233)

Como apreender essa materialidade que o jogo de xadrez, comparação de lógico que reduz a língua a uma forma vazia, não pode considerar? As notas manuscritas insistem tenazmente nessa dificuldade – pensar uma delimitação material e não material:

> [...] resta apenas matéria bruta, assim que se retira a função convencional em linguística. É a função que recebe um fonismo que faz com que concedamos, provisoriamente, o título de *órgão* a esse fonismo, ele próprio parecendo-se com todos os outros fonismos, e é capaz de exercer absolutamente (assim como é) qualquer função. – Observação parecida sobre *estrutura* de uma palavra. Mais uma dessas imagens que, sob a ilusão da clareza, recobrem um mundo de ideias falsas e mal concebidas. Uma palavra não tem nenhuma *estrutura*. Quando se abstrai do sentido das diferentes partes ( ). (3318, II, p. 39)

Crítica que se repercute sobre o jogo de xadrez: "[...] no que se refere à *estrutura*, essa comparação não oferece base, visto que cada peça não é desmontável, *não* contém como a unidade da palavra partes diversas, com funções diversas". (3319.3, II, p. 39)

Mas as imagens do corpo organizado também são equívocas, como aparece bem, quando a comparação continua até integrar a morte:

> No ser organizado, a função pode morrer sem que o órgão morra. Mesmo o cadáver ainda possui seus órgãos, o que é matéria da ciência anatômica. Na palavra, não existe absolutamente nada de anatômico [...] existe apenas uma sequência de fonações inteiramente *parecidas* entre si, pelo fato de que nada era mais próprio a constituir o pulmão da palavra do que seu pé.

O Curso de linguística geral, metáforas e metalinguagem **93**

Desse modo, o termo *aposème*, que parece, nas notas *Item*, mais ou menos o equivalente do *significante*, bem poderia ser chamado de "o corpo do sema", ou seja, do signo, mas esse corpo não pode morrer como os outros, nos quais peca a comparação:

> *Aposème* = cadáver de sema. Provavelmente, essa comparação pode ser autorizada [...]. Mas existe, no entanto, o perigo de que um cadáver permaneça coisa organizada em sua anatomia, ao passo que, na palavra, anatomia e fisiologia confundem-se devido ao princípio de convencionalidade. (3314.6, II, p. 37)

Enquanto não se consegue pensar a especificidade do corpo da língua, a terminologia permanece fadada ao equívoco. Os editores parecem resolver a questão mantendo apenas a afirmação reiterada do caráter incorpóreo das duas partes constitutivas do signo, inclusive do significante: "este não é de modo algum fônico; é incorpóreo, constituído, não por sua substância material, mas unicamente pelas diferenças que separam sua imagem acústica de todas as outras"[17] ao passo que as fontes falam apenas do caráter "secundário" do som e atribuem somente o predicado "incorpóreo" às próprias entidades, aos valores, cuja ideia e som são os elementos.

A simplificação faz o mesmo papel quando, no capítulo II – Primeira parte, é simplesmente afirmado: "Uma língua constitui um sistema",[18] enquanto todos os cadernos mencionam "um corpo e um sistema" (I, p. 163). É que o partido tomado pelo CLG é aquele da coerência abstrata, de uma álgebra ou, pelo menos, do funcionamento de puras diferenças sem termo positivo. O que é, sem contestação, a contribuição teórica fundamental de Saussure, mas que deixa de lado a questão não resolvida da materialidade da língua. Desse modo, o "tesouro" lexical deve ser tratado exatamente como o mecanismo gramatical, ambos constituindo "o conjunto das diferenças significativas"; a análise sincrônica é totalmente destinada à análise dessas diferenças:

> É a diferença que torna significativo, e é a significação que também cria as diferenças. Por isso, Saussure falava do jogo das diferenças significativas como exprimindo o objeto da linguística sincrônica. (2152, I, p. 307)

A última palavra da Segunda parte do CLG – capítulo VIII "Papel das entidades abstratas em gramática" – é uma lembrança do "suporte de alguma forma material",[19] "membros reais sem os quais a figura de sintaxe não pode se traduzir no espaço, fora dos quais não há nada" (2199, I, p. 316). A natureza específica dessas diferenças concretas permanece, no entanto, não formulá-

94 Convite à linguística

vel, sem ser, por essa razão, remetida explicitamente a um domínio que seria inabordável pela linguística.

Essa lacuna, esse excluído do CLG, fornecerá a ocasião para um tema repetitivo entre os linguistas: a recusa da *arbitrariedade*, quer tome ou não a forma (hoje sofisticada) da iconicidade. É que parece, sem dúvida, insuportável não poder justificar essa união sem equivalente. É claro que, para Saussure, a explicação pela semelhança era perfeitamente falsa; o fato de ele não ter podido propor outra não significa que a questão não o tenha preocupado. É, assim, que interpreto definitivamente as metáforas insistentes do *corpo* da língua, presa no "espartilho que é o francês oficial" (II, p. 8), fotografado, encoberto ou monstruosamente deformado pela materialidade estranha da escrita: "É como se acreditássemos que, para conhecer alguém, é preferível olhar sua fotografia do que seu rosto"."É a imagem que parece ser a coisa em carne e osso, porque ela é fixa, tangível, visível, ao passo que a fala parece intangível, fugidia. (481, I, p. 73). Abandonar a escrita era perder o pé; para nós, é começar a tomar pé.

Mas as críticas, aliás, banais na época, através das quais Saussure denuncia o suporte da escrita e a falsidade do sensível imediato, deixam intacto o desejo de um outro sensível, de uma apreensão possível da língua em sua nudez:

> Não é fácil se livrar do véu posto pela escrita. Precisa-se de toda uma educação, mesmo quando se está prevenido, para ver a língua nua, não revestida pela escrita. Para convencer-se de que a escrita não passa de um trapo sobre seu corpo. (572, I, p. 85)

Um outro caderno insiste: "Ela não é uma concha, mas um trapo"."

Continuando no domínio do corpo, é possível se achar ainda mais surpreendente esta metáfora, presente em todos os cadernos e suprimida pelos editores, a propósito de *língua/fala*: "A língua é um tipo de secreção, por outro lado, perfeitamente distinta da função de fala necessária para se tirar essa secreção". (343, I, p. 56)

Terminarei com um momento fugidio de jubilação (retranscrito aqui com todas suas hesitações), quando parece encontrado, com o neologismo *sôme*, em outras palavras, o próprio *corpo*, o nome que seria enfim adequado:

> (Primeiramente o sema?) – O sôme, e precisa-se dessa deselegância voluptuosa, profunda, voluntária do termo para que seja suprimida enfim toda

---

* N. T.: Em francês, "Elle n'est pas une coquille mais une guenille".

via à paronímia perpétua que faz no discurso o equívoco [...]. – (E) ainda não estou persuadido de que, se *sôme* é aceito, não se remeta *sôme* (logo) ao duplo sentido (de novo) de palavra, com todos os vícios *indeléveis* ligados ao primeiro. – A razão disso é simplesmente a vida: uma palavra apenas vive ( ), e está na vida *geral* unicamente (por causa de) ( ). – Ora, essa razão é tão poderosa que é quase um empreendimento impossível buscar termos que estabeleçam a separação daquilo que é forma ou sentido, ou seja, termos que valem absolutamente e dos quais não se corra o risco de ser vítima à primeira curva do caminho. Pois esses termos serão (sempre emprestados da) a dissecção do corpo vivo:

( ).

A imagem do corpo e sua crítica; uma afirmação e, logo em seguida, uma objeção; uma lacuna da qual não se sabe se ela economiza um redizer ou se abre para o que permanece informulável; é assim que a insistência metafórica, expressão privilegiada do tormento terminológico, desenha um estilo de trabalho reflexivo. Ele poderia ainda nos convidar a interrogar o estatuto da metalinguagem nas ciências humanas.

Texto originalmente publicado em *Langages*, n. 120, 1995.

Notas

[1] As citações são seguidas: em relação ao CLG, do número de página na edição de Bally e Sechehaye; em relação aos cadernos de aula e às notas manuscritas, do número da nota na edição crítica de R. Engler (ed. Otto Harrassowitz, Wiesbaden, 1968, 1974). Para simplificar a leitura, não menciono o nome do autor do caderno citado, nem a referência correspondente da nota em *Les sources manuscrites* de R. Godel, mas acrescento a referência da página em um dos dois volumes de Engler.
As notas são reproduzidas sem que se considere as correções apresentadas por Engler entre colchetes. Os cortes feitos por mim são mencionados segundo o uso [...]; as demais marcas tipográficas fazem parte do texto, particularmente os espaços em branco, assinalados ( ), frequentes nas notas manuscritas.

[2] R. Godel, *Les sources manuscrites du Cours de linguistique générale de F. de Saussure*, 30, Droz, Genève, 1957.

[3] Para um exemplo recente dessa posição, cf. Sarah de Vogue, 1991, "*Si*, la syntaxe et le point de vue des opérations", in *La théorie d'Antoine Culioli, Ouvertures et incidences*, (128, 131), Ophrys, Paris. Ela apresenta, primeiramente, as noções de "domínio", "desestabilização", "operação", como a introdução de "metáforas que vão permitir, no entanto, a apreensão dos dados"; mas ela acrescenta que "as coisas avançaram bastante a partir do momento em que o conceito de operação foi introduzido. Deixou-se o domínio metafórico e se conta com hipóteses precisas (ainda que não necessariamente definitivas) sobre o conteúdo". Partindo também dessa perspectiva bachelardiana, eu havia tentado mostrar outrora que a metáfora era frequentemente uma passagem obrigatória para o conceito (*Métaphore et Concept*, 1978, Complexe, Bruxelles). Relidas hoje, essas reflexões me parecem indicar, em sua confusão final, uma interrogação, que permaneceu então implícita, sobre a pertinência dessa oposição nas ciências humanas. Parto dessa dúvida no quadro de uma questão à metalinguagem.

[4] Citado por T. de Mauro, *Cours de linguistique générale*, édition critique, 361, Paris, Payothèque, 1972.

[5] Cf. R. Engler, op. cit., II, pp. 39-40.

[6] CLG (p. 18) [p. 26].

[7] CLG (p. 131) [p. 156].

96 Convite à linguística

8 CLG (p. 131) [pp. 156-57].

9 As reticências estão no texto das notas.

10 CLG (p. 26) [p. 36].

11 Os pontilhados integram o texto.

12 CLG (p. 32) [p. 43].

13 Idem (p. 131) [p. 156].

14 "Metáfora bem pouco observada", diz F. M. Gandon ("L'ambivalence théorique dans la recherche saussurienne [...]" in *Saussure aujourd'hui*, Linx, Nanterre, 1995, nota 22). Ele assinala, no entanto, A. Hénault, "Perplexités à propos du terme complexe" in *Exigences et perspectives de la sémiotique* [...], I, p. 246, Benjamins. Pode-se lembrar também de uma metáfora muito próxima em Humboldt: "O acoplamento eterno da forma e da matéria", citado e traduzido por J. Trabant, 1992 (37), *Humboldt ou le sens du langage*, ed. Mardaga, Liège. Gandon, por outro lado, mostra uma curiosa severidade em relação às metáforas saussurianas, falando de "as mais deprimentes banalidades" e de "metáfora simplista e um tanto mórbida".

15 CLG (p. 120) [p. 145].

16 Idem, ibid.

17 Idem (p. 138) [p. 164].

18 Idem (p. 87) [p. 107].

19 Idem (p. 162) [p. 192].

Alguns efeitos da teoria saussuriana sobre uma descrição semântica

Esclareço de início o que não está claramente indicado no título de meu texto: não se trata de uma reflexão geral sobre a possibilidade de elaborar um método de análise semântica a partir de Saussure, mas, conforme à pergunta que me fizeram Simon Bouquet e Johannes Feher, trata-se de uma apresentação bem mais limitada e pessoal, ou seja, de mostrar a relação entre o que escrevi sobre Saussure e algumas descrições semânticas que também publiquei. Embora a primeira série de publicações, que se estende por cerca de 30 anos, seja um pouco conhecida, o mesmo não acontece com a segunda, limitada a alguns estudos e publicada de modo marginal. São estudos que abordam verbos (*regretter, perdre*),[1] nomes (*bout, brin, bribe*),[2] o pronome *en* em *il m'en veut mais je m'en fiche*,[3] o advérbio *encore* em *vous êtes encore belle*[4] etc. A lista não é exaustiva nem apresenta unidade aparente, nada tendo de um programa de pesquisa.

De um trabalho sobre o papel histórico de Saussure a esse tipo de semântica lexical, o itinerário parece singular de início: seriam dois interesses completamente distintos, tendo o segundo se manifestado tardia e independentemente? Ou haveria alguma relação entre os dois, como parece supor a questão levantada, que nos remete ao esquema clássico da unidade profunda sob a divisão manifesta? Sabe-se que essa explicação tranquiliza, às vezes, os saussurianos inquietos diante do disparate aparente dos trabalhos do mestre. Se me permitirem essa aproximação temerária, uma das inúmeras diferenças entre seus escritos e meus modestos trabalhos é que ao menos terei tentado justificar essa questão, sobre a qual, aliás, jamais pensara até hoje. Levada então a refletir sobre o que atraiu minha atenção em Saussure e também sobre as dificuldades e críticas que esse trabalho histórico encontrou, compreendi melhor meu desejo de propor um método diferente e pude esclarecer suas especificidades nesses exercícios que qualifico de semântica "suave" (*soft*), porque me divirto fazendo isso e me abstenho de qualquer pretensão científica. Entretanto, apresentá-lo me obriga a tratar com seriedade o que até agora não passava do prazer de descobrir e de escrever. O exercício é difícil; peço desculpas pelo que ele terá de forçosamente pessoal.

Saussure, "o único objeto"

Falarei primeiramente do tipo de trabalho que fiz sobre Saussure. Não sou filóloga e só consultei a edição crítica de R. Engler muito tardiamente. Cedo conheci o trabalho de Godel e pude, por seu intermédio, consultar os manuscritos na biblioteca de Genebra; no entanto, o essencial de meu trabalho incidiu (de 1969 a 1990) sobre o CLG, o texto dos editores, hoje em dia frequentemente menosprezado. Por que insisti assim numa "falsificação"? Em primeiro lugar, porque é o texto que nós (as pessoas de minha geração) descobrimos nos anos 1960, com um surpreso deslumbramento: enfim, uma mudança real em relação ao ensino que recebêramos, que seguia na França a tradição da gramática histórica e comparada, marcada por Meillet e Vendryès! Finalmente, perguntas como: "Qual é o objeto integral e concreto da Linguística?". E tais perguntas não encontravam resposta, de início, sob a forma de definições. Podia-se então deixar o século XIX sem cair nas banalidades funcionalistas de Martinet ou behavioristas de Bloomfield!

Nos anos 1970, havia também razões pedagógicas: era esse texto, único facilmente acessível, que apresentávamos aos alunos universitários iniciantes, e, apesar de sua aparência límpida, nada nele me parecia evidente. Tudo o que escrevi no início referia-se a questões levantadas pela preparação das aulas e dois temas se sobressaíam:

1. Em que e em relação a quem Saussure é radicalmente novo? Não basta afirmar essa novidade, é preciso mostrá-la e, para tanto, compará-lo a seus contemporâneos e antecessores.

2. (início de resposta) Essa novidade está na teoria da língua como *sistema de valores*, i.e., de *diferenças*, o que poucos de seus contemporâneos haviam visto e que, na França dos anos 1970, não era muito salientado nos comentários correntes. Eu poderia resumir todo esse primeiro período de minha pesquisa da seguinte maneira: trabalhei um pouco a história da Linguística, de modo

aliás bastante limitado, para compreender Saussure, que eu escolhera como "objeto" e declarara diferente, até mesmo único. Precisava convencer-me de que minhas preferências tinham fundamento; não bastava dizê-lo fundador de uma nova ciência, menos ainda fazer dela o ponto de partida, ignorando todo o resto.

Se, depois disso, continuei trabalhando no texto do CLG em vez dos manuscritos, foi porque, em minha perspectiva – a da história recente da Linguística na história das Ciências Humanas – esse texto, amplamente acessível e o único conhecido durante o período estruturalista, teve um papel maior. Só trabalhei nas *Fontes* após o Colóquio de Cerisy *Saussure aujourd'hui* (1992) e, embora tenha ficado evidentemente fascinada (o que até então quisera evitar), não mudei fundamentalmente minha orientação: não é o *verdadeiro* Saussure que me interessa primordialmente, mas o destino de uma teoria lançada, em 1916, ao debate científico, debate que continua, ainda que a maioria dos linguistas de hoje faça pesquisas em outras áreas, geralmente ignorando Saussure, às vezes opondo-se a ele: há pragmaticistas que ainda afirmam que é hora de se livrar do *saussurismo*.

As fontes manuscritas, sobretudo as notas autógrafas, permitiram confirmar globalmente minhas intuições sem abalar o que eu logo ressaltara – o lugar central dos conceitos de valor e de diferença. Pude esclarecer melhor no que se sustentam todas as noções, em particular o valor e a arbitrariedade e, sobretudo, graças às discussões com Simon e Johannes e à leitura de seus trabalhos, percebi enfim a importância do "fator tempo" e da atividade do indivíduo falante na concepção saussuriana da semiologia, da qual eu ainda fazia uma leitura estruturalista. Acredito ter corrigido isso na pequena obra cuja publicação foi anunciada por Johannes.[5] Mais uma vez, minhas escolhas poderão parecer estranhas: a primeira parte é uma apresentação simplificada do CLG, que busca incitar à leitura desse texto, único acessível ao leitor comum, ao passo que a segunda parte, retomando os pontos do debate, refere-se apenas às fontes manuscritas. Pode-se ver nessa opção a mesma tendência à dissociação manifesta na segunda parte de minha produção, as análises semânticas de que vou falar agora.

A semântica: um caminho paralelo, permeado de cruzamentos

O trabalho sobre Saussure começara por um encontro (encontro de um texto diferente, indagador) e o acaso de novas condições pedagógicas: a passagem brusca do ensino das Letras àquele da Linguística estrutural; a outra vertente de minha pesquisa foi desencadeada por uma agressão (entenda-se verbal). Durante um colóquio sobre a história das Ciências Humanas, fui interpelada (ou pensei sê-lo) por uma comunicação que se intitulava "Quem tem medo da língua?". Dela resultava que ensinar teoria e, *a fortiori*, história das teorias, podia ser apenas um abrigo, um evitamento, uma maneira de descartar um verdadeiro trabalho de linguista, ou seja: analisar o concreto, a língua em sua complexidade, dissecar os fenômenos em vez de fugir deles por meio de discursos do método; ouvi isso como uma crítica grave (uma acusação?) e uma injunção a tomar uma atitude diferente, tanto na pesquisa quanto no ensino.

Essa crítica, cujo fundamento eu era obrigada a reconhecer, foi decisiva para mim: sem renunciar às minhas práticas em história da Linguística, decidi (depois de algum tempo), no entanto, enfrentar também a língua, essa temível "cabeça de Medusa", emaranhado de formas e de sentidos a desenlear. Os dois métodos me pareciam então, e até hoje, completamente dissociados, surgidos de desejos diferentes, senão contraditórios; retrospectivamente, consigo entretanto determinar certas passagens: Benveniste foi uma delas, na medida em que ele pratica em suas análises da língua um método estritamente saussuriano.

Benveniste: "o intercessor"

Foi por ocasião de um colóquio sobre a história das teorias da enunciação que empreendi a leitura de *Problemas de linguística geral* em sua integralidade, ou seja, todas as análises morfológicas, sintáticas e lexicais juntamente com os textos teóricos bem conhecidos. Pareceu-me então que os enunciados sobre a pessoa e a dêixis, cuja novidade, nos anos 1970-80, surpreendia tanto os linguistas – essas propostas que deviam nos fazer sair do "imanentismo saussuriano", como se dizia –, haviam se implantado a partir de uma prática bem saussuriana de análise da língua, uma análise das formas como portadoras de sentido. Quer descreva estruturas sintáticas (a frase nominal), morfemas (os sufixos de nomes de agentes, as preposições latinas *prae* e *pro*), ou fenômenos

Alguns efeitos da teoria saussuriana sobre uma descrição semântica 101

de diátese (o meio e o passivo), Benveniste traz à tona, em cada caso, uma estrutura formal que se esclarece em sua diferença com uma outra pelo sentido que ela produz; em cada caso, "a interpretação" diferente parece justificar a diferença de estrutura. Mais saussuriano ainda que Saussure, Benveniste encarrega o sentido de dar a "razão" das formas. Esse pressuposto levanta um problema, mas, em um primeiro momento, as demonstrações parecem surpreendentes.

A combinação de descrições empíricas e de generalidades teóricas lembrando os princípios saussurianos compunha uma voz singular no que, estruturalismo ou gerativismo – e igualmente pragmática – se propunha como pesquisa linguística. Ela retomava e desenvolvia o cerne da teoria saussuriana, a língua como ligação de forma e de sentido a ser captada em diferenças; ela permitia sair de uma interpretação estruturalista de Saussure para ver no CLG uma teoria linguística da significação. Porém, Benveniste era também uma outra descoberta: o prazer de uma bela demonstração numa retórica sedutora, talvez sedutora demais para ser sempre perfeitamente rigorosa; era a fluidez de uma escrita livre do peso, que se tornara habitual, dos programas e de seus resultados; em suma, o "prazer do texto", conforme a expressão de Roland Barthes, que confessava: "É preciso ler outros linguistas, mas gostamos é de Benveniste".

Portanto, era possível escrever de modo diferente mesmo sendo linguista; podia existir algo diferente de uma língua desfigurada pela obsessão de "fazer ciência". Isso já me cativara nas interrogações do CLG sobre o "objeto" da Linguística e mais ainda nos manuscritos; duas vozes, bem diferentes, mas ambas afastadas do discurso linguístico corrente, atraíam minha atenção: uma delas, suave e persuasiva, a outra, veemente, frequentemente caótica, lírica em alguns momentos. Eu reencontrava o prazer de ler, de ser levada pelo sentido que um sujeito pode fazer surgir da língua desde que não faça dela um mero instrumento a seu serviço, desde que a ame, em suma. Descobrir os desvios que toma a língua comum para permitir os efeitos de sentido mais precisos e mais singulares, as expressões felizes, como se diz, era também reencontrar a literatura, mas podia ser como linguista, que não se fia em sua intuição e em sua cultura, mas na precisão de uma análise das formas, do jogo de seus limites e possibilidades. Era, fora de qualquer perspectiva modelizante, o que eu esperava de um trabalho sobre o sentido. Compreende-se por que me aventurei apenas timidamente, nas margens, de certo modo.

O que fazer da metalinguagem?

Antes de fazer um apanhado desses exercícios inofensivos, cuja metodologia só adquiriu forma pouco a pouco, devo deter-me em uma dificuldade intrínseca ligada ao estatuto da metalinguagem nesse projeto: nada menos do que romper com a preciosa distinção, teorizada pelos lógicos, entre língua e metalinguagem, aquela que permite tanto sair dos fenômenos para descrevê-los, quanto apresentar uma teoria em um discurso que se distancia dela. Sabe-se que ela é a própria condição da pesquisa científica e de toda exposição que busque a objetividade. Entretanto, também se sabe que entre língua e metalinguagem a parede é porosa, a fronteira, incerta; em todo caso, há muito se reconhece a dificuldade da Linguística, dentre as outras ciências, de ter de falar da língua *na* língua. Acredita-se superá-la, acumulando referências (parênteses ou notas de rodapé, que promovem deliberadamente um corte na leitura), refinando as definições, produzindo esquemas cujos traços tentam esclarecer os termos vagos ou carregados demais (*articulação,* por exemplo, ou *interação...*). Em resumo, recorre-se a todo um aparato de seriedade, pois o ideal permanece sendo a formalização, que expulsa toda suspeita de complacência estética. Restam as astúcias da língua, mesmo instada a ser metalíngua, astúcias que nem Saussure nem Benveniste ignoravam.

As fontes manuscritas revelaram abundantemente a que ponto a dificuldade de conter a língua nessa função de avalista da verdade atormentou Saussure até a exasperação, o "desgosto" e mesmo o desespero ("desesperar o espírito"): "Não há nenhuma posição simples para designar coisas primariamente em Linguística; não pode haver. A expressão simples será algébrica ou não será." (3301/E, II, p. 29)[6]

Porém, é preciso apresentar os elementos dessa álgebra e, portanto, elaborar definições. Saussure sofreu a tentação de produzir uma terminologia inteiramente nova, livre de qualquer aderência embaraçosa à língua comum, de certo modo dessemantizada. Sabemos o que aconteceu com o par significante/significado; o que teria acontecido com a série *sème, aposème, sôme,* à qual ele renunciou?

> Mesmo um termo como *sôme* [ ] logo se tornaria, caso tivesse a chance de ser adotado, sinônimo de *sème,* ao qual ele pretende se opor. É aqui que a terminologia linguística paga seu tributo à verdade que estabelecemos como fato de observação. (3318-8/E, II, p. 39)

O que ele retoma em outra passagem, ainda acerca de *sôme*:

> E é preciso <esta> deselegância <prodigiosa, profunda, voluntária> do <termo> para que seja suprimida enfim essa via à paronímia perpétua que provoca no discurso o equívoco [ ].

aqui uma lacuna, seguida novamente da dúvida:

> <E> ainda não estou convencido de que se *sôme* for aceito, não se remeta *sôme* <logo> ao duplo sentido <de novo> de *palavra*, com todos os vícios indeléveis atinentes. A razão é simplesmente a vida [...] (3327-2/E, II, p. 42).

E este traço de satisfação, sem continuação, acerca do neologismo *sème*: "ao menos teremos coincidido com a mais antiga palavra empregada pelo poeta para [...]" (3314-7/E, II, p. 37).

Sabe-se agora que as afirmações do CLG (as "teses", dizia Sechehaye) são enganosas em relação ao "verdadeiro" Saussure, e que a confiança demonstrada na metalinguagem, apesar de todas as interrogações, não passava de uma aparência exigida pelo ensino; na melhor das hipóteses, o combate de Saussure com o que ainda não se chamava de metalinguagem tinha seus momentos de pacto, como a adoção do termo *valor*: "Nós o escolhemos, dizia, com tudo o que ele tem de claro e de obscuro" (1894/E, I, p. 263).

A relação de Benveniste com a metalinguagem é mais ambígua, mas também mais serena e livre, em todo caso, aberta aos pactos. Prova disso é o final desta comunicação de 1966 em que, dirigindo-se a filósofos, ele proclama em alto e bom som as virtudes da atividade metalinguística:

> Este fato (*a possibilidade de traduzir*) revela nossa possibilidade de nos elevar acima da língua, de abstraí-la, de contemplá-la, utilizando-a em nossos raciocínios e nossas observações. A faculdade metalinguística, que recebeu mais atenção dos lógicos do que dos linguistas, é a prova da situação transcendente do espírito em relação à língua em sua capacidade semântica.[7]

Terminando contudo, quase *in petto*, por esta estranha reserva: "Mas no fundamento de tudo há o poder de significar da língua, que passa bem antes daquele de dizer alguma coisa".[8]

Tal reflexão leva-o a aplicar à língua a fórmula de Heráclito sobre o oráculo de Delfos: "Ele não diz nem esconde, mas significa".

Poder da língua, portanto, em todos seus empregos, inclusive aquele com o qual desejaríamos protegê-la dos efeitos de sentido parasitas. Longe de se desesperar, parece que Benveniste joga com isso; tomo a liberdade de analisar

104 Convite à linguística

rapidamente um exemplo: trata-se de um fragmento de um texto de 1954,[9] no qual ele roga aos linguistas que se lembrem que "seu objeto, a língua, é informado de significação, que é através disso que ele é estruturado".

À primeira leitura, essa frase parece (parecera-me, em todo caso) luminosa: ela resume perfeitamente a tese saussuriana da ligação significante/significado, ao mesmo tempo que se impõe descrever essa ligação. Porém, tendo de traduzir essa frase para o inglês, detive-me nesse emprego de "informado". É possível glosar *informado de significação* remetendo à ligação saussuriana, mas se perde o efeito de evidência produzido pela formulação de Benveniste. Esse efeito deve-se ao emprego de *informar*, que aqui passa do registro banal da comunicação a outro registro bem diferente, ao passo que a informação, em uma situação comum de comunicação, supõe um exterior, interlocutor ou máquina:

Fui informado da vinda de Paul por Pierre/por um telegrama.

Nessa frase, por meio de um estratagema gramatical que passa inicialmente despercebido, encontramo-nos na ordem imanente da língua, como um eco da *forma interna* de Humboldt: a língua contém a significação em sua forma, ela está de certo modo "prenhe" da significação.[10]

O estratagema gramatical é duplo:

1. *A língua* ou sua variante, *o objeto*, termo abstrato, não afetado pelo traço semântico + humano, é substituída pelo termo que, na construção corrente de *informar*, refere-se a uma pessoa, aquela que é informada de algo.

A língua é informada/Eu sou informada.

2. A preposição *de* muda de construção em relação à frase corrente:

Eu sou informada de sua vinda.

A língua é informada de significação/* da significação.

O determinante desaparece no segundo emprego e torna-se impossível comutar o nome por uma oração em *que*:

Eu sou informada [de] que ele virá.

A língua é informada [de] que ela significa, [de] que significa.

Essa diferença formal é correlata a uma diferença de sentido: o primeiro *de* é glosado por *acerca de*; o segundo é equivalente a *por* e lembra construções de *causa* ou de *agente*: *une femme accablée d'ennuis, un homme pris de peur, un enfant aimé de sa mère...*[11]

Assim, ao preço de uma construção ousada (o que Barthes chamava de "trapacear a língua"), Benveniste consegue um efeito de condensação particularmente significativo; em sua brevidade, a frase resume (metalinguisticamente) e aplica (empiricamente) a tese saussuriana da forma e do sentido; mais do que expô-la, essa frase a atualiza através do próprio enunciado; o que se manifesta como metalíngua joga com os efeitos permitidos pela língua; a distinção língua/metalíngua fica embaralhada.

A partir disso, duas atitudes são possíveis: ou se julga que a retórica está perturbando a demonstração (ou a exposição teórica) e se busca uma teoria e um método mais rigorosos – o que geralmente fazem os semanticistas, que não se preocupam nem com Benveniste nem com Saussure –, ou se corre o risco desse discurso frágil e, em uma oscilação entre língua e metalíngua, tenta-se tornar sensíveis alguns pontos desse famoso "poder significante". Percebe-se então que um locutor nem mesmo precisa forçar a língua ("trapacear") para produzir efeitos de sentido surpreendentes e que os enunciados mais comuns, cuja forma é esquecida até se tornar transparente, encerram uma potencialidade significante que a análise pode tornar visível rompendo a complexidade das formas. Foi nessa perspectiva, deliberadamente situada fora das questões de referência e de verdade (o que, para muitos, é o erro de Saussure), que tentei descrever certas unidades lexicais cujo uso inesperado e, por isso, revelador de sua significação surpreendera-me.

Por exemplo, uma declaração de meu açougueiro, falando de um aprendiz que ele ia despedir: "*Il ne progresse pas, il dégresse*".[12] Deslumbrada com essa criação linguística, registrei essa oposição bastante significativa dos prefixos *pro-* e *de-*. Para além do trocadilho, ou lapso, visivelmente involuntário e inconsciente, essa oposição pareceu-me interessante para uma apresentação pedagógica das formações analógicas, do famoso esquema da quarta proporcional: *progresser*: *dégresser* a partir do modelo de... mas de quê, exatamente? Logo se percebe que essa oposição não funciona assim, ou não funciona mais, em outros verbos derivados: entre *procéder* e *décéder*, *protester* e *détester*, *prostituer* e *destituer*...[13] a relação, quando existe etimologicamente, está distante demais para ser sentida e compreendida por um locutor francês contemporâneo. Ora, o sentido de "*Il ne progresse pas, il dégresse*", era manifesto e sua força ilocutória certa; aliás, o fiscal do trabalho não insistira diante desse argumento. Para dar conta desse efeito de sentido, era preciso então estudar mais os prefixos.

106 Convite à linguística

O valor de *pro-* é aquele, corrente, que aparece em *prolonger, procéder, provenir...*, continuação de um processo em um movimento para frente. *De-* apresenta aqui um semantismo mais complexo; encontra-se o valor latino de mudança de lugar em um movimento mais descendente, valor que desapareceu em muitos casos em francês (*débattre, détailler, décrire...*), mas que resta sensível em uma série muito corrente: *déplacer, défaire, démontrer...* Observa-se que, nesse emprego, o prefixo frequentemente adquiriu, talvez sob a pressão de *défaire*, uma conotação negativa: *démolir, détruire, dégonfler, déglinguer, déboussoler, détraquer...*, valor que é igualmente sensível em nomes, sendo sua derivação ainda visível ou não: *désespoir, débris, détritus, déchet...*[14]

Se o fracasso da aprendizagem está tão perfeitamente resumido na oposição formal de um *pro-* conquistador e de um *de-* abatido, isso se dá evidentemente sob os efeitos conjugados do contexto e do cotexto desse enunciado: contexto de uma profissão em que a gordura constitui um elemento importante (e não somente para *dégraisser...*), cotexto de um discurso sobre a aprendizagem no qual a palavra *déchet* insistia – "este aprendiz", dizia o açougueiro, "era um *dejeto* do sistema de ensino". Porém, foi exatamente o uso mais comum da língua que forneceu ao açougueiro a potencialidade significante de sua criação verbal, que se introduz de modo muito natural, independentemente de toda razão etimológica, em uma série associativa globalmente negativa: *déchet, défection, désarroi, détresse, désastre* e, por que não, *désert* contaminando *désir*.[15]

Essa análise breve demais, um tanto simplista (três pequenas páginas de distração para fechar um conjunto sobre a *Reformulação*), não busca a seriedade. Entretanto, nela retomo um tema importante de Saussure: o princípio da criação analógica, que esclarece o funcionamento comum da língua e explica algumas das mudanças que se produzem na interação entre locutores:

> A analogia, tomada em si mesma, não passa de um aspecto do fenômeno de interpretação, uma manifestação da atividade geral que distingue as unidades para utilizá-las a seguir. Eis por que dizemos que ela é inteiramente gramatical e sincrônica.[16]

As associações que tomo a liberdade de fazer, às vezes morfologicamente fantasiosas, inspiram-se no esquema bem conhecido da "constelação" em torno de *ensino* que termina o capítulo do CLG consagrado aos eixos sintagmático e associativo, esquema retomado no capítulo seguinte, "Mecanismo da língua", a propósito das formas que "flutuam" em torno de *défaire*. Preencho aqui alguns dos pontilhados e etc. que Saussure deixou no ar: "Nesta massa de elementos de que dispomos virtualmente, mas efetivamente, neste tesouro fazemos associações". (E, I, p. 228).

Pode-se notar que, nessa passagem, Saussure aproxima curiosamente *défaire* e *désireux* [desejoso], sem chegar evidentemente a associar seus prefixos... Quando sugiro que essa semelhança pode intervir neste ou naquele caso, baseio-me em uma interpretação do aporte de Saussure a um estudo do sentido que resumirei da seguinte maneira: o CLG distingue *valor* e *significação*; o que se pode analisar são os valores, tomados nas combinações e nas associações (os dois eixos) em que se realiza a ligação forma-sentido (*défaire*, por exemplo, em relação a *refaire*[17] e *détruire*...). Se, nos dados da fala, em determinado emprego particular de *défaire*, somente alguns valores são atualizados e dão lugar a uma descrição precisa, eventualmente formalizável, as virtualidades da língua, os outros valores "flutuantes" na série indefinida das relações possíveis, intervêm na significação, em uma medida que não se pode fixar. Nesse caso, atingem-se os limites da descrição estritamente linguística da significação, mas esta deixa um resto; é esse resto que os pontilhados de certo modo formalizam, permitindo complementos de interpretação. É esse resto que será primeiramente escutado por quem tem uma terceira orelha um pouco mais sensível, quando de um emprego esquisito ou inesperado, e é também isso que convida a começar a análise.

Por exemplo, o advérbio *encore* (ainda), uma destas palavras do "discurso" com efeitos pragmáticos certos, cuja presença basta para modificar sensivelmente um enunciado. Sentimos que *Vous êtes encore là?!*[18] acrescenta alguma impaciência ao espanto de *Vous êtes là!*, enquanto *Ecoutez-moi encore une minute!* torna mais aceitável a injunção *Ecoutez-moi!...*[19] Eu me interessei por um desses efeitos de sentido surgido durante uma conversa telefônica: não reconhecendo a voz da minha interlocutora, perguntei: "Nós nos encontramos?", ao que ela respondeu: "Não, ainda não". Ambas rimos, então, diante da certeza do futuro suposto por esse *encore*.

A variedade de empregos desse advérbio foi muito descrita, mas me dei conta de que nenhuma análise mencionava essa certeza, não dita e no entanto muito clara, contida por *encore* nas asserções de um diálogo: algo permanece, frequentemente contra toda expectativa, mas é certo que logo terminará. De onde a ambiguidade de um elogio como *"Vous êtes encore belle!"*, que desaparece em *"Vous êtes toujours belle!"*[20]

Desse modo, explicam-se certas restrições nas combinações lexicais: não se dirá *"il est encore vieux"* ou *"elle est encore grande"* juntamente com *"il est*

108 Convite à linguística

encore jeune" e "*elle est encore petite*";[21] isso seria incompatível com a certeza quanto ao futuro previsível. Tampouco se encontrará *encore* em enunciados gerais do tipo: "*On a toujours besoin d'un plus petit que soi*"; para tornar sua presença aceitável, seria preciso restabelecer um enunciado particular, produzido na interlocução: "*Ah, tu vois, on a encore besoin d'un plus petit que soi!*".[22] É que, com *encore*, trata-se da certeza subjetiva de um locutor, certeza que ao interlocutor só resta compartilhar ou contestar.

Encontrei nos manuscritos de Saussure um exemplo particularmente interessante desse emprego: "*Ce que Whitney disait le premier en 1867 n'est pas encore frappé de nullité en 1894, de l'aveu universel [...]*".[23] Pode-se supor que, se essa famosa carta de homenagem permaneceu inacabada, é porque teria sido necessário precisar, entre outros, esse *encore*, que leva a entender que tal julgamento não será sempre válido e está em vias de não mais sê-lo...

Concluirei com um belíssimo exemplo de Marguerite Yourcenar em *Contos orientais*: o belíssimo e muito amado príncipe Genghi, não suportando a ideia de envelhecer, decide retirar-se para um ermitério; ao atravessar pela última vez a cidade, ouve as observações tristonhas das mulheres: "Elas sussurravam em sua passagem que o príncipe Genghi ainda era muito bonito, o que provou ao príncipe, mais uma vez, que já era hora de partir".

Nesse tipo de análise, senti todo tempo a interdependência do léxico e da gramática, que Saussure, lembremos, recusava-se a separar: "A interpenetração da morfologia, da sintaxe e da lexicologia explica-se pela natureza, no fundo idêntica, de todos os fatos de sincronia".[24]

O que todos os cadernos completam: "É a diferença que torna significativo e é a significação que cria as diferenças." (E, I, p. 307)

Não posso aprofundar mais para tentar fazê-los compartilhar das surpresas reservadas por esse tipo de trabalho sobre a língua; como já disse, trata-se apenas de excertos sem pretensão científica, visando a despertar a atenção e o amor, de certo modo desinteressado, pela língua comum. Talvez eu jamais tivesse tido a ideia desse exercício se não tivesse primeiro percebido essa paixão de Saussure por seu "objeto". Sabe-se que, na tradição clássica francesa, esse termo designa o que a paixão visa sem poder jamais alcançá-lo realmente; é "aquilo a que, diz Descartes, a alma busca se unir por vontade própria"; ou ainda o que Pascal designa quando afirma: "Na falta de verdadeiros objetos, eles se apegam aos falsos". Encontra-se ainda um eco desse uso clássico na pergunta de J. C. Milner: "O que uma língua precisa ser para que se possa designar com ela tanto o objeto de uma ciência quanto o objeto de um amor?".[25]

Diferentemente de Milner, não viso a "ciência", embora não permaneça na ingenuidade só do prazer empírico de ouvir e ler. No trajeto (ideal?) que Antoine Culioli[26] atribui ao linguista, passar "do empírico ao formal", eu me detenho numa primeira determinação no que ele mostra melhor do que ninguém e que chama "o brilho da diversidade"; deixo a outros a etapa do "trabalho teórico que vai fundar e construir o formal",[27] o que era, evidentemente, o desejo de Benveniste e de Saussure. É aqui, neste propósito (nesta ilusão?) que me separo deles.

Texto originalmente publicado em *Cahiers Ferdinand de Saussure – revue suisse de linguistique générale*, n. 54, 2001.

Notas

[1] Lamentar, perder.

[2] Ponta, pedaço, fragmento.

[3] Ele está bravo comigo, mas não estou nem aí!

[4] Ainda/Você ainda é bonita.

[5] Claudine Normand, *Saussure*, Paris, Les Belles Lettres, 2000.

[6] A autora utiliza esse sistema para indicar as fontes manuscritas consultadas.

[7] E. Benveniste. *Problèmes de linguistique générale* II, Paris, Seuil, p. 229.

[8] Idem, ibid.

[9] E. Benveniste. *Problèmes de linguistique générale* I, Paris, Seuil, p. 12.

[10] Glosa sugerida por J. J. Franckel.

[11] Uma mulher sucumbida por problemas, um homem tomado pelo medo, uma criança amada por sua mãe.

[12] Ele não progride, ele *degride*. Em francês, há homofonia entre o neologismo *dégresser* e o verbo *dégraisser*, que significa "desengordurar".

[13] Proceder e falecer, protestar e detestar, prostituir e destituir.

[14] Prolongar/proceder/provir; debater/detalhar/descrever; deslocar/desfazer/demonstrar; demolir/destruir/fraquejar/desarticular/desorientar/desregular; desespero/caco/detrito/dejeto.

[15] Dejeto/defecção/desatino/desamparo/desastre; deserto/desejo.

[16] CLG (p. 193) [pp. 227-28].

[17] Refazer.

[18] Você ainda está aí?!/Você está aí!

[19] Escute-me mais um minuto! /Escute-me!

[20] Você ainda é bonita!/Você continua bonita!

[21] Ele ainda é velho/ ela ainda é grande/ ele ainda é jovem/ela ainda é pequena.

[22] Referência a uma sentença de La Fontaine, da fábula *O Leão e o Ratinho*: O pequeno pode ser [sempre] de muita ajuda ao grande./Ah, você está vendo, o pequeno pode ser [ainda] de muita ajuda ao grande.

[23] O que Whitney foi o primeiro a dizer em 1897 ainda continua válido em 1894, segundo o consenso...

[24] CLG (p. 158) [p. 187].

[25] J. C. Milner, *L'amour de la langue*, Paris, éd. Du Seuil, 1978, p. 25.

[26] A. Culioli, *Pour une linguistique de l'énonciation: opérations et représentations*, tome I, Paris, Ophrys, 1990.

[27] Idem, p. 45.

ser para que se possa designar com ela tanto o objeto de uma ciência quanto o objeto de um amor."

Diferentemente de Milner, não vejo a "ciência", embora não permaneça na ingenuidade só do prazer empírico de ouvir e ler. No trajeto (ideal?) que Antoine Culioli atribui ao linguista, passar "do empírico ao formal", eu me detenho numa primeira determinação no que ele mostra melhor do que ninguém e que chama "o brilho da diversidade"; deixo a outros a etapa do "trabalho teórico que vai fundar e constituir o formal", o que era, evidentemente, o desejo de Benveniste e de Saussure. É aqui, neste propósito (nesta ilusão?) que me separo deles.

Texto originalmente publicado em Cahiers Ferdinand de Saussure – revue suisse de linguistique générale, n. 54, 2001.

Notas

1. Lancetar, perder.
4. Ponta, pedaço, fragmento.
   Ele está bravo comigo, mas não estou nem aí.
   Ainda/Você ainda é bonita.
6. Claudine Normand, Saussure, Paris, Les Belles Lettres, 2000.
   A autora utiliza esse sistema para indicar as fontes manuscritas consultadas.
8. E. Benveniste, Problèmes de linguistique générale II, Paris, Seuil, p. 229.
   Idem, ibid.
   E. Benveniste, Problèmes de linguistique générale I, Paris, Seuil, p. 17.
10. Glosa sugerida por J.-J. Franckel.
    Uma mulher sucumbida por problemas; um homem tomado pelo medo, uma criança amada por sua mãe.
2. Ele não propõe, ele o pede. Em francês, há homofonia entre o inologismo dégriser e o verbo dégrisser, que significa "desengordurar".
    Perder e fazer perder, prostrar e destituir.
12. Prolongar, proceder, prover, detonar/destalhar/descrever, desbotar/destaxer/demonstrar, demolir/destruir, fraudar/desamotinar/mutilar/desregular; desesperar; catar dativo/ojeito.
13. Dejeto/dejeção/desatino/desamparo/desastre; desorto/desejo.
    e/ou (p. 193) [pp. 227-28].
    Rebaixar.
    Você ainda está aí?/Você está aí.
    Escuto-me mais um minuto? [Escute-me!]
    Você ainda é bonita/Você continua bonita.
22. Ele ainda a voltar/ela ainda é grande/ele ainda é jovem/ela ainda é poderosa/ainda é popular.
23. Referência a uma sentença de La Fontaine, da tabula O Leão e o Rato. O pequeno pode ser [semente] de muita ajuda ao grande./Ah, você está vendo, o pequeno pode ser [ainda] de muita ajuda ao grande.
    O que W. Milner foi o primeiro a dizer em 1907 ainda continua válido em 1984, segundo o contexto.
    e/ou (p. 158) [p. 187].
    J. C. Milner, L'amour de la langue, Paris, ed. Du Seuil, 1978, p. 25.
    A. Culioli, Pour une linguistique de l'énonciation: opérations et représentations, tome 1, Paris, Ophrys, 1990.
    Idem, p. 15.

Linguística, lógica e filosofia ou como nelas se perder para se encontrar

Trata-se* de uma apresentação rápida e clara das principais correntes da filosofia da linguagem e, mais particularmente, da filosofia analítica (Círculo de Viena e seus seguimentos). Este trabalho histórico – história das filosofias e história das ciências –, deliberadamente limitado ao estudo de alguns "casos" de T. Hobbes (*Léviathan*, 1651) a P. Feyerabend (*Against Method*, 1970), é de particular interesse para os linguistas, que poderão nele encontrar alguns esclarecimentos sobre as relações complexas que sua disciplina mantém com a filosofia, sobretudo a partir de Frege e os desenvolvimentos da Lógica moderna.

Ian Hacking expõe claramente em seu prefácio o ponto de partida de sua reflexão, seu objetivo e seu método: mostrar que a linguagem sempre concerniu à filosofia; a filosofia trata da linguagem, seus problemas próprios são influenciados pelas teorias da linguagem. Saber, pois, em que e por quê.

Para responder a essas perguntas, o autor adota um procedimento cujo caráter histórico, que pôde parecer surpreendente a seu público (conferências proferidas primeiramente em Cambridge, em 1972), ele justifica. Segundo ele, não é possível compreender as razões desse interesse dos filósofos pela linguagem somente pela descrição (*how?*); para isso, é necessário um estudo dos momentos privilegiados nos quais esse interesse se manifestou particularmente, procedimento esclarecido no capítulo I ("Stratégie"): partir de problemas familiares de metafísica e de epistemologia para ver sua ligação com as teorias da linguagem, a cada vez em circunstâncias históricas precisas. Assim, ele se propõe a apresentar uma coleção de "casos" extraídos da tradição empirista

---

* N.T.: texto originalmente publicado em *Dialectiques*, n. 26, 1979, por ocasião da publicação de *Why does language matter to philosophy?*, de Ian Hacking, Cambridge, University Press, 1978. As citações deste capítulo são, portanto, referentes a este livro das quais a autora não fornece indicação de páginas.

112 Convite à linguística

anglo-saxã, que, segundo Hacking, se interessou sempre não pelo que se poderia chamar de "filosofia aplicada" da linguagem, o que um estudo da linguagem e da significação destinado a alguns problemas filosóficos seria, mas a uma teoria pura da significação (*pure theory of meaning*). A esse respeito, as grandes figuras de nosso tempo (Moore, Wittgenstein, Austin... e mesmo Chomsky) não diferem em sua essência dos predecessores empiristas (Hobbes, Hume, Locke, Berkeley, Mill...). Trata-se sempre de atingir a *natureza do espírito*. No entanto, ele assegura que assim como a psicologia, outrora parte da filosofia, tornou-se uma ciência independente, deixando, porém, subsistir um "resto", a "filosofia do espírito", a teoria pura da significação, rapidamente se tornará autônoma, ao mesmo tempo em que vão provavelmente subsistir considerações filosóficas sobre a linguagem. Deste modo, ele cita como exemplo de passagem de um problema metafísico a uma questão linguística autônoma o caso da *pressuposição*, questão filosófica presente de Russell a Strawson (ainda em 1950), que se tornou, vinte anos depois, uma questão inteiramente linguística.

Por outro lado, ele observa que considera secundário para sua exposição duas formas clássicas de abordar as relações da linguagem e da filosofia: tanto a desconfiança em relação à "inconstância" da linguagem, da qual nasce a preocupação sistemática de definições unívocas destinadas a evitar as confusões (citação de Bacon), quanto a atitude oposta, que pretende se defender desses perigos através de uma atenção particular aos empregos da linguagem comum (citação de Locke). Reconhece-se nessa passagem a tradição da qual são provenientes as duas correntes ligadas ao Círculo de Viena a obsessão por uma língua ideal que subentende todos os projetos formais dos lógicos (Carnap retomando Leibnitz e Frege) e a solução, aparentemente inversa, proposta pela filosofia dita da linguagem comum (Wittgenstein seguido de Austin).

A originalidade dessa obra deve-se particularmente à escolha de exemplos ditos "fáceis", ou seja, "todos podem entender do que se trata e como". Ian Hacking justifica-se assim por ter, essencialmente, descartado Wittgenstein. Por outro lado, também são poucas as observações encontradas sobre Quine e Strawson, os dois contemporâneos que mais têm influência, considerando que seu pensamento é facilmente acessível em obras que o sistematizam e sobre os quais são abundantes os comentários em revistas especializadas. Pelas mesmas razões, há pouca coisa sobre a "Filosofia Linguística de Oxford". Em contrapartida, no caso dos contemporâneos, Hacking se interessou por D. Davidson e P. Feyerabend, cujo pensamento até hoje é mal conhecido, através de ensaios dispersos. É ainda por razões de facilidade e familiaridade que ele diz ter-se limitado à tradição empirista inglesa.

A apresentação dos "casos" se dá em três partes:

- *O apogeu das ideias (Heyday: o apogeu, os belos dias, a belle époque).*
- *O apogeu das significações (meanings).*
- *O apogeu das frases (sentences).*

O capítulo v, que encerra a Primeira parte, intitula-se de maneira curiosa e difícil de ser traduzida: *a teoria da significação de Ninguém* (*Nobody's theory of meaning*) a partir do modelo dos títulos precedentes: *O discurso mental de Th. Hobbes*; *as ideias de Port Royal*; *as abstrações do bispo Berkeley.*

Nele, Ian Hacking desenvolve a ideia de que, ao contrário do que se poderia pensar, os grandes ancestrais não oferecem uma teoria da significação; é a linguagem que os preocupa, e eles desenvolvem uma filosofia da linguagem, mas a palavra "meaning" não tem a mesma significação para nós. Desde Frege, não se pode mais falar em teoria da significação sem nela integrar o que ele chamou de *sentido* (*meaning, Sinn*) em oposição à referência (*Bedeutung*), distinção que se encontra anunciada em Locke pelo termo *acepção comum* (*common acceptation*). A grande diferença entre a tradição e os contemporâneos, distinção estabelecida por Frege, é a passagem, segundo Hacking, do *discurso mental* ao *discurso público*. Uma teoria da significação não pode ser produzida senão na perspectiva do discurso público.[1]

Este é o objeto da segunda parte: o apogeu das significações, que, através de um salto de dois séculos, passa a: O ineísmo de Chomsky, o conhecimento por frequentação (*acquaintance*) de Russel, a articulação de Wittgenstein, a verificação de A. J. Ayer e os sonhos de N. Malcom.

A presença do ineísmo é particularmente interessante: o autor mostra como essa questão, colocando em jogo nada menos do que o idealismo, ganha lugar em um debate filosófico antigo e fundamental sobre o conhecimento e a verdade (empirismo/racionalismo, Locke/Descartes).

A exposição rápida e articulada de problemas metafísicos e lógicos permite o esclarecimento das questões filosóficas em debate em certos textos linguísticos atuais sobre a significação ou sobre a aquisição da linguagem. Também permite que se tenha uma ideia das relações complexas do postulado do ineísmo ao empirismo, base dessa filosofia para Quine, puro misticismo para Goodman (outro empirista). Ian Hacking salienta utilmente o que permanece

114 Convite à linguística

ausente nos textos propriamente linguísticos: a real ambição das propostas sobre a significação e a comunicação, pesquisa aparentemente modesta e especializada, aproximando-se de fato das especulações filosóficas que tendem a uma teoria do mundo e do espírito.

A apresentação da teoria referencial do sentido em Russell, ligada a uma epistemologia do conhecimento que parte do conhecimento imediato e correlato de uma teoria dos universais (lógica dos predicados da primeira ordem) vai levar a questões já tornadas clássicas do sentido dos termos sem referência (montanha de ouro, atual rei da França, unicórnio...), portanto, das relações do sentido e da verdade. A teoria russelliana das descrições e sua distinção sujeito lógico/sujeito gramatical permitem, antes de tudo, essas questões difíceis, sempre evocadas nos textos dos semanticistas e geralmente mal conhecidas pelos linguistas. Por outro lado, essa apresentação crítica sugere de forma interessante as transformações possíveis do empirismo extremo em idealismo absoluto (cf. a proximidade de certas conclusões de Russell e de observações de Berkeley). O itinerário assim traçado de uma teoria referencial do sentido a uma metafísica (o atomismo lógico de Russell) é suscetível de fazer com que aqueles que gostariam de fazer da linguística uma ciência pura entendam os elos inextricáveis que a ligam à filosofia. Além disso, o conhecimento, ainda que superficial, dessas primeiras teorias de Russell será útil para compreender a posição oposta de Strawson, do qual vários textos estão agora disponíveis em francês. Hacking mostra igualmente como *a teoria das descrições* de Russell permite que se saia de uma metafísica da substância, que permanece a de Quine (cf. *Word and Object*, recentemente traduzido). Será possível também, a partir deste capítulo, interrogar-se sobre uma ideia, difundida já há bastante tempo entre aos linguistas por Benveniste, de que a metafísica ocidental seria um artefato das línguas indo-europeias.

O capítulo sobre Wittgenstein introduz as noções de forma lógica, de validade das inferências e de verdade dos julgamentos a partir da distinção operada por Russell entre sujeito lógico e sujeito gramatical, da crítica de Russell feita por Strawson e de uma apresentação do *Tractatus logico-philosophicus* como exemplo do que Hacking chama de idealismo linguístico. Essa apresentação rápida tem o interesse de mostrar que as questões de *objeto* e de *fato* não têm o caráter de evidência ingênua atribuído eventualmente pelos linguistas. Ao se estabelecer um vínculo com as gramáticas gerais, coloca-se em evidência o fato de que qualquer posição, explícita ou não, sobre o que é um objeto, um fato (e, portanto, também um fato linguístico), deve ser unida a uma tradição filosófica e implícita das decisões cruciais que governam, por exemplo, a adoção de uma gramática da forma sujeito-predicado. Ele esclarece assim as relações entre a noção de forma lógica e a de estrutura profunda. De Port-Royal a Chomsky, a passagem por Russell e Wittgenstein sugere que se trata sempre do mesmo problema fundamental: o que é uma gramática? A breve apresentação (histórica) das noções chomskyanas de superfície e profundidade, e a ligação estabelecida aqui com a lógica dos predicados de primeira ordem de Russell, é esclarecedora sobre a epistemologia de Chomsky e oferece algumas referências suplementares na complexa questão das relações lógico-linguísticas.

O capítulo IX – a verificação de A. J. Ayer – é essencialmente uma rápida apresentação, mas extremamente preciosa em seu resumo, do Círculo de Viena. A partir de uma distinção geral, nos textos filosóficos, entre *especulativos* (modelo: Leibnitz) e *críticos* (Kant), Ian Hacking explica que o ponto de vista crítico, sob diversas formas, domina a filosofia moderna: em vez de construir uma teoria para resolver um problema (atitude especulativa que permanece é a de Russell), trata-se de mostrar que o problema é tal que não há resposta possível e de explicar as razões do erro que consiste em buscar uma resposta. A apresentação é centrada no *princípio de verificação* e sua situação paradoxal: princípio de base que nunca se conseguiu realmente estabelecer. Vê-se nisso o procedimento empirista, estabelecendo o ponto de partida de todo conhecimento na experiência imediata, a teoria da significação vindo logo após, obrigatoriamente formulada em termos de verdade (adequação à experiência), e, portanto, a necessidade de critérios aqui reduzidos a um único, o princípio da verificação. Acordo geral em relação à necessidade, desacordo repetido em relação à formulação. De Popper (próximo ao Círculo) a Carnap, Schlick, Ayer, entre outros, tantas são as tentativas quanto são os fracassos. Nessa passagem, são apresentadas as variantes popperianas da *falsificabilidade* e a proposta de Hempel sobre a *traduzibilidade*: o critério de sentido de toda frase seria sua tradução possível em uma "língua empírica pura", isto é, uma língua formal cujo vocabulário e gramática seriam tais que não poderiam produzir frases que não tivessem relação com a experiência.

O fim do capítulo sugere o vínculo que se estabelece, nessas reflexões sobre a significação, entre as preocupações de verdade e o ponto de vista, que nos parece diferente, dos enunciados como *atos de linguagem*, já que, segundo Schlick, estabelecer o sentido de uma frase significa estabelecer as

116 Convite à linguística

regras de uso da frase, o que é, para ele, o mesmo que estabelecer os meios de verificá-la (falsificar).

N. Malcom, segunda geração dos verificacionistas, é levado a abandonar a busca desse critério após ter tentado, primeiramente, completá-lo por um critério de projeção. Partindo do velho problema do sonho, do argumento cético que preocupou os metafísicos de Platão a Descartes e Leibnitz – como posso saber que não estou sonhando no próprio momento em que falo? –, ele afirma que a questão em si é desprovida de sentido, já que não é possível determinar em que condições se pode afirmar sua verdade. Além disso, os critérios de verdade de "Ele dorme" não podem ser projetados na frase "eu durmo" por meio de uma simples mudança gramatical.

Baseando-se, por outro lado, nas experiências recentes concernentes ao sono, Malcom deduz a necessidade de um novo termo (conceito), levando em conta a aquisição dessas experiências, que apenas dariam sentido a esse tipo de frase.

A respeito desse ponto, ele se encontra em desacordo com um representante da teoria chomskyana, Putnam, em um debate sobre a gramaticalidade e o sentido evocado com rapidez excessiva para ser claro.

A apresentação, bem pouco convincente, dos *sonhos de N. Malcom* serve de transição entre essa obsessão pela significação em que os verificacionistas parecem mergulhar e as últimas tentativas descritas sob o título: *o apogeu das frases*. Essa última parte comporta dois capítulos importantes e compactos, *as teorias de P. Feyerabend* e *a verdade de D. Davidson*, nos quais se encontra resumido o essencial do aporte da epistemologia e da lógica moderna ao problema da significação. Ian Hacking parte de uma formulação "paradoxal" da epistemologia sobre a questão da existência das "coisas": a partir de agora, não se pergunta mais "que espécie de coisas existem?", mas: "em que medida as espécies de objeto que existem dependem das teorias e dos pressupostos da sociedade para a qual eles existem?". Questão que rapidamente encontra o problema da significação sob a forma: quando dizemos *ácido*, por exemplo, hoje, falamos da mesma coisa que Dalton no século XVIII? Ou quando dizemos *eu sonho*, da mesma coisa que Descartes? As duas respostas opostas – os conhecimentos mudaram, mas fala-se da mesma coisa (cf. Putnam); os conhecimentos mudaram, não se fala da mesma coisa, as palavras não têm o mesmo sentido (cf. N. Malcom) – nos levam inevitavelmente a uma "teoria das teorias". Esses debates que nutrem a epistemologia desde o início do século colocam em jogo uma tomada de posição idealista ou materialista dos estudiosos em filosofia (como bem o havia mostrado Lenin em *Materialismo e Empiriocriticismo*). Embora a apresentação que disso faz Hacking, não se situe em momento algum numa perspectiva marxista de história das ciências, ela nos parece, no entanto, suscetível de ser utilizada nessa direção.

A respeito dessa questão da teoria das teorias, o neopositivismo toma duas posições, aparentemente inversas. Uma delas, aqui chamada de "tese", considera a linguagem como a ferramenta indispensável da teoria, mas independente dela, tendo com ela, em suma, apenas essa espécie de relação que existe entre a pá e a terra do jardim. O que explica, aliás, que uma "revolução científica" possa exigir uma ferramenta inteiramente nova. Hacking salienta a simplicidade atribuída à estrutura lógica do método científico, inteiramente fundada sobre a dedução. Um elemento essencial dessa tese é a noção de *experiência crucial* que permite que se decida entre duas teorias incompatíveis. Outro procedimento essencial do avanço científico: o fato de que uma teoria se encontra subsumida (*subsumption*) em uma teoria mais ampla.

Em toda essa perspectiva, a linguagem não é senão a ferramenta indispensável à elaboração e à transmissão das teorias, e a teoria da ciência não exige de forma alguma uma teoria da significação.

No entanto, o problema reaparece diante das entidades não-observáveis: nós conhecemos o sentido da palavra *elétron* sem poder designar (*to point*) o objeto que lhe corresponde. Em torno de 1920, Campbell acreditou resolver essa dificuldade atribuindo, para a linguagem científica, uma distinção clara entre os termos teóricos das hipóteses e os termos de observação concernindo a conhecimentos empíricos independentes da teoria, a ligação entre as duas séries de termos constituindo uma espécie de dicionário. As mudanças científicas aparecem então como mudanças nesse dicionário. É igualmente a posição do Círculo de Viena e, mais particularmente, de Carnap.

A atitude inversa, a "antítese", ilustrada inicialmente por N. R. Hanson, afirma que os termos de observação dependem da teoria (*theory-laden*): assim, um bom estudante atual pode *ver* o que os mais sábios físicos não podiam *ver* em 1920, sendo que "estava diante de seus próprios olhos", por exemplo, o traço de um pósitron. Trata-se, pois, de questionar a crença ingênua na "percepção direta". Mesmo o uso cotidiano das palavras tem pouco a ver com a percepção direta. Ainda que eu veja com meus próprios olhos um tijolo, não poderei mais assim nomeá-lo se acontecer de ele explodir em minhas mãos, pois eu sei que um tijolo não explode como uma bomba. A esse respeito, o discurso teórico não difere do discurso comum senão por um maior grau de generalização.

Os que sustentam a *tese* encontram-se, enfim, confusos com a questão da mudança de sentido dos termos teóricos: ao se seguir Frege, segundo o qual as condições de verdade de uma frase determinam o sentido dessa frase, e o sentido de um termo é estabelecido pelo sentido das frases nas quais ele aparece, torna-se impossível conservar a distinção, que parecia essencial a Campbell, entre as hipóteses e o dicionário.

De fato, tal frase, por exemplo, sobre a distinção dos elétrons, não concerne a nenhum uso comum, mas a uma versão da teoria quântica; ela não tem, pois, condições de verdade independentes dessa teoria e, numa perspectiva fregeana que seria simplista, não tem, portanto, sentido. Assim, é preciso admitir que o sentido dos termos teóricos (conceitos) dependem das leis e das teorias (Campbell, 1957), o que implica consequências "desastrosas" para a *tese* no que concerne ao progresso da ciência: não pode se tratar nem de teoria mais geral englobando uma teoria precedente, nem de experiência crucial, pois "não há julgamento universalmente aceito capaz de exprimir o que provém da observação".

É assim que, em torno de 1960, Feyerabend e Kuhn introduzem a noção de incomensurabilidade das teorias, com outras palavras, de descontinuidades formadas entre as teorias científicas sucessivas ou rivais.

A consequência é clara no que tange à teoria da significação: não existe enunciado teórico com um sentido definido e sendo verdadeiro em uma teoria que possa, tendo o mesmo sentido, ser falso numa outra. Não há tradução possível de uma teoria à outra.

Essa noção, de certa forma "monstruosa", de incomensurabilidade ganha lugar, em Feyerabend, em uma epistemologia que ele mesmo nomeou de "defesa da anarquia", preocupada em se opor a toda limitação sistemática, imposta em nome de princípios limitantes à pesquisa científica.

Retomando a antinomia radical que parece opor as duas teses sobre a significação, Feyerabend nos propõe ultrapassá-la, pura e simplesmente, pelo que Hacking chama de "a morte do sentido": trata-se de suprimir toda teoria da significação, pois aí está o erro fundamental. A consideração do que nós queremos dizer (*what we mean*) nos impede de nos ater à única coisa essencial: as frases (*sentences*) enquanto comportamentos (*kinds of behaviour*). Elas dependem, sim, de uma estrutura sintática, de situações de enunciados, de instituições, de teorias... mas, para o observador e o experimentador, somente contam as frases como tais, sem consideração de um sentido que estaria "acima ou abaixo".

"Obscuridade dessa doutrina", observa sonhadoramente Hacking.

Ainda mais inacessíveis parecem as teorias de Davidson sobre a verdade, as quais Hacking julga, no entanto, essenciais o suficiente para consagrar-lhes seu capítulo mais longo e mais complexo. O interesse desse capítulo XII é o de introduzir o leitor, não sem dificuldade, deve-se dizer, às correntes mais recentes das pesquisas lógicas e semânticas. O desvio inicial por Tarski nos parece particularmente interessante para os linguistas que poderão continuar a esclarecer aqui as razões históricas do emaranhado, na teoria da significação, das questões de sentido e das questões de verdade. Reconheceremos igualmente na extensão e na complexidade dessa apresentação, o efeito do lugar, talvez excessivo, que os lógicos ocupam em Linguística há alguns anos. A invasão da teoria da significação pela teoria da verdade parece ter ganho lugar, sob o aspecto de uma hiperformalização, das questões epistemológicas até aqui encontradas sob uma forma menos técnica.

Davidson apresenta-se como desenvolvendo Tarski, que ocupa, historicamente, um lugar essencial com sua teoria da verdade, chamada aqui de "T – convenção" (1944). Trata-se de uma teoria axiomática da verdade das frases, válida para a lógica da primeira ordem, que Hacking pensa ser "a essência da lógica simbólica moderna". A verdade, segundo Davidson, não condiz com uma correspondência entre as frases e os fatos, mas com os meios pelos quais nossas palavras estão ligadas ao mundo ("neve" com neve) e com algumas decisões convencionais que podem ser explicadas no interior da teoria da verdade.

Mas essa definição de um conceito de verdade-em-uma-língua (*truth-in-a-language*) não evita os problemas levantados pelas frases da vida cotidiana. O que dizer da verdade no caso da maioria das frases de uma língua natural? Não se pode atribuí-la a valores, já que condiz com uma relação entre "um locutor, uma frase e um momento". Sobre esse ponto, Davidson, diferentemente de Austin, que dá prioridade a uma teoria dos atos de linguagem, busca antes de tudo extrair, igualmente nesses casos, uma teoria da verdade. Enquanto, para Tarski, não é possível elaborar uma teoria da verdade de uma língua natural, o inglês, por exemplo, porque essa última é "inconsistente", não pode dizer respeito a uma definição "consistente" da verdade,[2] para Davidson, o essencial das frases inglesas, desde que se deixe de lado os casos limites, concerne a uma tal teoria.

Hacking aproxima a utilização feita por Davidson da teoria de Tarski do programa dos gramáticos gerativistas, e expressa, sem nele acreditar, o desejo de que possam coincidir a estrutura profunda de Chomsky e a forma lógica de Russell, adotada por Tarski. No entanto, diz ele, as diferenças entre gramáticos e lógicos são mais suscetíveis de aumentar do que de diminuir.

Seja como for, o projeto de Davidson situa-se numa extensão da lógica da primeira ordem. É nessa perspectiva que ele constrói uma teoria dos advérbios, visto que a impossibilidade de tratar disso é julgada por ele uma grave lacuna dessa lógica.

Neste momento, vamos nos contentar em observar que "essas considerações sobre os advérbios, aqui motivadas pela semântica e pela lógica, têm grandes repercussões em outros ramos da filosofia, principalmente a filosofia do espírito e da ação. São particularmente as descrições de ações que são modificadas pelos advérbios. Dessa forma, uma teoria da forma lógica das frases de ação conduz a uma teoria da própria ação". O que exige introduzir em nossa "ontologia", ao lado da categoria das "coisas de propriedades variáveis", a categoria dos "acontecimentos". Aí está um exemplo, segundo Hacking, da forma como atualmente a linguagem concerne à filosofia.

Nessa extensão da lógica (*logics of higher order*), Davidson encontra R. Montague, sua teoria de uma gramática universal e de uma semântica dos mundos possíveis, noções que vão talvez dominar o período no qual nós entramos.

A teoria da significação que se destaca dessas preliminares sobre a teoria da verdade apresenta-se como uma teoria da tradução:

(T) a frase s é verdadeira se e somente se p

sendo tomado como a paráfrase de

(M) a frase s significa p.

Em outras palavras, *significa* encontra-se substituído por: *se e somente se*. Para Davidson, o essencial é elaborar um modelo de significação que não utilize "conceitos obscuros de significação" (*meaning*) e que recorra somente aos conceitos, inteligíveis, de uma teoria da verdade.

"Se caracterizarmos as frases somente por sua forma, como Tarski, é possível, utilizando o método de Tarski, definir a verdade sem recorrer a conceitos semânticos" (in *Defense of convention T*).

Nós nos contentaremos aqui em evocar a questão, já mencionada por Quine, da "tradução radical" e as considerações que a acompanham sobre os desejos e as crenças. À tese de Quine da indeterminação da tradução (excessivas traduções possíveis), alguns, seguindo Feyerabend, opõem a incomensurabilidade (muito poucas possibilidades); Davidson parece assumir uma posição de "meio termo", afirmando possível um sistema de tradução sobre os assuntos correntes da vida cotidiana, o que lhe permite propor "uma teoria da significação que insiste na verdade em vez de postular uma classe especial de entidades chamadas de significações".

Sob o título de sua questão geral (*Why does language matter to philosophy?*), Ian Hacking procede, no último capítulo, a uma espécie de balanço e de justificativa tanto de suas escolhas como de suas lacunas, ao termo do qual ele pensa poder propor sua própria resposta.

A aproximação operada entre a teoria das ideias do século XVII e a teoria contemporânea das frases é assim justificada: a estrutura é a mesma, foi o conteúdo que mudou.

Nessa estrutura (esquema do conhecimento), as frases assumiram o lugar das ideias, o sujeito do conhecimento (*knowing subject*), o do ego cartesiano, e o discurso público, o do discurso mental. Essa mudança de conteúdo corresponde "a uma transformação radical em nossos modos de compreensão". Propondo uma hipótese sobre as causas dessa mudança, ele dá seguimento à ideia de que a ciência tornou-se inteiramente discursiva (*sentential*) e observa correlativamente a mudança de sentido do termo *teoria*: contemplação ou especulação no século XVII, tornada "esquema ou sistema de ideias e julgamentos, dando conta de um conjunto de fatos", sistema de julgamentos, portanto, de frases.

Passamos da demonstração compreendida como evidência visível (*a showing... to the inward eye*) à prova formal, aplicação de sequências de frases (sendo Leibniz o iniciador dessa *démarche*).

> Outrora, os filósofos não pensavam que a ciência (*knowledge*) era uma questão de frases [...]. Nossos modernos filósofos das ciências nos afirmam que toda ciência é discursiva (*sentential*).

Sob essa ideia condutora de uma transformação radical da própria noção de ciência, Hacking procede a uma análise de alguns termos mais relevantes correspondentes aos três períodos que ele distinguiu. Observando que o termo *ideias* nos séculos XVII e XVIII traz em si uma tal força de evidência a ponto de não se sentir a necessidade de defini-lo, como hoje o termo frase, ele lembra a importância dessa corrente, em particular na França, onde durou até os ideólogos, e os trabalhos de *gramática geral* que lhe são associados (até a gramática geral de Destutt de Tracy, em 1803). Esboçando um estudo da ligação, específica à época, dos termos *ideias, experiência, realidade*, ele

122 Convite à linguística

observa que associar a esse esquema o termo *epistemologia* é um anacronismo. A teoria do conhecimento não era então pensada como uma disciplina separada do resto da filosofia; a epistemologia apenas pôde nascer com a ideia de que o conhecimento é uma coisa pública, social, e não um "simples modo da natureza humana". A ciência apenas foi concebida como objeto autônomo de maneira relativamente recente, correlativamente a uma diferenciação na designação dos estudiosos (os físicos, por exemplo, termo que data de 1843). Foi somente nesse momento que se pôde nomear uma ciência autônoma desse objeto.

A esse respeito, Hacking retoma sua afirmação de que esse período *das ideias* não conheceu, a bem dizer, teoria da significação. Significa admitir com ele que não se pode compreender doravante *sentido* (*significations, meanings*) senão sob a acepção de "objetos cuja existência é postulada para explicar o destino comum dos pensamentos humanos, transmitidos de geração a geração", definição que desenvolve o termo fregeano *Sinn*. A gramática geral envolvia certamente significações, mas ela era, nós o vimos, gramática do discurso mental, gramática subjacente (*underluing*) do espírito; é difícil encontrar um lugar para o termo de Frege (Sinn) nessa representação, que não comporta, pois, teoria da significação no sentido moderno do termo.

Ele insiste na necessidade de uma abordagem histórica das teorias, que ele opõe à leitura hermenêutica inaugurada no século xix por W. Dilthey, leitura que descobre um significado escondido sob os antigos textos a partir de uma interpretação moderna dos textos antigos.

Com Frege, uma nova era filosófica que se relaciona à teoria da significação é inaugurada, que não pode ser senão uma teoria da possibilidade de um discurso público. Toda essa época (fim do século xix, início do século xx) aplicou-se em definir as significações, de W. Dilthey a M. Weber e Husserl.

A teoria da significação, profilática em Russell, para quem uma clara análise da linguagem é uma preliminar necessária a uma filosofia da verdade, torna-se no caso dos filósofos seguintes essencial em si mesma. A diferença entre esses dois pontos de vista deve ser ligada a uma diferença fundamental sobre a própria concepção da natureza da linguagem: essencialmente coisa privada para Russell, de maneira alguma para os outros.

A formulação extrema de Wittgenstein segundo a qual "os limites da linguagem são os limites de meu mundo" nos leva, pois, a uma nova forma de idealismo filosófico, a qual Ian Hacking propõe chamar de Lingualismo, teoria segundo a qual somente é real o que entra na comunicação.

Os filósofos apresentados na terceira série operam, como vimos, um remanejamento do positivismo, que se traduz por um deslocamento de interesse das significações às frases. Como a teoria das significações tropeçou nos obstáculos da traduzibilidade e da mudança de sentido, Quine avança nos dizendo que precisamos apenas de frases e de suas inter-relações, e não das significações. "A ciência é uma fábrica de frases", ele afirma na crítica que fez sobre a posição convencionalista de Carnap sobre a verdade matemática.

Apesar da diferença de estilo e de temperamento, Hacking aproxima Quine de Feyerabend e os engloba sob o nome de "netos de E. Mach". Por vias aparentemente opostas, os dois, de fato, chegam à mesma conclusão sobre o que constitui a ciência: fabricação de frases e não significação dessas frases. Para eles, como para Davidson, não há mais necessidade de mencionar as significações; pode-se "avançar" muito bem com as frases e suas condições de verdade.

No entanto, é difícil proclamar assim "a morte do sentido". Hacking cita a esse respeito as pesquisas de Grice, que dão uma nova direção à teoria, levando em conta as *intenções* do locutor. Longe de privilegiar a frase, ele afirma que sua significação deve ser explicada mais geralmente em termos de *ação* e, assim, do discurso público, único depositário da comunicação, se faz o retorno ao locutor sob o aspecto de suas crenças e de suas intenções.

Hacking termina com uma evocação dos problemas em suspenso, em particular o do "duvidoso" "sujeito do conhecimento". Sobre esse ponto, Strawson, Quine e os outros são qualificados de individualistas que permanecem tomados em um estado "anacrônico" da ciência, sempre dependente da "filosofia da burguesia nascente do século XVII". Porém, o conhecimento possuído então pelos indivíduos tornou-se "a propriedade das corporações"!

A essa posição ultrapassada, Hacking opõe a de Popper e sua noção de "conhecimento objetivo", mundo de frases que possuem sua autonomia. De maneira inesperada, as pesquisas de Popper parecem ao autor de longe mais importantes do que as que ele apresentou e, sem provar particularmente a necessidade de se justificar por essa lacuna, ele se contenta em relacioná-la à ausência, não menos lamentável, de Hegel em sua exposição.

Retomando de Hegel, via Marx, via Althusser, o conceito de processo sem sujeito, ele credita a Popper essa base Hegeliana para sua "epistemologia sem sujeito do conhecimento"! (*without a knowing subject*). Ele inclusive critica a afirmação popperiana sobre o caráter autônomo e discursivo do conhecimento, teses de Foucault (relacionado aqui a Althusser) sobre as condições de possibilidade dos discursos.

124 Convite à linguística

Ele não nos dirá mais nada sobre essas aproximações que podem surpreender, vindo em conclusão de um desenvolvimento inteiramente consagrado aos problemas teóricos do empirismo, mas por essa via ele nos incita a refletir sobre as formas novas do positivismo. Se, para concluir, sua resposta bastante geral à pergunta inicial é que a linguagem concerne à filosofia na medida em que a primeira constitui o conhecimento humano, somos vivamente convidados a nos interessar doravante por essas novas teorizações que não estão, diz ele, senão em seu início, pois "talvez vias de pesquisa totalmente diferentes serão mais proveitosas do que qualquer uma das que pude citar".

Conclusão provocadora ou desconcertante de um trabalho sempre estimulante e que seria desejável ver difundido amplamente sob a forma de uma tradução.

Notas

[1] *Discurso mental* deve ser tomado no sentido de discurso interior, noção ligada a uma teoria da representação; *discurso público* no sentido de tradução desse discurso interior em vista de uma troca social, noção ligada a uma teoria da comunicação.

[2] Exemplo de inconsistência de uma língua natural, os paradoxos da autopredicação: "A segunda frase da primeira página é falsa". Não se pode decidir se é verdadeiro ou falso.

Filosofia dos linguistas e teoria do sujeito*

As verdades de La Palice, ou com outras palavras: *onde estamos em relação à semântica?* Já que, segundo M. Pêcheux, La Palice seria o chefe dos semanticistas. Ao mesmo tempo, afirmar que a semântica constitui atualmente tanto um terreno de pesquisas ativas quanto o lugar em que, para a linguística, revelam-se dificuldades teóricas até então mais ou menos mascaradas, significa, ao que parece, fazer um julgamento abrupto sobre o alcance dessas pesquisas e a abordagem desses problemas, julgamento que corre o risco de ser já de início mal recebido ou mal compreendido pelos interessados, que se acreditam, assim, fadados à zombaria.

Ao observar a questão com mais precisão, nos damos conta rapidamente de que esse julgamento não é em nada superficial, mas justificado da forma mais circunstanciada possível no desdobramento de uma argumentação minuciosa, de uma crítica detalhada e de proposições complexas de conceitos cuja manipulação, neste momento, pode parecer pesada, obscura ou, em suma, "filosófica" ao linguista que se afirma de bom grado um "simples" técnico. No entanto, é também e principalmente aos linguistas que se dirige M. Pêcheux; precisemos, "ao linguista intrigado pela filosofia e politicamente determinado a fazê-la"; precisão essencial que marca a importância e o desafio desse trabalho: se, como pensa M. Pêcheux, a semântica (e de uma maneira mais geral as pesquisas sobre o discurso), surge hoje como um campo de batalha, um fronte da luta de classes na teoria, lugar de resistências tenazes do idealismo e de brechas produzidas pelo materialismo, é aí que se deve combater, ou seja, interrogar, criticar, propor, para *fazer avançar uma linguística materialista,* para lutar contra o positivismo sempre dominante nas ciências humanas.

---

* N.T.: texto originalmente publicado em *Dialectiques,* n. 12, 1976, por ocasião da publicação de *Les vérités de La Palice,* de Michel Pêcheux.

126 Convite à linguística

Minha intenção não é exatamente a de dar conta do conjunto desse trabalho que comporta, talvez, a matéria do que poderia constituir vários livros. Eu poderia ter adotado a repartição clássica de crítica e propostas, que é clara; por um lado, exame crítico de tudo que se pode designar como filosofia da linguagem (e suas relações mais ou menos claras com a semântica); por outro, propostas em vários âmbitos, diversas o suficiente para que o vínculo não pareça já de início evidente, ou seja: a teoria do discurso, os problemas do discurso científico, da apropriação dos conhecimentos, da prática política em suas relações com os processos discursivos. Irei me deter apenas no que me parece constituir tanto o fio condutor do processo quanto a sua unidade em um nível teórico fundamental: a atualização da *filosofia do sujeito e do sentido*; pois ela é a preparação crítica indispensável a qualquer análise materialista do discurso assim como a primeira baliza desta análise pela aplicação correlativa de elementos de uma teoria não subjetiva do "sujeito" e dos processos de produção do sentido. O que também poderia ser formulado da seguinte maneira: ela permite demonstrar que as evidências que concernem ao sentido (evidências que subtendem qualquer posição dos problemas semânticos) estão numa relação de filiação mascarada com posições filosóficas tradicionais, constituindo a própria raiz do idealismo, e que é por sua explicação que se poderá chegar a remetê-las para seu território para enfim formular problemas científicos; o que significa que já temos os primeiros elementos para aplicá-los e avançar na pesquisa com a condição de não procurá-los onde eles não podem estar, ou seja, no território puramente linguístico.

Reconheçamos que escolher esse fio condutor leva a admitir desde o início que efetivamente a semântica (toda semântica)[1] está "bloqueada" por um obstáculo teórico, que é pela determinação clara desse obstáculo que se deve começar e que essa determinação não pode senão passar pela questão da relação da semântica com a filosofia: saber claramente qual é essa relação para poder mudá-la.

As questões que a semântica encontra e que constituem o objeto de suas pesquisas atuais representam para M. Pêcheux um "retorno das origens", a linguística estando constituída como ciência "em um constante debate sobre a questão do sentido, sobre as melhores formas de reconduzir a questão do sentido às fronteiras".[2]

Que esse retorno assuma a forma da denegação (a linguística moderna nada tem a ver com a filosofia da linguagem) ou da repetição (a linguística moderna encontra aquilo de que precisa na lógica de Port-Royal ou no empirismo lógico), a reflexão sobre o discurso (e *seu* ou *seus* sentidos), vê-se sempre diante da oposição: sistema/diferenças. (Sendo o sistema linguístico um, como dar conta das diferenciações no âmbito da produção dos discursos, reverso aparente do impasse já bastante conhecido dos comparatistas, o de encontrar a unidade na diversidade.) Esse problema, provisoriamente resolvido (descartado) pela distinção saussuriana língua/fala, obriga em sua instância que se (re)faça a partir de agora a pergunta sobre a relação com a história e o sujeito. Mas como chegar a formular as perguntas corretas quando se permanece indefinidamente no território de, por um lado, uma referência ambígua à história ("vaga evidência" da influência dos fatores sociais sobre a língua, "historicismo sociologista evolucionista") e, por outro lado, evidências do sentido e do sujeito (há "sujeitos dotados da intenção de se comunicar"; há sinais, ou seja, objetos que remetem a outros objetos; esses sinais têm um sentido e a linguagem serve para comunicá-lo?) Trata-se, pois, de repensar a relação com a história como ciência das formações sociais; a relação não mais será feita com um tempo abstrato (fator de evolução e de enriquecimento), mas com o que da superestrutura ideológica pode-se intervir como determinação do discurso. Daí o esquema proposto por Pêcheux: sobre uma base linguística tendencialmente homogênea, processos discursivos diferenciados constituem-se em ligação com relações ideológicas de classe. Hipótese: "Todo processo discursivo inscreve-se numa relação ideológica de classe". Mas isso não é o suficiente para evitar o perigo de uma semântica formal, simples combinatória, mais ou menos diretamente ligada ao ideal de uma teoria universal das ideias, se não questionarmos correlativamente para recolocá-las em seu lugar – filosófico, idealista – as evidências do sujeito e do sentido. Essas evidências, tranquilizadoras, já que estamos em território conhecido (o do sujeito origem do sentido de seu discurso), esses impasses que bloqueiam o conhecimento da produção do sentido, são os da "filosofia espontânea" da linguística, que se exibe mais particularmente em semântica, ainda que sua presença na disciplina seja geralmente desconhecida. Aliás, o que ela faz é apenas repercutir uma filosofia de escola, constituída, fundamento mais ou menos explícito de todo formalismo contemporâneo nas ciências humanas. A posição de M. Pêcheux desenha-se, pois, assim: contra a filosofia (idealista) do sujeito e do sentido, avançar as balizas de uma teoria do efeito – tema, preparação (ou região?) indispensável a uma teoria materialista do discurso.

A unidade de pensamento que subtende a filosofia dos filósofos como a filosofia espontânea da linguística, M. Pêcheux a vê no funcionamento da

128 Convite à linguística

"forma-sujeito", funcionamento espontâneo do idealismo. Ele o coloca em evidência por sua leitura, materialista, de filósofos idealistas (Frege em particular); tomando seu ponto de partida em L. Althusser, ele elabora o conceito através de uma relação de questões linguísticas com o materialismo histórico, a teoria do inconsciente permanece no horizonte, sem que se possa sempre definir de que forma ela é verdadeiramente concernida.

O estudo histórico de um problema lógico-linguístico privilegiado – o da oposição relativa determinativa/relativa explicativa[3] – permite evidenciar as relações das posições filosóficas e das práticas linguísticas, com outras palavras, as dificuldades de se sair de uma posição (e solução) filosófica dos problemas para chegar a formular questões e hipóteses sobre um outro território. Essa questão gramatical que remete ao problema linguístico geral evocado anteriormente (oposição: unidade da língua/diferenças dos discursos) sempre foi tratada e encontrou soluções em um âmbito filosófico-lógico: a oposição lógica/retórica. À lógica, referida a uma teoria do conhecimento (funcionamento comum da razão) é levada a unidade do sistema; à retórica, as diferenças no nível do discurso; dito de outro modo, no caso das relativas: se o paralelismo lógico-gramatical fosse perfeito – ideal de uma língua benfeita – não haveria duas interpretações possíveis para um único enunciado. O caso das relativas exibe uma distância entre lógica e gramática (retórica) que constitui um problema crucial. A história desse problema estudado longamente em suas formulações lógicas e gramaticais mostra como esse fenômeno gramatical – determinativa/explicativa – constitui uma zona de encontro constante com a filosofia, inscrevendo-se no problema geral das relações do pensamento e da linguagem. Essa questão gramatical é remetida às oposições filosóficas clássicas cuja filiação, dando no idealismo moderno – propriedade essencial/ propriedade contingente; verdades de razão/verdades de fato; necessidade/ experiência; objetivo/subjetivo... – mostra correlativamente o lugar em que se elabora a noção de sujeito fonte de seu discurso.

O problema posto pelas duas interpretações possíveis da construção relativa pode ser remetido ao problema geral: dar conta da oposição unidade/ diversidade. Com outras palavras, nesse caso particular da oposição, dar conta de um enunciado único e de várias interpretações (e intenções) ou ainda da oposição entre a unidade da ordem do ser (relativa determinativa) e a diversidade contingente introduzida pela incidência do pensamento (relativa explicativa). Na verdade, resolver esse problema, na perspectiva da lógica, significa anular essa discrepância. Dois tipos de solução se apresentam, ambas variantes do idealismo. Uma, na posteridade de Leibnitz, remete o contingente (a explicativa) ao necessário (a determinativa) pela ficção da "infinidade dos mundos possíveis" (sempre se pode imaginar um mundo onde o que é alhures contingente torne-se necessário). Aí está expresso de maneira explícita o mito de uma língua ideal, reencontrando a ordem "natural" de uma estrita correspondência lógico-gramatical (o da língua "adâmica"), língua sem equívoco possível, cuja nostalgia encontra-se em todo projeto de uma teoria universal das ideias, concebida como um grande cálculo (implícito, vale lembrar, de toda semântica geral, segundo M. Pêcheux). O outro, na posteridade do empirismo do século XVIII, anula a discrepância pela ficção empirista do estado de natureza, origem *única* da variedade, apresentando um continuum do concreto ao abstrato, da linguagem cotidiana à teórica. M. Pêcheux analisa atentamente a expressão moderna da primeira solução em Frege, para quem todos os seres (inclusive religiosos, morais, políticos...) podem ser tratados como seres lógico-matemáticos. Ele remete, no caso da segunda, à análise feita por Lenin do empiriocriticismo, para quem as ciências são apenas ferramentas cômodas, modos de falar, procedimentos eficazes; é o que M. Pêcheux chama de "a contra-partida cínica e pragmático-cética do sonho realista metafísico" (de Leibnitz a Frege). Essa posição está sob a forma de relações mais ou menos claras com o empirismo lógico, a da filosofia espontânea da linguística. Um ponto comum às duas soluções é seu esquecimento das ciências constituídas (não há a distinção ciência/não-ciência); um outro, que se une ao primeiro pelo estatuto dado ao sujeito, é sua inscrição no subjetivismo (contrapartida paradoxal do formalismo).

De fato, a subjetividade (ligada por Kant à contingência no ato do sujeito que o julgamento sintético representa) torna-se, no idealismo moderno, o princípio de explicação das expressões "ocasionais" opostas às expressões teóricas (objetivas) pela consideração da pessoa e das circunstâncias (cf. Husserl). O que é para M. Pêcheux uma prova suplementar do laço estreito entre a teoria do conhecimento, filosofia da linguagem e linguística, aqui sob a forma da solução encontrada pela linguística para o problema da subjetividade, ou seja, a teoria da enunciação. Assim como no caso da filosofia idealista moderna "a subjetividade torna-se simultaneamente o excesso contingente que ultrapassa o conceito e a condição indispensável de sua condição",[4] da mesma forma, a enunciação torna-se a "teoria do resto" (sujeito e situação), do que não é absorvido no sistema. M. Pêcheux analisa a evidência lógico-linguística do sujeito, inerente à filosofia espontânea da linguística, como o funcionamento

130 Convite à linguística

da "forma-sujeito", característica dos processos "nocionais-ideológicos", ao que ele opõe a categoria de "processo sem sujeito", característica dos processos "conceituais-científicos".

Abaixo da filosofia da linguagem (quer se trate das teorias empiristas ou realistas metafísicas do conhecimento) revela-se, pois, o núcleo do idealismo: esquecimento das ciências constituídas e funcionamento da forma-sujeito. Só se passará da filosofia da linguagem a uma teoria materialista do discurso indo da "evidência (lógico-linguística) do sujeito... até o que permite pensar a "forma-sujeito" (e especificamente o sujeito do discurso) como um efeito determinado do "processo sem sujeito";[5] ou seja, analisando essa categoria do sujeito em meio a um conjunto conceitual elaborado com relação ao materialismo histórico e problematicamente com a psicanálise.

Nessa nova perspectiva, M. Pêcheux propõe a retomada do problema da relativa sob a forma de uma nova oposição, a do pré-construído ao articulador de enunciado. É a partir da leitura crítica de Frege que ele é levado a apresentar o problema nesses novos termos que lhe vão permitir passar do território lógico-linguístico ao da teoria do discurso.

Ele parte de observações de Frege sobre o nome próprio e sua paráfrase "aquele que" (aquele que descobriu a forma elíptica das órbitas planetárias – i.e. Kepler – morreu na miséria) e da constatação deste de uma espécie de ilusão do pensamento induzida por esse funcionamento sintático: "Quando se enuncia uma afirmação, sempre se supõe, sem dizê-lo, que os nomes próprios que aí constam... têm uma denotação;[6] com outras palavras, trata-se de uma "ilusão pela qual um objeto de pensamento pressupõe a existência de um objeto real que ele designa". Ao passo que Frege, resolvendo esse problema como lógico, remete essa ilusão a uma imperfeição da linguagem natural, M. Pêcheux propõe como referente desse problema a noção de pré-construído proposta por P. Henry "para designar o que remete a uma construção anterior, exterior, em todo caso independente, em oposição ao que é "construído" pelo enunciado"; a causa desse efeito discursivo ("o efeito discursivo ligado ao encaixe sintático") seria, pois, situada na "relação dissimétrica de *discrepância* entre dois domínios do pensamento", tal como um elemento de um faz irrupção em um elemento do outro "como se esse elemento já se encontrasse lá" (definição do pré-construído). A evidência "suspeita" do pré-construído é ao mesmo tempo ligada por M. Pêcheux à evidência do sujeito: o mecanismo de identificação do objeto (pelo nome próprio ou por sua paráfrase) sendo ligado àquele da identificação do sujeito que o vê, fala sobre isso e generaliza do que ele viu ao que ele vê. Retomando Russell e o "mito empirista da construção da língua" a partir das "circunstanciais egocêntricas" (eu, aqui, agora), ele salienta que "a identificação do sujeito, sua capacidade de dizer "eu, um tal", é aqui fornecida como uma evidência primeira... contemporânea da identificação da coisa".[7]

A relativa determinativa sendo assim remetida ao efeito do pré-construído, a relativa explicativa, por outro lado, (realizando uma articulação entre proposições) é definida como a lembrança incidente do que se sabe e que permite pensar o objeto da proposição de base. Esse fenômeno sintático é designado por Henry e Pêcheux como a articulação de asserções (de enunciados) e lhes aparece como "uma espécie de retorno do saber no pensamento" sob a forma de uma lembrança incidente. Na solução logicista do problema, espécie de ultrapassagem da oposição clássica – pela filiação: necessidade/contingência, dados observáveis/construções lógicas –, passa-se de um mecanismo a outro de maneira contínua quando se passa do mundo dos observáveis (determinativa) ao das construções lógicas (explicativa), por apagamento da situação e generalização ao sujeito universal. Reconhece-se aí a passagem empirista do concreto ao abstrato.

Opondo-se a essa solução logicista cujo implícito é sempre um sistema de signos perfeito, livre dos defeitos das línguas vulgares, M. Pêcheux propõe ver na escolha entre a interpretação determinativa e a interpretação explicativa (escolha que é a condição da existência de um sentido para o enunciado) o efeito de uma espécie de cumplicidade entre o locutor e o ouvinte, ou seja, de uma *identificação*. Com outras palavras, é apresentar que não se pode levar o problema do sentido desse tipo de enunciado a uma análise (lógica) da compreensão (explicativa) e da extensão (determinativa); outra coisa intervém, antes dessa análise, que concerne à identificação e à relação do sujeito ao que ele representa. "O homem que é sensato é livre": o que está em jogo antes da análise da compreensão e da extensão, "é a identificação pela qual todo sujeito "se reconhece" como "homem"; e o que importa, então, é analisar sua "relação com o que o representa", esse processo não subjetivo no qual se constitui o sujeito, ou seja, a eficácia material do imaginário. Do território lógico-linguístico se poderá começar a passar assim ao território da análise de discurso pela consideração desse elemento nem lógico, nem linguístico mascarado até então pela concepção exclusivamente lógico-linguística desses fenômenos sintáticos, ou seja, as relações no interior das quais se constitui o pensável, essa discrepância que caracteriza o funcionamento do pré-construído como o articulador de enunciados.

132 Convite à linguística

Assim aplica-se correlativamente à análise do funcionamento da forma-sujeito, um conjunto de definições e de proposições que representam as primeiras balizas de uma teoria não-subjetiva do sujeito e do sentido. Esta se constitui em torno da figura teórica da interpelação proposta por Althusser: "A ideologia interpela os indivíduos como sujeitos". A tese da interpelação-identificação do sujeito pela ideologia começa a esclarecer ("estado dos lampejos teóricos") a relação inconsciente-ideologia, lembrando, a propósito, que o discurso do qual se conhece o papel na estruturação do sujeito (ordem simbólica) repercute nos interesses ideológicos de classes. Ainda que a relação com a psicanálise permaneça extremamente problemática, era essencial e relativamente novo salientar que é sob um processo do Significante (como rede obrigatória de restrições verbais) que se realizam as condições ideológicas da Reprodução/transformação das relações de produção. A evidência da existência espontânea do sujeito (como origem ou causa de si) é aproximada da evidência do sentido (a transparência da linguagem) como as duas formas de um mesmo "efeito ideológico elementar", e "a questão da constituição do sentido une-se àquela da constituição do sujeito"; a tese da interpelação explicita o funcionamento da forma-sujeito como um mecanismo que dissimula a sua existência mesmo sob a produção de evidências; é a evidência do sujeito, referida à evidência do sujeito do discurso, que esconde o processo (inconsciente) de identificação, interpelação; sob a evidência de superfície ("eu sou eu mesmo com minhas ideias", "*eu* sou o único que pode dizer "eu" falando de mim mesmo") "há o processo da interpelação-identificação que produz o sujeito [...] sob diversas formas impostas pelas relações sociais jurídico-ideológicas".[8] As evidências da linguagem escondem o caráter de processo material do sentido, suas determinações, sua dependência constitutiva à luz do "todo complexo ideológico".

A teoria do sujeito, assim esboçada, articula-se com a teoria do discurso através de um complexo conjunto de proposições/propostas que serão aqui simplesmente evocadas e que atualizam o funcionamento da evidência do sentido para o sujeito, com outras palavras, o apagamento do caráter material do sentido. Ou seja, esquematicamente: hipótese (materialista) de partida: o sentido não existe em si mesmo, ele é determinado pelas posições ideológicas em questão no processo sócio-histórico em que é produzido, o que significa que os mesmos enunciados mudam de sentido segundo as posições ideológicas, as formações ideológicas em que se inscrevem.

Define-se, então, uma *"formação discursiva"* como "o que pode e deve ser dito (articulado sob a forma de uma oração, de um sermão, de um panfleto...)"

em uma formação ideológica dada (i.e. a partir de uma posição de classe numa conjuntura).

Correlativamente: os enunciados recebem seu sentido da formação discursiva em que são produzidos; é a formação discursiva que interpela o indivíduo como sujeito. A partir disso, começa-se a ver como enunciados semelhantes assumem sentidos diferentes (base linguística comum/processos discursivos diferenciados) em formações discursivas diferentes e, reciprocamente, como enunciados diferentes podem ter um mesmo sentido em uma mesma formação discursiva. A formação discursiva aparece como o local de constituição do sentido em processos discursivos (relação de substituição, paráfrase, sinonímia...). Mas a evidência do sentido dissimula para toda formação discursiva sua dependência em vista do todo complexo ideológico.

Se definirmos, então, o interdiscurso como o todo complexo das formações discursivas, os mecanismos lógico-linguísticos do pré-construído e da articulação de enunciados aparecem como determinados materialmente pela estrutura do interdiscurso.

A interpelação é feita através do interdiscurso (sistema de evidências e de significações recebidas) de tal forma que o sujeito não pode reconhecer seu assujeitamento uma vez que ele se dá sob a forma da autonomia: determinado do exterior pelo interdiscurso (pelo viés do pré-construído e da articulação), ele não pode reconhecer essa determinação que lhe está escondida pela evidência de seu discurso; com outras palavras, o sujeito do discurso (estrutura discursiva da forma-sujeito) é constituído pelo "esquecimento" de sua determinação e pela identificação com a formação discursiva que o domina; o mecanismo da identificação é o seguinte: os elementos do interdiscurso (pré-construído e articulação) são reinscritos no próprio discurso do sujeito. O assujeitamento está assim num mesmo processo, imposto e dissimulado. A forma-sujeito, em seu funcionamento, incorpora e dissimula os elementos do interdiscurso, o que é um dos fundamentos da unidade imaginária do sujeito.

A ponto de terminar, algumas questões apresentam-se ou impõem-se. Primeiramente, a do destinatário: *os filósofos,* sem dúvida, com a condição de que estejam persuadidos de que a "parte" materialista dando-se hoje no terreno do discurso (sentido), a questão vale o esforço de passar pelas formulações linguísticas. Os linguistas correm o risco de hesitar mais diante de uma teorização que julgarão filosófica. Seria preciso que estivessem persuadidos de que só podem avançar em seu próprio território científico se sua relação com a filosofia estiver, enfim, esclarecida.

134 Convite à linguística

O que me leva a fazer uma segunda pergunta: qual é exatamente o papel de M. Pêcheux? É um filósofo marxista; a linguística lhe concerne (ele conhece perfeitamente suas teorias) enquanto campo de batalha teórico, mas o que ele propõe aos linguistas (hipóteses, conceitos novos... para extinguir os bloqueios teóricos), estes estão prontos a ouvir e utilizar? Seria preciso que eles já estivessem persuadidos, por sua prática científica, da necessidade de mudar de território. Talvez fosse necessário que eles mesmos o tivessem formulado a partir de suas próprias dificuldades. A filosofia materialista pode intervir no exterior do campo de uma ciência para nele abrir novas questões?

Para concluir, diremos apenas que a conjuntura teórica em linguística parece de fato madura para uma mudança, como atesta a profusão atual de trabalhos de sociolinguística. Estes não seriam tanto o indício de questões feitas pelos próprios linguistas sobre a validade de seu objeto (questionamento de uma teoria imanente da língua) quanto e a tentativa de soluções (mais ou menos empíricas) para suas dificuldades através de uma relação da língua com a "sociedade", procedimento sobre o qual M. Pêcheux pensa (ainda que não o diga claramente em lugar algum) que faz economia de um verdadeiro questionamento teórico concernente ao sujeito e à ideologia?

Notas

[1] M. Pêcheux não se dá ao trabalho de apresentar em detalhes as diferentes escolas. Poderíamos criticá-lo pela economia dessa demonstração, pois os textos de semanticistas estavam em mãos, ao passo que não hesita em argumentar minuciosamente quando se trata de filósofos.

[2] Michel Pêcheux, *Les Vérités de La Palice*, Paris, Ed. Maspero, 1975, p. 78.

[3] Relativa determinativa (ou restritiva), exemplo: *o cachorro que brinca na rua é meu* (aquele que brinca na rua). A relativa determina a extensão. Relativa explicativa (ou apositiva), exemplo: *meu amigo, que é um homem simples, sempre me diz...* (porque (e) é um homem simples). A relativa precisa a compreensão. Caso ambíguo: o homem que é sensato é livre (o que é sensato, porque ele é sensato).

[4] Pêcheux, op. cit. p. 52.

[5] Idem, p. 74.

[6] Idem, p. 85.

[7] Idem, p. 92.

[8] Idem, p. 143.

Interior/exterior: função de uma metáfora

Partirei de uma observação de Lady Welby, filósofa inglesa, conhecida especialmente por sua correspondência com Charles S. Peirce; ela afirmava em 1911: "Falamos do interior e do subjacente quando não se trata nem de um, nem de outro". Em um congresso de psicologia em 1892, ela havia feito uma comunicação que já levava o seguinte título: "O uso de 'interior' e 'exterior' em psicologia: essa metáfora seria uma ajuda ou um obstáculo?".[1]

Fazer dessa oposição interior/exterior uma metáfora, talvez até mesmo criticável realmente, não é uma posição comum, tanto em filosofia quanto nas ciências sociais. Em geral, parece evidente e, além disso, inevitável pensar nesses termos. Derrida[2] destaca, e até mesmo afirma, que essa metáfora funda toda a metafísica ocidental: o exterior é o visível, a manifestação de um interior escondido; aplicado à fala, o exterior é a expressão verbal de um pensamento, do que se passa no interior de um sujeito.[3] Essa representação da subjetividade pela imagem de um interior não observável como tal, oposta à objetividade da matéria externa e, por isso, observável, tem geralmente a força de uma evidência. Não nos interrogamos sobre este quadro de pensamento, que Littré resume em sua definição do objeto: *Tudo aquilo que está fora da alma em oposição ao sujeito que exprime aquilo que está dentro da alma*.

As teorias da linguagem não escapam a essa evidência, mas fazem um uso diverso dela; fundam, assim, perspectivas por vezes tão diferentes que ficamos no direito de nos interrogarmos sobre o conteúdo conceitual dessa oposição que parece se estabelecer sozinha. Vou me fixar em quatro figuras históricas desse uso a propósito da linguagem:

1. A oposição serviu, no século XIX, para fundar a objetividade da linguística, ao mesmo tempo em que a separava das ciências naturais. Uma vez tornada ciência social, esta adota os critérios durkheimianos e se define pela observação de um exterior separado das particularidades subjetivas da introspecção; assim se afirma a legitimidade de uma atitude empírica aplicada aos fenômenos humanos:

136 Convite à linguística

> Os fatos sociais devem ser tratados como coisas [...]. A coisa se opõe à ideia, como se opõe entre si tudo o que conhecemos a partir do exterior e tudo o que conhecemos a partir do interior. [...] todo objeto da ciência é uma coisa.[4]

2. Em filosofia da linguagem, essa oposição resume as relações do espírito e do mundo por intermédio da linguagem. É a questão da *referência,* objetos exteriores que a linguagem (seja como mediação obrigatória, seja como auxiliar) coloca em relação com o pensamento; essa operação é possível, diz Frege, graças ao duplo caráter dos signos, ao mesmo tempo, sensíveis e inteligíveis:

> Porque é certo que temos necessidade de signos sensíveis para pensar. A atenção é naturalmente voltada para o exterior; as impressões sensíveis o trazem ativamente para as imagens da memória [...]. Oferecendo, ao olhar, o sinal de uma representação, ela própria trazida à consciência por uma percepção, cria-se um novo ambiente estável, ao redor do qual se juntam outras representações [...]. Assim, penetramos, passo a passo, no mundo das representações e lá evoluímos à vontade, usando do próprio sensível para nos liberarmos de sua restrição.[5]

A referência é, assim, desde Frege, "o problema central da filosofia da linguagem", afirma Searle, que acrescenta:

> Não teremos uma teoria adequada da referência linguística enquanto não pudermos mostrar como uma tal teoria faz parte de uma teoria geral da Intencionalidade, isto é, de uma teoria acerca do modo como a mente se relaciona com objetos do mundo em geral.[6]

3. Em uma abordagem mais precisamente linguística, tem-se, com frequência, recorrido a esta oposição para tentar definir a natureza do objeto *língua* (do *signo* em termos tradicionais, da *gramática* em termos mais modernos), esse sistema que permite significar, já que vincula pensamentos e sons. O gramático-linguista, assim como o filósofo, geralmente fica admirado com essa ligação[7] e procura mostrar como ela funciona, ou até mesmo explicá-la:

> O sistema concreto é fundamentalmente idêntico ao que W. Von Humboldt chamava de "forma interior" (*innere Sprachform*), termo que comporta, segundo pensamos, os seguintes inconvenientes: a expressão "interior" não é muito precisa [...]. De uma maneira geral, não é legítimo dizer que uma parte da língua seja o "interior" e, outra parte, o "exterior"; o signo linguístico é inteiramente psíquico. O próprio aspecto fônico não é menos psíquico, "interior", do que a forma gramatical.[8]
>
> No lugar dos termos "estruturas profundas" e "estruturas de superfície", poderíamos empregar as noções humboldtianas de "forma interna" e "forma

externa" de uma frase. [...] adotei a terminologia mais neutra para evitar, aqui, a questão da interpretação dos textos.[9]

4. Finalmente, e isto é uma consequência do ponto anterior, os linguistas têm recorrido a essa terminologia para determinar um domínio empírico de investigação. Aqui, *interior/exterior* serve para definir uma escolha metodológica, ligada à definição que é adotada da linguagem e da língua:

- no caso da *imanência*: a descrição se limita ao *interior* da língua, definida como um sistema e idealmente separada de seu contexto de uso (relação tanto ao referente quanto aos locutores), separada, portanto, de seu *exterior*:

> O princípio de pertinência (semiológica) acarreta evidentemente para o analista uma situação de *imanência*; observa-se um dado sistema do *interior*.[10]

- no caso da *integração*: na análise do que foi inicialmente deixado no exterior (tudo ou parte), de tal modo que a descrição se torna aquela relativa à linguagem, à comunicação. A oposição fica, então, de qualquer modo, ultrapassada, uma vez que o problema da delimitação se encontra deslocado para o contexto e para a definição de uma nova pertinência. Porém, esta passa sempre por variações sobre *interno/externo*, das quais temos aqui três exemplos, emprestados dos textos de pragmática, sócio-semiótica e sociolinguística:

> Nessa concepção, a sintaxe e a semântica estudam a linguagem enquanto tal, isto é, enquanto constituída por um sistema de regras ou de convenções; ao passo que a pragmática a estuda de um ponto de vista, em todo caso, exterior.[11]
>
> Porém, resta ainda se perguntar sobre a questão do estatuto daquilo que a noção de contexto exatamente recobre em sua relação com a linguagem. Ora, novamente, são duas ordens de realidade, de natureza heterogênea, que se encontram aqui relacionadas, já que, para dar conta pragmaticamente dos objetos linguísticos que são os textos, os enunciados ou os discursos, é preciso ainda relacioná-los sistematicamente com um extra texto, constituído desta vez pelos *estados de coisas* [...] a ruptura permanece assim mantida entre o linguístico e o extralinguístico [...][12]
>
> Dar o devido lugar a argumentos *internos* (de ordem gramatical) para dar conta das variedades linguísticas não implica que se eliminem os elementos *externos*, de natureza sociolinguística. A posição que queremos defender aqui é a de uma *relação dinâmica* entre os fatores sociolinguísticos externos e os fatores estruturais internos na explicação dos fatos de língua.[13]

138 Convite à linguística

Essas quatro figuras são talvez somente variações para tentar resolver uma mesma dificuldade, que Saussure resumia assim:

> Nós estamos, ao contrário, profundamente convencidos de que qualquer um que ponha o pé no terreno da *língua* está, pode-se dizer, abandonado por todas as analogias do céu e da terra.[14]

A oposição exterior/interior se apresenta justamente como uma evidência e não como uma analogia ou uma metáfora, porém, pela carga imaginária, de termos que referem ao que foi vivido por cada um, ela parece a maneira mais natural de formular, senão de resolver, essa dificuldade. Interrogar-nos-emos, então, sobre o verdadeiro alcance conceitual, procurando ver se, em cada caso de emprego, tem um papel específico e insubstituível na metalinguagem do linguista. É o que vou tentar mostrar nos textos de três linguistas que associamos na história: A. Meillet, F. de Saussure e É. Benveniste: o mestre, de qualquer forma, cercado por dois linguistas que se dizem seus discípulos e que fazem uso próprio dos conceitos que ele propôs.

Antoine Meillet: a linguística justapõe o interno e o externo

Na virada do século, a oposição *interior/exterior* intervinha frequentemente nas reflexões metodológicas sobre as ciências sociais; ela respondia a duas preocupações (que esquematizei nos pontos 1 e 4): definir as condições de observação objetiva e delimitar o domínio de investigação próprio de cada ciência, dito de outro modo, o objeto de cada uma especificamente. Essa preocupação de distinção-demarcação deve ser vinculada ao positivismo, do qual A. Comte formulou dogmaticamente os princípios e do qual se tem, como uma consequência, o lugar central dado à classificação das ciências. Meillet se situa claramente nesse terreno quando, na sequência de Durkheim, ele define a linguagem da seguinte forma:

> A linguagem é, portanto, eminentemente um fato social. De fato, ela entra exatamente na definição que Durkheim propôs; uma língua existe independentemente de cada um dos indivíduos que a falam e, ainda que não tenha nenhuma realidade fora da soma dos indivíduos, ela é, entretanto, por causa de sua generalidade, exterior a cada um deles.[15]

Esse caráter de exterioridade permite falar de *fatos* linguísticos, objeto de ciência da mesma forma que as "coisas", em particular os "fatos sociais" de Durkheim, visto que a língua faz parte desses fatos sociais. Desde 1905, o programa de Meillet é aquele que deseja dar um lugar à linguística no "conjunto dos estudos sociológicos que se constituem tão ativamente". Quando ele fala de exterior, a propósito da língua, não se trata do referente nem do caráter fônico das palavras em relação a seus sentidos, mas sim da sociedade. De fato, que a língua designe e que, por isso, ela signifique é evidente; a "questão do sentido" em suas relações com a referência, tal como a colocam os filósofos da linguagem e, por sua vez, alguns semânticos modernos, não entra na perspectiva comparatista e histórica, que é ainda a de Meillet. Quando, ao final do século XIX, começa-se a falar de *semântica*, com Bréal, trata-se somente de elucidar as variações de sentido e suas causas.

É ao que se empenha Meillet, desde 1905, no programa que ele torna mais preciso em 1906, em sua aula inaugural no *Collège de France*. Nessa ótica, o estudo das próprias "coisas" (*realia*), em sua história, pode ajudar a desvendar a história das palavras, da mesma forma que a geografia, que a psicologia e outras ciências auxiliares da linguística; porém, não se constrói uma questão teórica dessa eventual introdução do referente na descrição linguística.

Meillet não se pergunta mais sobre o "mistério" da ligação *forma externa/sentido interno*; essa ligação, então, se estabelece sozinha tanto quanto a independência dos dois termos. Que há uma materialidade fônica – que pode ser analisada em suas variações de maneira independente do sentido – é exatamente o que mostra todo o trabalho da gramática comparada, que durante muito tempo se ocupou somente de formas – providas de sentido evidentemente (senão como teria surgido a ideia de compará-las?) – cujas variações eram consideradas independentemente das variações de sentido.

Quando começamos a nos interessar por esse segundo tipo de variações, o problema é somente de procurar suas causas, causas psicológicas em Bréal, sociológicas em Meillet; é então que intervém o exterior (social), supostamente tendo efeitos sobre a língua. Esse deslocamento que faz passar de uma interrogação filosófica tradicional, sobre a ligação *forma externa – sentido interno*, para uma pesquisa histórica de condições sociais, ditas *externas*, que atuam sobre o estado *interno* da língua, caracteriza a reflexão de Meillet; tomarei como exemplo um texto de 1931, que começa assim:

> Durante muito tempo, as línguas foram frequentemente consideradas nelas mesmas; o desenvolvimento que elas tiveram foi percebido sem a devida

140 Convite à linguística

considção das condições em que se encontravam os homens entre os quais havia ocorrido esse desenvolvimento.[16]

O estudo trata de uma disjunção: por um lado, uma mudança fônica e por outro, uma mudança gramatical e semântica, caso particular de evolução em que Meillet vê o efeito de uma causa externa, sócio-histórica. Trata-se da mudança fônica que transformou *homo* e *rem,* formas nominais latinas, em duas formas francesas, *on* e *rien,* pronominais indefinidos; ora, esses termos franceses, se eles não têm nada a ver, em seus sentidos e seus empregos, com as palavras latinas que lhes correspondem pela fonia, são, em contrapartida, análogos, pelos sentidos e pelos empregos, a formas alemãs, fonicamente sem relação: *man* e *nicht.*

> [...] o fato de que *on* e *man,* sinônimos quase exatos, se encontram em francês e em alemão, e não em outras línguas, é significativo. A evolução de *rem* até a palavra negativa *rien* tem também sua contrapartida em germânico, em que a palavra "coisa", *withi,* subsiste em *nicht;* é o gótico *ni waith,* "non rem". Assim, *on* e *rien,* nominativo e acusativo de duas palavras latinas, são, em sentido e emprego, duas palavras germânicas; uma coisa é a forma de uma palavra, outra coisa sua substância semântica e seu valor sintático.[17]

Meillet propõe vincular essa particularidade ao período de bilinguismo que durou, na França, do século VI ao século IX, fazendo coexistir a *língua romana* – no período da conquista romana – e os falares germânicos dos novos conquistadores. Coexistência permitida, segundo ele, pelo fato de que os dois grupos mantinham sua importância e seu prestígio. O bilinguismo, efeito social da história, teria deixado, assim, no desenvolvimento do romano, traços que seriam inexplicáveis de outra forma; pois trata-se de explicar o que, até aí, havia sido somente descrito pelos linguistas, de colocar em evidência, princi-palmente, as causas sociais das mudanças em suas particularidades:

> [...] Tudo o que se pode obter, caso não se abandone essa consideração estreita dos fatos de língua [*parece designar, assim, tanto a gramática tradi-cional quanto a gramática comparada*], é a constatação das relações, mais ou menos definidas, de simultaneidade ou de sucessão entre esses fatos, sem jamais conseguir determinar quais são as condições que regram sua aparição e sua evolução; dito de outro modo, sem jamais determinar suas causas [...]. Evidentemente que as causas, das quais dependem os fatos linguísticos, de-vem ser de natureza social, e que somente a consideração dos fatos sociais permitirá substituir, em linguística, no exame dos fatos brutos, a determinação dos processos.[18]

Em 1906, ele deixa claro que se trata tanto de efeitos diretos do social sobre a língua (por exemplo, com os empréstimos), quanto de efeitos indiretos, que ele chama de "condições variáveis", ligadas à variação incessante da estrutura social; assim, se explicaria que certas mudanças espontâneas (consideradas como mecânicas, descritas e resumidas em "leis fonéticas" ou ainda em "tendências"), em certos casos, não se produzem (ou não mais). A história, pelos efeitos que produz na sociedade, deve esclarecer e, até mesmo, explicar a estrutura linguística, e essas "condições" ou "causas" são evidentemente exteriores ao sistema (Meillet usa indiferentemente "causas sociais" ou "causas externas à língua"). Desde então, no campo linguístico, não há oposição entre um estudo *externo* e um estudo *interno*; há *correlação*.

O objeto novo, que Meillet propõe quando anuncia "é chegado o momento, portanto, de marcar a posição dos problemas linguísticos do ponto de vista social" (1906, p. 18), é o estudo dessa correlação; daí a clareza do programa de 1906 que, ao reconhecer uma autonomia ao sistema da língua e, portanto, a legitimidade, de um "ponto de vista puramente linguístico", justapõe ao objeto da "linguística geral" uma segunda parte da análise linguística enquanto "linguística social":

> Será preciso determinar a qual estrutura social corresponde uma determinada estrutura linguística, e como, de uma maneira geral, as mudanças de estrutura social se traduzem através de mudanças de estrutura linguística.[19]

De fato, essa conjunção das duas análises equivale a negar a exterioridade da sociedade em relação à língua:

> [...] porque se a realidade de uma língua não é algo substancial, nem por isso existe menos. Essa realidade é, ao mesmo tempo, linguística e social. Ela é linguística, pois uma língua constitui um sistema complexo de modos de expressão, sistema em que tudo se relaciona [...]. Por outro lado, a realidade da língua é social: ela resulta da pertença da língua a um conjunto definido de sujeitos falantes.[20]

A língua é, portanto, ao mesmo tempo um sistema e um fato social. A definição rigorosa de um objeto próprio, exigência positivista, é evitada nessa justaposição, sem que sejam colocadas questões de método. Se a unidade da ciência linguística, assim proclamada, não é clara, a recusa em limitá-la ao sistema é, em todo caso, explícita. Meillet multiplicará os exemplos desse estudo duplo. Faço referência, entre outros, ao estudo do "gênero gramatical", que se encerra do seguinte modo:

142 Convite à linguística

O tipo do gênero gramatical é, assim, um dos fatos que melhor ilustram, por um lado, a ação que a mentalidade dos sujeitos falantes e seu grau de civilização exercem sobre o desenvolvimento da língua; por outro lado, as resistências que provêm do sistema da língua.[21]

Compreendemos, então, que, quando se refere a Saussure, Meillet pensa no comparatista do *Mémoire;* no que tange ao CLG, sua posição é moderada, senão reticente, em particular sobre as duas distinções *diacronia/sincronia* e *língua/fala*. É que elas dependem de uma demarcação exata entre o *interno* e o *externo*, que ele recusa, já vimos, em colocar como princípio. Há, ainda assim, um exterior da língua, mas já que tem efeitos sobre o sistema, o estudo desses efeitos pertence à linguística tanto quanto o estudo do sistema; é o que ele opõe ao CLG em sua resenha em 1916:

Ao separar a mudança linguística das condições exteriores das quais ela depende, F. de Saussure a priva de realidade; ele a reduz a uma abstração que é necessariamente inexplicável.[22]

De fato, ainda que se diga muito próximo de Saussure, Meillet adquire, sobre a maior parte das questões metodológicas, uma posição diferente, senão oposta; isso fica particularmente claro no caso de *interior/exterior*.

Saussure: interno/externo, uma metáfora necessária, mas insuficiente

Um ponto, ao menos, parece comum aos dois linguistas: a exclusão, para o exterior da linguística, de qualquer consideração subjetiva*: "(A língua) é a parte social da linguagem, exterior ao indivíduo, que, por si só, não pode nem criá-la nem modificá-la".[23]

Reconhecem-se aí os termos de Meillet e Durkheim; sabe-se também que é a primeira justificação que Saussure dá à oposição *língua/fala:* "Com o separar a língua da fala, separa-se ao mesmo tempo: 1º o que é social do que é individual".[24]

Frequentemente é nessa leitura "sociológica" do CLG, da qual Meillet parece o precursor, que se limita a primeira oposição saussuriana, negligen-

---

* N. T.: As passagens do CLG, na tradução, correspondem à edição brasileira. Usa-se a seguinte notação: a página da versão em português entre parênteses e a página da versão francesa citada pela autora entre colchetes.

ciando o ponto 2 da definição: "2° o que é essencial do que é acessório e mais ou menos acidental".[25]

Observação que acrescenta, ao termo *língua*, propriedades que não se reduzem ao caráter social.

Colocado à parte esse ponto de partida, parcialmente comum, as posições teóricas saussurianas diferem vigorosamente das de Meillet. Essa diferença passa por outro uso de *interior/exterior*, em particular a propósito do *referente*, que não deve ser confundido com o *significado*, e a propósito da forma *fônica*, que não é mais objeto de um estudo externo, mas *significante*, se pensado em sua ligação ao *significado* no interior do *signo*.

A questão do referente é claramente abordada por Saussure para ser enviada ao exterior da linguística; a definição do signo linguístico como a união de um significante e de um significado, ambos "psíquicos", permite, apesar de uma certa confusão no texto do CLG (destacada e criticada por Benveniste [1939]), distinguir o significado e a realidade exterior:

> O signo linguístico une não uma coisa e uma palavra, mas um conceito e uma imagem acústica; esta não é o som material, coisa puramente física, mas a impressão (empreinte) psíquica desse som [...]. O signo linguístico é, pois, uma entidade psíquica de duas faces.[26]

Sobre essa exterioridade, as notas manuscritas são ainda muito mais categóricas. A afirmação de que a língua não é uma nomenclatura está argumentada assim:

> (*uma nomenclatura supõe*) *primeiro* o objeto, depois o signo; portanto (o que negaremos sempre), base exterior dada ao signo, e figuração da linguagem por esta relação:
>
> $$\text{Objetos} \left\{ \begin{array}{l} * \text{——} a \\ * \text{——} b \\ * \text{——} c \end{array} \right\} \text{Nomes}$$
>
> enquanto a verdadeira figuração é: a – b – c, fora de todo conhecimento de uma relação efetiva com * ——— a, fundada num objeto. Se um objeto pudesse, onde quer que seja, ser um termo sobre o qual é fixado o signo, a linguística cessaria imediatamente de ser o que ela é desde o topo até a base.[27]

144 Convite à linguística

No mesmo movimento o caráter fônico material fica excluído da definição; sua análise, *externa*, não pode fazer parte da linguística:

> Há um estudo que não entra na linguística: é a fisiologia da fala. [...] que dizem ser auxiliar da linguística, mas, em nosso ponto de vista, ela está absolutamente fora da linguística.[28]
>
> Para nós, toda questão fonológica se situa absolutamente FORA DA LINGUÍSTICA.[29]

Portanto, imaginar a relação do sentido e do som como a de um interior se manifestando por uma forma exterior não é mais aceitável. Essa ligação tão difícil de pensar, só pode ser colocada ao interior do signo, enquanto é, ele próprio, um objeto duplo, significante e significado, frente e verso de uma mesma folha de papel: "Eles estão, ambos, no sujeito e são ambos psíquicos, concentrados no mesmo lugar psíquico através da associação".[30]

Mas qual é essa interioridade? Sabe-se que, tanto para Saussure quanto para Meillet, o indivíduo recebe sua língua como "um instrumento vindo de fora [...] *áduñ* corpo social".[31] A língua é, portanto, ao mesmo tempo, individual e social: "Essa coisa, ainda que interior a cada indivíduo, sempre é, ao mesmo tempo, bem coletivo, que está colocado fora da vontade do indivíduo".[32]

É sobre o emprego de *social* que a posição de Saussure se inverte em relação à de Meillet: esse termo designa inicialmente, como em Meillet, o elo da língua a um exterior, ou seja, aos outros fatos sociais, que a história, a sociologia, a geografia estudam; a esse "turbilhão sócio-histórico" no qual toda língua é tomada e que a faz mudar infinitamente; tudo àquilo que pode interessar a linguística "externa".[33] Porém, na perspectiva própria de Saussure, essa propriedade constitutiva da língua que a coloca na dependência do corpo social e da contingência histórica tem, sobretudo, por interesse, confirmar que ela não depende nem da lógica nem da natureza; depende menos de convenções racionais e coletivas do que leis naturais cegas: a língua tem uma ordem própria, "semiológica", a de um sistema arbitrário, "imotivado" em relação a qualquer agente exterior, e suas mudanças, quaisquer que sejam suas causas, se alinham sobre essa ordem, visto que o resultado de uma mudança encontra seu lugar nos esquemas do sistema. Enquanto que, para Meillet, as duas propriedades (social externa e arbitrário interno), simplesmente justapostas na apresentação, parecem coexistir e serem o objeto de duas descrições distintas, o caráter social da língua é, para Saussure, estritamente correlativo ao caráter arbitrário do sistema:

Por sua vez o arbitrário do signo nos faz compreender melhor por que o fato social pode, por si só, criar um sistema linguístico. A coletividade é necessária para estabelecer valores cuja única razão de ser está no uso e no consenso geral.[34]

É, então, o funcionamento dessas unidades arbitrárias que interessa descrever:

> Até aqui, tentamos esclarecer a questão da *natureza* e do *lugar* da língua, mas por uma *tentativa externa,* pelo que ela não é; aproximando-a de um sistema de signos, por exemplo, a língua dos surdos-mudos, ou mais geralmente dos signos, ou ainda mais geralmente do valor, ou ainda mais geralmente do produto social [...]. Porém, circulamos muito mais em torno da língua do que ficamos em seu centro; não exploramos, do interior, as características primárias essenciais para a fixação da natureza e do lugar da língua. Caso perguntem por esse lado interior, considerando o "organismo" da língua, quais são as características mais marcantes do objeto [...]: é a questão das *unidades* e a questão das *identidades.*[35]

Aí está definido o *interno* específico da língua e, ao mesmo tempo, é o que esse termo não consegue dizer, tanto que é preciso recorrer a outros, mesmo que nenhum seja realmente satisfatório; assim, tem-se *valor*: "Valor não pode mais ser determinado por *áleñ* linguista do que em outros domínios; nós o consideramos com tudo aquilo que tem de claro e de obscuro".[36]

Assim, a oposição *interno/externo* funciona em dois níveis diferentes em Saussure: ela reproduz, primeiramente, a demarcação entre a linguística e o que não é ela, isto é, a semântica referencial, a fonética, a sociologia ou a história. A metáfora fica assim multiplicada:

> Uma ciência precisa, inicialmente, se definir pelo exterior. É preciso, em primeiro lugar, fixar o enquadramento exterior que envolve a linguística.[37]
>
> Portanto, precisaremos, por ora, nos contentar em definir a linguística do exterior, considerando-a em seus pequenos, mas progressivos, avanços, pelos quais adquire consciência de si mesmo, estabelecendo o que ela não é.[38]

Esse primeiro momento é o mais simples, o mais fácil de representar na perspectiva positivista da época. A partir daí, fica estabelecida a distinção entre a "linguística interna" e a "linguística externa" (CLG, Introdução, capítulo v), com a famosa analogia do "jogo de xadrez", que permite separar "o que é externo do que é interno".

> [...] o fato de ele ter passado da Pérsia a Europa é de ordem externa; interno, ao contrário, é tudo o que diz respeito ao sistema e às regras.[39]

146 Convite à linguística

Porém, essa própria demarcação supõe que se tenha já definido (e compreendido) o que caracteriza *o interno,* "o sistema que só conhece sua própria ordem" e, aqui, os termos "externo" e "interno" talvez mais atrapalham do que ajudam, pois é difícil, tanto a relação de causalidade se impõe como uma evidência, fazer admitir que: "O estudo dos fenômenos externos é muito frutuoso, mas é falso dizer que, sem eles, não seria possível conhecer o organismo linguístico interno."[40]

Ainda que o caráter social, como vimos, deva nos ajudar a pensar uma ordem própria da língua, o termo "interno" não pode esclarecer realmente o que acontece nesse sistema, "série de diferenças de sons combinadas com uma série de diferenças de ideias",[41] característica dificilmente representável por imagens espaciais. Tanto que os três capítulos que desenvolvem a questão da natureza das unidades linguísticas para finalmente se fixar no termo "valores" (Primeira parte, capítulos II, III, IV) jamais recorrem à metáfora *interior/exterior.*

Benveniste: uma outra interioridade

Aluno e protegido de Meillet, admirador de Saussure e desejoso em desenvolver sua visão da língua, Benveniste insiste na necessidade de não se limitar ao visível (a exterioridade observável) e de fazer das hipóteses sobre as estruturas, o interno:*

> O verdadeiro problema [...] consiste em reencontrar a estrutura do fenômeno do qual não se percebe senão a aparência exterior e em descrever a sua relação com o conjunto das manifestações de que depende.[42]
>
> É preciso, ainda, começar a ver além da forma material e não fazer apoiar-se toda a linguística na descrição das formas linguísticas.[43]

Seu projeto explícito é o de "ir além do ponto a que Saussure chegou na análise da língua como sistema significante",[44] o que o leva a tomar posição tanto sobre a ligação forma-sentido quanto sobre o referente. Sobre a relação ao referente, sua posição é, inicialmente, a de Saussure: seu estudo fica excluído da linguística. Sabe-se que ele corrige a formulação do CLG, julgada confusa, afirmando que o *arbitrário,* ao contrário do que parece dizer o CLG, é somente entre o signo e a realidade exterior à língua, uma vez que a relação entre o

---

* N.T.: para a referência aos textos de Benveniste, refere-se, em nota, a sigla PLG I, para *Problèmes de linguistique générale I,* e PLG II, para *Problèmes de linguistique générale II,* seguidas de paginação.

significante e o significado é, por sua vez, "necessária" aos olhos do locutor.[45]
Sem retomar o detalhe de sua demonstração, comentarei aqui dois pontos:

- Benveniste reconduz, primeiramente, o que diz o CLG à antiga posição convencionalista sobre a origem da linguagem *(thései)*: o elo entre o objeto exterior e o signo é convencional, já que o signo é somente, então, o "símbolo fônico da realidade";[46] em termos mais recentes diremos que é a designação que é arbitrária. Porém, em todo resto do texto de Saussure, fica claro que aquilo que se precisa estudar é a relação entre significante e significado, o funcionamento significante das estruturas, ou seja, o que ele chama de significação. Em favor dessa retificação, Benveniste adota, portanto, uma posição radical de imanência, afirmando que é preciso deixar de lado "o problema metafísico da relação entre o espírito e o mundo. Problema que o linguista estará, talvez um dia, em condições de abordar com sucesso, mas que, por ora, é melhor abandonar".[47]

- Da mesma maneira, fica recusada toda independência da forma fônica. A união significante/significado – colocada como uma necessidade – é aquilo que constitui o signo, o que define um fenômeno linguístico. Em todas suas análises concretas, Benveniste se empenhará para mostrar como uma diferença formal está associada a uma diferença de sentido, ainda que seja sempre necessário se esforçar para explicar as anomalias aparentes. Por exemplo, uma única forma para dois sentidos ou duas formas para um mesmo sentido.[48] Portanto, não se trata, em absoluto, de opor uma forma externa a um conteúdo interno.

Contudo, essa posição se modificou no decorrer do tempo. Após ter radicalmente separado *designação* e *significação,* remetendo a primeira aos filósofos e a segunda aos linguistas, Benveniste, a partir de 1964, ao introduzir a distinção *semiótico/semântico,* ou seja, ao lado do sistema, o estudo da língua em emprego no discurso, introduz do mesmo modo a referência no estudo (linguístico) do *semântico,* ao mesmo tempo em que tudo o que faz o contexto de uma enunciação.

> Há de um lado a língua, conjunto de signos formais, destacados pelos procedimentos rigorosos, escalonados por classes, combinados em estruturas e em sistemas; de outro, a manifestação da língua na comunicação viva.[49]

148 Convite à linguística

De fato, nos textos reunidos sob o nome de "teoria da enunciação", trata-se muito menos de alargar uma análise interna, integrando aí o exterior, do que de definir "a condição de *intersubjetividade*, única que torna possível a comunicação linguística";[50] pois o que interessa a Benveniste não é, como para Meillet, a relação da língua com a história e com a estrutura social, a pesquisa de uma causalidade entre essas duas ordens, mas, sim, a maneira pela qual as estrutures de uma língua produzem sentido; e essa propriedade significante fica sempre associada por ele à presença de um sujeito que se comunica com outros sujeitos, em uma interrelação permitida, suscitada, pela língua.

Decorre que Benveniste faz um uso (bastante frequente) de *interior/exterior* de uma maneira totalmente diferente do que nos dois exemplos anteriores. Em suas análises concretas das estruturas linguísticas, este colocar em relação diferenças formais e diferenças semânticas passa pelo papel de um *sujeito*, que se situa em relação ao mundo do qual ele fala, e isso nos termos *de interior/ exterior*. A diferença entre ativo e médio é interpretada da seguinte maneira:

> No ativo, os verbos denotam um processo que se efetua a partir do sujeito e fora dele. No médio [...] o verbo indica um processo do qual o sujeito é a sede; o sujeito está no interior do processo.[51]

Uma interpretação da mesma ordem é aplicada entre outros exemplos, na distinção da frase nominal e da frase verbal, ou de *ser* e *ter*:

> Uma asserção nominal [...] põe o enunciado fora de qualquer localização temporal ou modal e fora da subjetividade do locutor [...]. Uma asserção verbal [...] introduz no enunciado todas as determinações verbais e o situa em relação ao locutor.[52]
>
> Chega-se assim a definir a situação respectiva de *ser* e de *ter* segundo a natureza da relação instituída entre os termos nominais da construção: *ser* presume uma relação intrínseca, *ter* uma relação extrínseca.[53]

Essa reintrodução constante do sentido e do sujeito, orientando a estrutura e, até mesmo, explicando-a, pode parecer bastante distante das posições saussurianas, mesmo que o método adotado esteja estritamente conforme a definição do signo, não separando jamais forma e sentido, mesmo que as distinções nocionais somente se constituam na e pela estrutura morfológica; fica sugerido, entretanto, que algo tenta ser dito, ser traduzido, em uma forma, o que estabelece sorrateiramente a oposição metafísica que Saussure havia abandonado:

O que é exatamente essa "coisa" em vista da qual se articula a linguagem e como é possível delimitá-la em relação à própria linguagem? Está proposto o problema da significação.[54]

Quanto à demarcação positivista, pela qual Saussure isolava um objeto língua, *interno*, definível por um determinado número de propriedades, ela é inicialmente adotada por Benveniste, como vimos, quando ele descarta a questão do referente. Depois, ela é superada ou, talvez, simplesmente alterada, com a introdução da oposição *semiótico/semântico*, e com a afirmação de que é preciso fazer duas linguísticas, a do sistema e a do uso do sistema que faz intervir o *exterior* referencial e contextual. O enigma saussuriano da língua fica deslocado para o enigma de sujeitos que, pela língua, ao mesmo tempo se constituem, eles próprios, em sua interioridade e se falam mutuamente sobre o mundo exterior, em enunciados cada vez particulares, "acontecimentos que desaparecem", cujo estudo semântico pode causar problema.[55]

O que concluir?

Essa oposição, essa metáfora, teria, em definitivo um conteúdo conceitual? Parece-nos que, de fato, ela duplica (reduplica) em cada caso, definições que passam por outros termos: sujeito, intersubjetividade, sistema de valores, referente, sociedade, uso, contexto etc. Dito de outro modo, nós deveríamos poder ultrapassá-la. Ela permitiria ao menos definir rigorosamente um domínio de investigação empírica? De fato, a pertinência dos dados observáveis é determinada em cada caso a partir das definições que o linguista faz de seu objeto: a mudança e suas causas para Meillet, a ligação diferença formal – diferença de sentido, tanto para Saussure quanto para Benveniste, ao que este último acrescenta o uso "vivo" da linguagem na troca intersubjetiva. Em cada caso, *interior/exterior* reintroduz simplesmente o vivido humano, a experiência do corpo falante em um mundo onde outros corpos estão separados dele.[56] É uma maneira, aparentemente geral e abstrata, de ter seu lugar na singularidade concreta, uma concessão da metalinguagem aos esquemas sensíveis da imaginação.

Mas, enfim, essa metáfora seria – como questionava Lady Welby – uma ajuda ou um obstáculo? Ela veicula, em todo caso, a imagem de uma fronteira, de uma barreira que deve ser superada ou atrás da qual devemos nos proteger, de uma porta que deve ser aberta ou deixada fechada. Ela permanece, assim,

150 Convite à linguística

ligada à metafísica que opõe o profundo ao superficial, o visível ao escondido; salvo talvez quando é reduzida, por uma decisão metodológica (em Saussure) a somente ser a demarcação de um domínio em que se reterá só algumas propriedades pertinentes, o que, em princípio, não introduz uma posição ontológica. Em Benveniste, longe de ser assim limitada, ela introduz uma filosofia do sujeito e do sentido, uma fenomenologia que daria à linguagem um lugar central, constitutivo do ser humano.

Texto originalmente publicado em *Cahiers Ferdinand de Saussure*, n. 50, 1997.

Notas

[1] Citado por Deledalle, G. "Victoria Lady Welby and Charles Sanders Peirce: Meaning and Signification" *Essays on Significs*. Amsterdam: H. W Schmitz, J. Benjamins, 1990.

[2] Derrida, J. "La mythologie blanche", *Marges de la filosofie*. Paris: Minuit, 1972.

[3] Um exemplo, entre vários, é esta observação de J. Poulain (1992): "no habitante dos dois mundos, que é o homem, no habitante do mundo interior e do mundo exterior, o interpretante produz um sentimento, que Peirce chama de interpretante emocional ou afetivo que afeta o mundo interior, e um efeito de esforço para produzir uma ação: o interpretante dinâmico que visa uma modificação do mundo exterior ou do mundo interior" (p. 45).

[4] Derrida, op. cit., p. XII; XIII.

[5] Frege, G. *Écrits logiques et filsofiques* (tr. fr. 1971). Paris: Seuil, 1882, p. 64.

[6] Searle, J. R. *Expression and Meaning* (tr. fr. 1982) *Sens et expression*. Paris, Minuit, 1979, p. 36.

[7] "Até aqui consideramos na fala somente o que ela tem de material, e que é comum, ao menos pelo som, aos homens e aos papagaios. Resta examinar o que ela tem de espiritual [...]. É o uso que fazemos disso para significar nossos pensamentos, e esta invenção maravilhosa de compor 25 ou 30 sons, esta infinita variedade de palavras que – não tendo nada de semelhante nelas mesmas ao que se passa em nosso espírito – não deixam de revelar, aos outros, todo o segredo e de fazer ouvir, àqueles que aí não podem penetrar, tudo aquilo que concebemos e os diversos movimentos de nossa alma" (*Grammaire générale de Port-Royal*).

[8] Hjelmslev, L. *Principes de grammaire générale*, Copenhague, 1928, p. 217.

[9] Chomsky, N. *Aspects da théorie syntaxique* (trad. fr. 1971). Paris: Seuil, 1965, p. 3, nota.

[10] Barthes, R. "Eléments de sémiologie" in *Communications*, n. 4, 1964, p. 8.

[11] Recanati, F. "Le développement de la pragmatique", *Langue française*, n. 42. Paris: Larousse, 1979, p. 8.

[12] Landowski, É. "Étapes en socio-sémiotique", *L'esprit de société* (A. Decrosse ed.) Mardaga, Liege, 1993, p. 120.

[13] Boutet, J. "La concurrence de 'on' et de 'i' en français parlé", *Linx*, n. 18, Paris x Nanterre, 1988, p. 50.

[14] Saussure, F. de. *Cours de linguistique générale*, criticado por R. Engler. Wiesbaden: Otto Harrassowitz, 1968-1972, (CLG/E, 3297).

[15] Meillet, A. "Comment les mots changent de sens", *L'Année sociologique;* 1965 (230; 270), 1905, p. 230.

[16] Meillet, A. "Sur une période de bilinguisme en France"; 1952 (90; 98), 1931, p. 30.

[17] Idem, p. 595.

[18] Meillet, op. cit., p. 231; 232.

[19] Meillet, A. "L'état actuel des études de linguistique générale", 1965 (7.18) 1906, pp. 17-18.

[20] Idem, p. 16.

[21] Meillet, A. "Le genre grammatical et l'élimination de la flexion", *Scientia*, 1965 (199-210), 1919, p. 210.

[22] Meillet, A. "Compte-rendu du *Cours de Linguistique Générale, BSL*; in Normand *et al.* 1978, 1916.

[23] Sob o nome de Saussure, o texto de referência será aqui, inicialmente, o CLG, único texto conhecido por Meillet; recorreremos às notas manuscritas somente quando confirmarem, através de um desenvolvimento

maior, o que os editores mantiveram. CLG (p. 22) [p. 31].

[24] CLG (p. 22) [p. 30].

[25] Idem, ibid.

[26] Idem (p. 80) [pp. 98-99].

[27] (CLG/E, I, p. 148, n. [3299] 1091).

[28] (Idem, p. 53 B, n. 329).

[29] (Idem, p. 91 F, n. 640)

[30] (Idem, p. 148 B, n. 1094).

[31] (Idem, p. 31, D+B, n. 159).

[32] (Idem, p. 57 E, n. 352).

[33] Cf. CLG, Introdução, capítulo v.

[34] CLG (p. 132) [p. 157].

[35] (CLG/E, I, p. 242 B, n. 1755).

[36] (Idem, p. 263 B, n. 1894).

[37] (Idem, p. 19 D, n. 102).

[38] (Idem., col. B).

[39] CLG (p. 32) [pp. 42; 43].

[40] Idem, ibid.

[41] CLG (p. 139) [p. 166].

[42] PLG I, p. 51.

[43] Idem, p. 148.

[44] PLG II, p. 219.

[45] PLG I, pp. 49-55.

[46] Idem, p. 55.

[47] Idem, p. 52.

[48] cf. C. Normand, "Benveniste: une linguistique saussurienne de la signification", *Linx*, n. 26. Paris x Nanterre, 1992.

[49] PLG I, p. 130.

[50] Idem, ibid.

[51] Idem, p. 172.

[52] Idem, p. 160.

[53] Idem, p. 200.

[54] Idem, p. 7.

[55] C. Normand, "Benveniste: quelle sémantique?" *Linx*, n. spécial, Paris x Nanterre, 1996.

[56] "No início, o bebê é o ambiente e o ambiente, o bebê. Seguindo um processo complexo [...], o bebê escolhe os objetos, depois, separa o *ambiente* de *si*. Porém, antes disso, há um estado intermediário, em que o objeto, com o qual a criança entra em relação, é um objeto subjetivo. Na sequência, o bebê se torna uma *unidade*, primeiro, temporariamente, depois, durante quase todo tempo. Entre outros resultados desse novo estado de coisas, a criança começa a ver um interior. Um vai e vem complexo (entre o que está dentro e o que está fora) se estabelece; ele irá prosseguir ao longo da vida do indivíduo, e irá constituir sua principal relação com o mundo." (D. W. Winnicott, *Home is where we start from*, 1986, trad. fr. *Conversations ordinaires*, Gallimard, 1988, p. 80).

Émile Benveniste: qual semântica?

A obra de Benveniste, fonte de referência frequente entre os linguistas franceses, tinha permanecido até esses últimos anos pouco analisada fora dos estudos comparatistas e históricos.[1] Foi apenas recentemente que ela suscitou vários trabalhos associados ao mesmo tempo a limitar esse conjunto, cuja diversidade frequentemente desconcerta, a analisar os conceitos de "sucesso" (a subjetividade, a enunciação, o discurso...) e a situar Benveniste na linguística contemporânea. Essa renovação do interesse deve provavelmente estar relacionada à importância atual das pesquisas semânticas em sua diversidade.

Sabemos que, nos anos 1970, Benveniste pôde servir de referência, ou antes, de ponto de partida, tanto para uma análise do discurso que se consagrava como uma semântica e continuava ligada ao funcionamento da língua quanto para uma corrente pragmática que tinha urgência em sair desse contexto.[2] Se as pesquisas cognitivas de sua parte ignoram Benveniste, a semiótica atual, em sua aproximação com a fenomenologia, se apoia em sua abordagem do sujeito e da temporalidade.[3] De minha parte, li em suas análises um desenvolvimento consequente da teoria saussuriana em uma linguística da significação e, ao mesmo tempo, um deslizamento para fora do seu fundamento, o princípio semiológico do arbitrário do signo.[4]

Esses pontos de vista, na diversidade de suas interpretações às vezes contraditórias, testemunham a riqueza dessa herança.[5]

Partindo dos resultados de meus trabalhos anteriores, gostaria de mostrar mais precisamente como se introduz em Benveniste a questão, central em semântica, da referência e suas relações com a dita teoria da enunciação.[6]

Em um primeiro momento – significação e designação – mostrarei a mudança que se realiza em Benveniste a respeito dessas duas noções clássicas. Veremos que a consideração da referência (designação), não se impõe a ele senão a partir do momento em que a significação lhe aparece como um

154 Convite à linguística

verdadeiro problema teórico a ser tratado como tal. Essa dupla novidade somente se formula a partir de 1964, como mostrará a comparação de dois textos (1954/1964). Essa mudança pode ser resumida no programa que desdobra, desde então, a descrição linguística entre semiótica e semântica.

Em um segundo momento – referência e enunciação – reexaminarei o papel, na elaboração dessa perspectiva semântica, da instalação teórica da enunciação; teço a hipótese de que é a especificidade sui-referencial dos termos da "pessoa" que permite à Benveniste como linguista tratar da referência, sem reduzir a semântica a seu modelo lógico-positivista.

Enfim, quando esse desdobramento-redobramento da análise linguística, se abre em um programa mais vasto conjugando, sob o ponto essencial da semiologia, o sentido e o sujeito; encontro esse filósofo infeliz contrariado pelo linguista, do qual me veio a ideia da "dupla postulação".[7]

Significação e designação: a questão da significação

Há um momento em que Benveniste, em suas análises que se pretendem sempre e somente linguísticas, encontra a filosofia sobre as questões do sujeito e da referência. Nesse encontro, a dimensão da significação[8] torna-se problemática, ao passo que até então ela não parecia levantar algum problema.

Com efeito, o fato de que os termos significam será de certo modo evidente na descrição comparativa das línguas: é a semelhança de sentidos que justifica primeiramente que se aproximem formas mais ou menos diferentes; a interpretação semântica é uma condição prévia à descrição. Ela pode, certamente, dar lugar em cada caso a discussões filológicas e – Benveniste lembra sempre – é preciso levar em conta usos às vezes muito particulares de um termo, em outras palavras, textos e contextos; mas isso parece no máximo uma dificuldade de tradução, e não um problema teórico concernente à língua. É somente a partir de 1964 que a propriedade de significação é apresentada nos seus textos como um problema fundamental da linguística, exigindo novos conceitos e que se modifique o método de descrição. Argumentarei essa afirmação comparando dois textos distantes dez anos entre si: "Problèmes sémantiques de la reconstruction" (1954, I, cap. XXIV) e "Niveaux de l'analyse linguistique" (1964, I, cap. X).

1954: o sentido em um comparatismo estrutural

Nesse longo estudo dedicado a problemas de etimologia, Benveniste esclarece inicialmente que não vai tratar da significação num plano teórico:

> As noções semânticas se apresentam ainda sob uma forma tão vaga que para tratar um aspecto delas seria necessário começar por estabelecer um corpo de definições rigorosas. Mas essas definições demandariam por sua vez uma discussão que tratasse dos próprios princípios da significação.[9]

Permanecendo em uma perspectiva comparatista ("determinar se e como dois morfemas formalmente idênticos ou comparáveis podem ser identificados por seu sentido"), o único princípio que ele estabelece concerne ao método: "[...] o sentido de uma forma linguística se define pela totalidade de seus usos, por sua distribuição e pelos tipos de ligação que resultam."[10]

Segue a análise de vários problemas particulares de reconstrução, tais como: o caso dos dois sentidos da forma "voler" [voar] em francês, ou a correspondência do grego significando *poser* [colocar] (*tithemi*) e do verbo latino *faire* [fazer] (*facere*) que alguns remetem a uma mesma raiz indo-europeia "dhe-, "conexão que não é tão manifesta para nós que devamos admiti-la sem justificativa".[11]

Todo o texto insiste sobre a importância dos contextos cuja consideração permite evitar o que Benveniste chama, em alguns, "um vício de método na argumentação".[12] Ele critica assim as comparações feitas pelo neogramático Osthoff entre as formas sânscritas dos termos designando a *árvore* e a *fidelidade* e a reconstrução que este propõe, para sustentar essa relação, de uma raiz comum encerrando a noção concreta de árvore:

> As relações morfológicas e a distribuição das formas não indicam entre os termos que denotam a "árvore" e aqueles para "fidelidade" uma relação tal que os segundos derivam dos primeiros, eles se dividem igualmente em cada língua (indo-europeia) e dizem respeito ambos a uma mesma significação que se deixa reconstruir com a ajuda do conjunto das formas atestadas.[13]

Concluindo sobre o caráter "falacioso" do critério concreto/abstrato, Benveniste afirma então a importância da "distinção necessária entre a significação e a designação".[14]

Entretanto, essa afirmação que não é muito argumentada, quase não é muito esclarecida pelo conjunto dessas demonstrações nas quais os termos *sentido, denotação, significação,* ou *significar, designar, denominar*, parecem empregados indiferentemente ou, segundo distinções que continuam não explicitadas; assim:

> É somente em grego que *dru – significa "carvalho". Em outras línguas, o sentido é "árvore, bosque" [...]. O termo genérico para "árvore" denominou a árvore o mais importante [...]. Tudo confirma que *dreu – designava a árvore em geral, e que o sentido de "carvalho" foi adquirido somente em grego [...] Assim, a demonstração de Osthoff é atingida em seu próprio princípio; a significação que ele acreditava original se revela tardia e limitada.[15]

A partir de um estudo dos usos nas diferentes línguas indo-europeias, Benveniste estabelece de sua parte uma "base formal" tendo uma "significação comum" e constituindo o que ele chama de uma "família semântica"; *significação* parece então somente referir às relações que os usos permitem estabelecer entre as formas:

> Devemos colocar a base formal como I * der-w-, II * dr-eu-, com o sentido de "estar firme, sólido são"[...] (seguem exemplos sânscrito, grego, eslavo antigo, irlandês). Aqui se colocam naturalmente os membros germânicos desse grupo tais como gótico, *trauan, trausti* que sempre derivam diretamente dele e fixaram em germânico a terminologia da "confiança".[16]

Mas a conclusão dessa passagem está longe de ser clara quanto à distinção designação/significação: "Desde então, é dessa significação comum que a designação de árvore participa".[17]

Mesmo que o que ele entende por significação pareça se esclarecer mais adiante pela comparação que ele estabelece entre esse estudo pelos usos e o método estrutural:

> Em todos os casos discutidos encontra-se implicado um problema de relação, e é pelas relações que é definida uma estrutura semântica. O leitor atento provavelmente discernirá no procedimento seguido aqui as mesmas preocupações que aparecem em outras partes da linguística atual, e até mesmo certas analogias no objeto da pesquisa. As considerações que precedem giram em torno de uma questão que é a identificação dos traços distintivos por oposição às variantes; como definir a distribuição e as capacidades combinatórias de um "sentido"[...][18]

Assim, nesse texto situado completamente no campo da gramática comparada, portanto de uma reflexão linguística sobre o sentido orientada pela etimologia e pela diacronia, vemos se delinear a dificuldade ligada ao duplo papel da língua: nomear o mundo (designação arbitrária em relação à realidade) e dizê-lo no interior de um sistema, em relações pelas quais as formas se motivam reciprocamente (significação); o que Benveniste formulará mais tarde pela "dupla significância" e desenvolverá na oposição *semântica/semiótica*. Mas essa oposição é nesse caso apenas um esboço na afirmação da separação necessária da *designação* e da *significação*, distinção pouco mantida no texto em si. Ela se revela também na constatação das dificuldades que o estudo semântico opõe à análise estrutural:

> Mas, as noções semânticas bem mais complexas (que a "fonêmica"), mais difíceis de objetivar e, sobretudo, de formalizar, estando implicadas na "substância" extralinguística, denominam primeiramente uma descrição dos usos que são os únicos que permitem definir um sentido.[19]

A relação com a lógica é aqui sugerida ao mesmo tempo em que é descartada: o linguista não deve se ocupar da referência (relação com a "substância"), ao menos nesse tempo da análise estrutural ("primeiramente"); ele pode evitá-la não se ocupando do sentido das frases, portanto do que é dito do mundo, mas somente do sentido das palavras, das unidades do sistema.

1964: o sentido em uma linguística da frase

O texto "Les niveaux de l'analyse linguistique" é fundamental para compreender a mudança que se produz em Benveniste na abordagem da significação. Essa mudança está ligada à consideração da especificidade da frase e, a partir disso, ao encontro com a lógica sob a forma dos problemas da referência.

Resumo as etapas desse longo desenvolvimento cuja complexidade não pretendo desdobrar aqui, em particular sobre a noção capital da propriedade de "integração".[20]

Sem detalhar a demonstração que retoma os procedimentos da análise estrutural e resulta na noção de níveis, fico apenas com a conclusão: é o sentido que permite segmentar as unidades em cada nível, o critério distribucional apenas se acrescenta à

> condição linguística do sentido o qual deve satisfazer a delimitação da nova unidade de nível superior. O sentido é de fato a condição fundamental que toda uma unidade de qualquer nível deve preencher para obter status linguístico.[21]

Assim, não é mais tempo

158 Convite à linguística

de desviar o "sentido" e de imaginar procedimentos complicados e inoperantes para deixá-lo fora de jogo retendo somente os traços formais; mais vale reconhecer francamente que ele é uma condição indispensável da análise linguística.[22]

Podemos supor que o antimentalismo extremo do estruturalismo americano, que faz os princípios da descrição linguística dependerem de uma posição estritamente behaviorista em psicologia,[23] levou Benveniste a ver no sentido um problema teórico a ser tratado como tal; diz então, é o problema,

> que assombra toda a linguística moderna, a relação forma: sentido que muitos linguistas gostariam de reduzir apenas à noção de forma, mas sem chegar a se livrar de seu correlato, o sentido.[24]

Tal como Perseu perante a cabeça de Medusa, Benveniste lida habilmente então com o sentido e o aborda obliquamente pela oposição constituinte/integrante: uma unidade formal, um constituinte, é distintiva se ela pode ser parte integrante da unidade de nível superior da qual ela torna-se o integrante; assim, **balde** é integrante de **balde de carvão**. Essa ligação permite esclarecer a relação forma/sentido por uma aproximação – analogia ou assimilação? Benveniste diz "modelo" –, entre constituinte: integrante e função proposicional: proposição. A função proposicional, forma vazia (x é humano) somente se torna uma proposição se damos um *valor*, ou seja, um *sentido* para x, pelo qual "ela se torna uma proposição verdadeira ou falsa".[25] Mas, quando utilizamos uma linguagem lógica, separamos no cálculo as duas etapas da função proposicional e da proposição, enquanto em uma língua natural: "Forma e sentido aparecem assim como propriedades conjuntas, dadas necessária e simultaneamente, inseparáveis no funcionamento da língua".[26]

Assim, o modelo lógico permite evocar a distinção sintaxe (combinatória de signos) e semântica (relações dos signos com o mundo), que é uma distinção da semiótica lógico-positivista, mas também de se diferenciar disso em uma abordagem propriamente linguística do sentido: a especificidade de uma língua natural em relação a uma linguagem lógica é de significar de início. Esse modelo permite também retomar e precisar a distinção sentido e referência:

> Na língua organizada em signos, o sentido de uma unidade é o fato de que ela tem um sentido, que ela é significante. O que equivale a identificá-lo a sua capacidade de preencher uma "função proposicional", em outras palavras, a sua capacidade de integração.[27]

Enquanto *sentido* é tomado "numa acepção completamente diferente" quando nos perguntamos "qual é esse sentido?",[28] trata-se então da referência: "Cada enunciado e cada termo do enunciado tem assim um referente[29] cujo conhecimento é implicado pelo uso nativo da língua".[30]

E a análise desse referente é "uma tarefa distinta, frequentemente difícil que não tem nada de comum com o manejo correto da língua".[31]

Em 1964, Benveniste não diz que esta tarefa diferente não seria a do linguista, enquanto no texto de 1954, ele lhe determinava claramente a significação e descartava a designação. Foi porque ele passou do cuidado de extrair a unidade "pela identificação dos traços distintivos por oposição às variantes", e, portanto de "definir a distribuição e as capacidades combinatórias de um 'sentido'"[32] à consideração da frase, "proposição predicativa" que, de um lado "não constitui uma classe de unidades", e de outro, "encerra ao mesmo tempo sentido e referência: sentido porque ela é informada de significação, e referência porque ela se refere a uma dada situação".[33]

Introduzir na análise a frase, "unidade do discurso", atribui doravante ao linguista uma dupla tarefa de descrição:

> Há, de um lado, a língua, conjunto de signos formais, liberados por procedimentos rigorosos, nivelados em classes, combinados em estruturas e em sistemas, e de outro, a manifestação da língua na comunicação viva.[34]

O desdobramento da linguística somente será fixado, em sua terminologia, em 1966, mas ele já está presente nesse texto quando é anunciada a propensão desse novo domínio à ampliação indefinida:

> É no discurso, atualizado em frases, que a língua se forma e se configura. Aí começa a linguagem. Poderíamos dizer, calcando a fórmula clássica: *nihil est in língua quod non prius fuerit in oratione*.[35]

Modificando, assim, uma fórmula clássica da filosofia empirista, Benveniste propõe um novo campo de pesquisa ao linguista ou lhe atribui a tarefa de renovar a filosofia da linguagem?

Os dois processos, linguístico e filosófico, coexistem de fato depois de 1964, ligados pelo jogo de dois desdobramentos em torno de três termos vizinhos: primeiro desdobramento: a análise do sistema de signos, dita desde de 1966 semiótica, é acompanhada em uma análise do discurso, dita semântica; mas, segundo desdobramento: o segundo elemento dessa dupla análise linguística, é chamado a se prolongar em um vasto programa com limites indefinidos,

160 Convite à linguística

próximo de uma antropologia cultural, que Benveniste resume sob o termo *semiologia*, e precisa na ocasião pelo termo *metassemântica*.[36]

Já tentei ressituar na obra de Benveniste essa obsessão por uma teoria unitária;[37] ele se une assim àquele movimento que, na Europa, no fim dos anos 1960, procurava um nome, *semiótica ou semiologia*? Se *semiótica* ganhou, foi provavelmente sob o efeito da semiótica americana, descendente de um positivismo bem instalado, movimento do qual Benveniste, herdeiro confirmado de Saussure e fiel ao termo semiologia, permanece muito distante; entretanto, ele compartilha com seus contemporâneos semioticistas a ambição de descrever a globalidade do mundo social em termos de sistemas de signos, autorizando-se assim da "ciência" linguística para um projeto filosófico. É talvez uma tendência inevitável desde o momento em que queremos tratar da referência; todavia foi primeiramente e antes de tudo como linguista que Benveniste abordou essa descrição: unindo-se às particularidades formais do enunciado ligadas à situação de enunciação e às particularidades semânticas que se seguem.

Referência e enunciação
A "teoria da enunciação"

Primeiramente lembrarei que, reagrupando certos textos sob esse tema global, se teve a tendência a isolá-los do resto da obra de Benveniste da qual se fez, assim, leituras disjuntas. Tentei mostrar, pelo contrário, que a reflexão sobre a "pessoa", que segue de 1946 a 1970, traduz preocupações que estão presentes na essência do que Benveniste escreveu em linguística geral e frequentemente em gramática comparada, ou seja, para resumir:

- aplicar o método saussuriano à todas as descrições concretas, jamais separando forma e sentido;
- tentar, nesse caso, apreender o papel da significação na língua;
- ampliar essas marcas à uma teoria do sentido e do sujeito, pela qual (ainda que ele não o explicite) ele se mostra próximo da fenomenologia.[38]

Entretanto, é verdade que os textos que tratam da enunciação têm, em relação aos outros, ao menos duas particularidades: de um lado, eles se relacionam especificamente às marcas (indícios) da subjetividade, enquanto os outros desenvolvimentos não fazem intervir o papel do sujeito a não ser nas interpretações das descrições;[39] de outro lado é nesses textos que se formula de maneira sistemática o programa de uma nova linguística, aquela que deve tratar da frase, e assim do discurso, linguística do semântico distinguida da primeira (e sempre necessária) linguística do sistema, dita semiótica. Mas, vimos que o próprio programa não se instala senão a partir de 1964; quando agrupamos em torno dele tudo o que concerne aos indícios da pessoa e a subjetividade, é por meio de uma construção posterior que oculta o que precede, e prepara, esse resultado. Não há em Benveniste revolução enunciativa; a busca dos traços da subjetividade nas formas linguísticas está presente desde o início e se teoriza pouco a pouco entre hesitações e afirmações.

Tentarei mostrar aqui que a mudança situada na problemática de Benveniste da referência está ligada à implantação dessa teoria da enunciação e que é o que faz a especificidade de sua semântica.

A referência

Lembramo-nos que, no texto central de 1964, Benveniste afirma que uma língua natural, ao contrário de uma linguagem lógica, de início, significa. Nesse mesmo texto vimos que a referência, sempre distinguida da significação, torna-se domínio de estudo do linguista, doravante levado a prosseguir a análise do sistema pelo estudo das frases e assim do discurso, pois esses "dois universos diferentes [...] dão lugar a duas linguísticas diferentes".[40] Mas, qual será o método se não quisermos reduzir a análise do sentido a uma análise lógica à maneira da semiótica americana?

Benveniste então não levanta essa questão, mas podemos pensar que ele respondeu a isso precisamente em suas análises concretas em que, levando em conta as marcas particulares da enunciação de um sujeito na língua, é como linguista que ele retoma o problema lógico da referência. A descrição dessas marcas, de fato, iniciada em 1946 e prosseguida até 1970, ampliou a noção de referência ao conjunto da situação de enunciação. Conforme essa última for experimentada ou não por um sujeito assumindo o discurso enunciado, algumas formas linguísticas são submetidas a variações regradas. Benveniste vai situar sua nova linguística, aquela que a partir de 1966 ele chamará de, indiferentemente, *linguística do discurso* ou *semântica*, na descrição desses tipos de enunciados que têm a particularidade de não mais dissociar sentido e referência, particularidade essa dependendo unicamente da presença marcada de um sujeito no enunciado.

Indicadores da pessoa na frase

Nas análises concretas ao longo das quais se elabora a teoria da enunciação, de início não se trata senão de liberar as particularidades formais de algumas unidades. Assim, em 1946, Benveniste se contenta em opor a "correlação de pessoalidade: <eu-tu>" que encerra "a marca da pessoa" a <ele> que "é privado dela"; então, nem a frase nem a referência intervêm. Sua análise é desenvolvida segundo o modelo que lhe é habitual: descrição, depois interpretação, de oposições formais. Mas, desde 1956, a questão da referência intervém a propósito dos pronomes. Nesse texto – que amplia a análise linguística a um "problema de linguagem" – são colocadas noções e oposições fundamentais, em particular, "a distinção entre os signos que referem, a realidade, a posições 'objetivas' no espaço ou no tempo e os signos 'vazios', não referenciais em relação à realidade, remetendo somente a uma realidade de discurso que é algo muito singular".[41]

A particularidade referencial dos indicadores da pessoa assim colocada em evidência consiste em que sentido e referência não são distinguidos:

> Cada **eu** tem sua referência própria e corresponde a um ser único de cada vez, colocado como tal [...] **Eu** significa "a pessoa que enuncia a presente instância do discurso contendo **eu**".[42]

Pela primeira vez aparece claramente a complexidade da ligação significação-referência, complexidade que acabará por impor a consideração dos dois pontos de vista, pois o linguista se encontra confrontado a dois planos que parecem se opor, mas concernem igualmente a uma descrição formal:

> De um lado, a língua como repertório de signos e sistema de suas combinações, e de outro, a língua como atividade manifestada em instâncias do discurso que são caracterizadas como tais por indícios próprios.[43]

Podemos ver aqui como a questão lógico-semântica da referência se impõe à análise linguística: primeiramente, é através do tratamento do fenômeno da *sui-referência*, na medida em que se manifesta formalmente. Fora do quadro lógico clássico Benveniste delineia assim o que ele chamará de domínio do discurso (ou do semântico), mas que ainda se diz somente análise da comunicação intersubjetiva, limitada à descrição de signos muito particulares: "Desprovidos de referência material eles não podem ser mal empregados; não afirmando nada não são submetidos à condição de verdade e escapam de toda denegação".[44]

Essa descrição concerne a todos os indicadores da pessoa, que se manifestam em particular através de todas as variações do paradigma verbal, cuja descrição constitui o estudo de 1959; ela quase não dá lugar ao domínio da não-pessoa, domínio ordinário da semântica de inspiração lógica. Nesse texto, "Les relations du temps dans le verbe français", como naquele de 1958, "Les verbes délocutifs", podemos nos surpreender que a propriedade de autorreferência, teorizada, senão nomeada, desde 1956, quase não seja retomada. Na verdade, Benveniste não se consagra senão à descrição da subjetividade tal como ela é marcada pela língua; é ainda nesse quadro que ele fala de discurso; essa nova abordagem do sistema verbal, pela qual Benveniste separa a "enunciação histórica e o plano do discurso revela relações e oposições que são a realidade da língua".[45]

Relações e oposições de mesmo tipo, marcando a subjetividade na língua, são também longamente examinadas em um segundo texto de 1958 ("De la subjectivité dans le langage") em que Benveniste reencontra como linguista as observações dos lógicos sobre os verbos de atitudes proposicionais e aquelas de Austin sobre o performativo. Ele detalha nesse texto as particularidades das formas verbais tais como "eu suponho, eu presumo..." pelas quais "eu implico que tomo uma certa atitude a propósito do enunciado que segue",[46] depois, os casos tais como "eu juro, eu prometo" em que "a enunciação se identifica com o próprio ato; mas essa condição não é dada no sentido do verbo; é a "subjetividade" do discurso que a torna possível".[47]

A questão da referência é então explicitamente retomada, nos termos de 1956: "Portanto, a que então se refere? A algo muito singular, que é exclusivamente linguístico: eu, se refere ao ato do discurso individual em que ele é pronunciado, e ele designa seu locutor".[48]

Enfim, quando, em 1963, Benveniste responde diretamente aos filósofos, em particular a Austin, ele é levado a precisar em que sentido e em que medida usa esse termo *performativo* e, assim, a insistir sobre a auto ou sui-referência:

> Isso conduz a reconhecer ao performativo uma propriedade singular, aquela de ser sui-referencial, de se referir a uma realidade que ele mesmo constitui, porque é enunciado em condições manifestas. Daí que ele é ao mesmo tempo

manifestação linguística, visto que ele deve ser pronunciado, e feito de realidade, enquanto realização do ato. O ato se identifica, portanto com o enunciado do ato. O significado é idêntico ao referente [...] O próprio enunciado que se toma como referência é exatamente sui-referencial.[49]

Teorizar os resultados

Após 1964, com a consideração da frase e dos dois domínios, a questão da referência está ligada à implantação teórica dessa segunda linguística. As descrições que permitiram introduzir o caso da sui-referência são feitas sobre o essencial; Benveniste se ocupa daqui por diante em teorizar os resultados disso. Um único texto de 1965, retomando longamente o paradigma dos pronomes franceses, vem confirmar "que a terceira pessoa é profundamente diferente das duas outras",[50] aqui pela descrição comparada do funcionamento dos *antônimos*, ou seja, a série *eu, tu, ele*:

> EU é, na instância do discurso, a autodesignação daquele que fala: é o seu nome próprio de locutor, aquele pelo qual um falante, sempre e somente ele, refere a si próprio enquanto falante, após nomeia diante dele TU, e fora do diálogo ELE.[51]

Se excetuarmos algumas observações concretas para apoiar um texto muito geral sobre o *tempo linguístico* distinto do *tempo físico* ("Le langage et l'expérience humaine", 1965), os estudos posteriores a 1964, em particular o famoso "La forme et le sens dans le langage" (1966), se contentam em retomar os resultados das análises precedentes e de desenvolvê-los em uma perspectiva filosófica. É uma teoria da linguagem que se expõe no texto de 1969, "Sémiologie de la langue", em que se resume o *processo de apropriação da língua* pelo sujeito, graças ao *aparelho formal da enunciação* anteriormente descrito. O duplo programa da linguística é fixado a partir de então, de maneira quase dogmática: dar conta dessa especificidade única da língua:

> Ela é investida de uma DUPLA SIGNIFICÂNCIA. É então propriamente um modelo sem análogo. A língua combina dois modos distintos de significância, que chamamos o modo SEMIÓTICO, de um lado, e o modo SEMÂNTICO de outro.[52]

A síntese teórica, bloqueando qualquer questão, somente admite (em nota) uma pequena dificuldade terminológica:

Teríamos preferido escolher, para ressaltar essa distinção, termos menos semelhantes entre si que SEMIÓTICA e SEMÂNTICA, visto que ambos assumem aqui um sentido técnico. Seria necessário, entretanto, que ambos evocassem a noção do sema a qual os dois se ligam, apesar de diferentemente. Essa questão terminológica não deveria incomodar aqueles que quiserem considerar a perspectiva completa de nossa análise.[53]

Mas essa diferença de união, precisamente, foi resolvida no termo desse longo percurso?

Finalmente, qual semântica?

Tentemos retomar a lógica desse itinerário tal como a reconstituem os últimos textos: a vontade de ultrapassar a linguística das unidades rumo a uma linguística da frase obriga a introduzir a questão da referência: "Ela (a língua) se manifesta pela enunciação que faz referência a uma situação dada; falar é sempre falar de".[54]

Assim, referência e enunciação estão relacionadas:

> Enquanto predicação individual a enunciação pode se definir em relação à língua, como um processo de apropriação. O locutor [...] enuncia sua posição de locutor por índices específicos [...]. Mas, imediatamente, a partir do momento em que ele se declara locutor e assume a língua, ele implanta o outro diante dele [...]. Enfim, na enunciação, a língua se encontra empregada para a expressão de uma certa relação com o mundo [...]. A referência é parte integrante da enunciação.[55]

Todavia, a consideração da referência, não parece concernir primeiramente senão aos casos particulares da sui-referência:

> A presença do locutor em sua enunciação faz com que cada instância de discurso constitua um centro de referência interna. Essa situação vai se manifestar por um jogo de formas específicas cuja função é colocar o locutor em relação constante e necessária com sua enunciação.[56]

Ou seja, os casos particulares em que designação e significação coincidem: "o termo *eu* indicando o indivíduo que profere a enunciação", a isso se reduz sua significação.

Então, o que se passa com os outros termos da língua, aqueles que interessam classicamente à semântica, "as entidades que têm na língua seu estatuto estável, pleno e permanente", distinguidas daquelas "que, emanando

166 Convite à linguística

da enunciação, só existem na rede de 'indivíduos' que a enunciação cria e em relação ao 'aqui-agora do locutor'"? Se seguirmos a divisão semiótica/ semântica, solidamente reafirmada em 1969, esses termos objetivos diriam respeito, de um lado, ao estudo semiótico, enquanto elementos do sistema, de outro, ao estudo semântico na medida em que constituem frases, *mensagens, discurso*, pelos quais a língua é colocada em uso. Nesta segunda análise é tratada a referência:

> O semântico leva necessariamente em conta o conjunto dos referentes, enquanto o semiótico é, por princípio, separado e independente de qualquer referência. A ordem semântica se identifica com o mundo da enunciação e com o universo do discurso.[57]

Mas, nesse caso, na medida em que a enunciação, isto é, "o ato mesmo de produzir um enunciado" é "o fato do locutor que mobiliza a língua a seu modo",[58] a distinção entre a sui-referência única e evanescente em cada ato de enunciação, e a referência aos termos "que têm seu estatuto pleno e permanente", não pode mais se sustentar; toda relação à referência, na língua colocada em uso, depende da sui-referência; a referência só concerne à situação cada vez única do locutor.

É o que, finalmente, o texto de 1970 deixa entender quando, após ter lembrado que a enunciação é "responsável por algumas classes de signos que ela literalmente promove à existência",[59] Benveniste amplia seu papel no conjunto do funcionamento da língua: "Além dessas formas que ela comanda, a enunciação dá as condições necessárias às grandes funções sintáticas",[60] interrogação, intimação e até a asserção, domínio que acreditávamos poder reservar à objetividade:

> Menos evidente, talvez, mas igualmente certa, é o pertencimento da asserção a esse mesmo repertório. Na sua construção sintática assim como em sua entonação, a asserção visa a comunicar uma certeza; ela é a manifestação mais comum da presença do locutor na enunciação.[61]

Do mesmo modo, quando eram distinguidos, em 1959, os dois planos de enunciação da história e do discurso, lembramo-nos que a enunciação histórica dependia, em suma, da "intenção histórica [...] uma das grandes funções da língua",[62] em outras palavras, do "desígnio histórico" do escritor que escolhe apagar sua presença a fim de que "os eventos pareçam se contar eles próprios".[63]

Assim, a análise semântica programada por Benveniste quer dar conta, provavelmente, da mediação aos objetos operada pela língua, mas seu projeto não é esclarecer as condições de uma correspondência nem, em particular, colocá-la em relação com as condições de verdade. Ele está, assim, muito longe das pesquisas que não veem a passagem de uma semântica da palavra para uma semântica da frase com a ajuda da lógica ou, ao menos, solicitando a noção de verdade.[64]

Benveniste continua querendo se distinguir dos lógicos e, nesse texto, ainda que ele não o esclareça, provavelmente da semiótica de Peirce, tal como Morris a retomou e desenvolveu, a sua maneira, em sua obra *General Theory of Signs* (1938). Quando fala da referência não podemos mais saber se ele conhece a distinção tornada célebre de Frege entre *sentido* (*Sinn*) e *referência* (*Bedeurung*). Entretanto, há um eco da tradição lógica quando, dirigindo-se a filósofos em 1966, acrescenta para apoiar sua própria "articulação teórica":

> Podemos transpor o semantismo de uma língua para o de outra, "salva veritate"; é a possibilidade da tradução; mas não podemos transpor o semiotismo de uma língua para o de uma outra, é a impossibilidade da tradução. Atinge-se, aqui, a diferença entre o semiótico e o semântico.[65]

E, assim, de repente, é reafirmada uma confiança bastante filosófica em uma atividade metalinguística confiável, obra de abstração superior pela qual o *espírito* se distancia de toda língua empírica:

> Esse fato (a possibilidade da tradução) revela a possibilidade que temos de nos elevar acima da língua, de nos abstrair dela, de contemplá-la utilizando-a em nossos raciocínios e nossas observações. A faculdade metalinguística, a qual os lógicos foram mais atentos que os linguistas, é a prova da situação transcendente do espírito face à língua em sua capacidade semântica.[66]

Após essa reverência, carregada de sentido, na tradição filosófica a última palavra, entretanto, é a do linguista: "Mas, na base de tudo, há o poder significante da língua, que passa muito antes daquele de dizer alguma coisa".[67]

Benveniste volta a isso na discussão que segue essa comunicação; ele se situa em relação a uma semiótica lógica afirmando que um linguista não pode separar sintaxe e semântica e integrando a pragmática na semântica:

> A partir do momento em que a língua é considerada como ação, como realização, ela supõe necessariamente um locutor e supõe a situação desse locutor no mundo. Essas relações são dadas conjuntamente no que eu defino como o semântico.[68]

168 Convite à linguística

Portanto, tal análise semântica não encontra senão pontualmente as preocupações dos filósofos analíticos (sobre o performativo, a composicionalidade...); seu objetivo é muito mais próximo daquele de um filósofo como Ricoeur, do qual sabemos que, desde o início, se interessou pelas proposições de Benveniste e utilizou-as para redefinir "as trocas entre estrutura e evento, entre sistema e ato".[69]

A referência que tal abordagem semântica leva em conta, distinguindo-a do *sentido* (remetido ao sistema), é a da *situação de discurso*, cada vez única, "cujo conhecimento nada substitui", pois a frase, longe de se deixar avaliar em termos de condições de verdade, "só existe no instante em que ela é proferida e logo se apaga. É um evento evanescente".[70]

Em suma, a semântica que Benveniste anuncia é uma semântica da pessoa em sua relação com o mundo, desse sujeito que, prontamente chamamos *sujeito da enunciação*; aquele mesmo do qual J. C. Milner mostra, a propósito das frases exclamativas, que levá-lo em conta na teoria linguística equivale a mostrar a impossível formalização e completude desta.[71] Lembramo-nos que Milner, sob os termos *referência atual* e *referência virtual* retoma a diferença designação/sentido, a fim de que a terminologia "não dissimule a articulação" dos dois planos;[72] mas, sua demonstração sintática reencontra "os efeitos de uma instância em si não formalizável e não representável: o sujeito da enunciação; daí sua conclusão:

> É o próprio real da língua que, em alguns de seus lugares, só pode ser descrito integralmente pelo acréscimo ao formalismo de termos que o subvertem; é a própria língua que só pode ser percorrida totalmente em relação a um ponto que, como totalidade, a desfaz.[73]

Finalmente, seria por razões similares, intrínsecas à natureza dos fenômenos visados, que Benveniste não propôs método de descrição aplicável a sua teoria do semântico? Podemos também pensar que a relação à referência, tal como ele a vê, visa além das possibilidades de descrição linguística a tradição filosófica de reflexão sobre o sentido na qual se inscreve Ricoeur. Sabemos que, quando este retoma a contribuição de Benveniste, com o cuidado de "preservar o diálogo entre a filosofia e as ciências humanas", desenvolve suas análises da referência "sobre o segundo plano da nova ontologia hermenêutica" (de Heidegger e Gadamer). Então, a definição que ele propôs da referência lembra algumas expressões de Benveniste que podiam, às vezes, surpreender seus leitores linguistas. Esse último, todavia, teria subscrito a seguinte declaração do filósofo:

Confesso muito naturalmente que essas análises pressupõem continuamente a convicção de que o discurso nunca é *for its own sake*, para sua própria glória, mas que ele quer, em todos seus usos, levar à linguagem uma experiência de habitar e de estar no mundo que o precede e pede para ser dita [...], prerrogativa de um ser a dizer com respeito a nosso dizer.[74]

Ficarei nessa questão.[75]

Texto originalmente publicado em *Linx*, "Du dire et du discours". Hommage à Denise Maldidier.

Notas

[1] Ver *Émile Benveniste aujourd'hui* (Colloque de Tours, 1983); "Lectures d'Émile Benveniste", *Linx*, 26, 1992; *Émile Benveniste vingt ans après*, Colloque de Cerisy 1995. Para uma bibliografia mais completa, cf. Moïnfar in *Linx*, 26.

[2] Ver D. Maldidier; C. Normand; R. Robin,"Discours et idéologie: quelsques bases pour une recherche", *Langue française*, Paris, 15, 1972, pp. 116-42.
C. Kerbrat-Orechionni, *L'énonciation de La subjectivité dans le langage*, Paris, Colin, 1980.

[3] J. C. Coquet, "Réalité et principe d'immanence", *Langages*, 103, 1991, pp. 23-105.
J. C. Coquet, "Notes sur Benveniste et la phénoménologie", *Linx*, 26, CRL Université Nanterre, 1992, pp. 41-48.
J. C. Coquet, "Benveniste et le discours des passions", *Colloque de Cerisy Benveniste vingt ans après*, 1995.

[4] C. Normand, "Benveniste: une linguistique saussurienne de la signification", *Linx*, 26, CRL Université de Nanterre, 1992a, pp. 49-75.

[5] Esse trabalho coincide em muitos pontos com Coquet, 1991, 1992.

[6] Para a referência aos textos primeiramente eu darei, no corpo do texto, sua data de publicação original, depois, em nota, as siglas PLG I, para *Problèmes de linguistique générale I*, e PLG II, para *Problèmes de linguistique générale II*, seguidas de paginação.

[7] C. Normand, "Les termes de l'énonciation chez Benveniste", *Histoire, Epistémologie, Langage*, Paris, Galimard, 1986, pp.191-206.

[8] Impossível distinguir em Benveniste, em minha opinião, uma diferença entre sentido e significação, a maior parte do tempo, intercambiáveis.

[9] PLG I, p. 289.

[10] Idem, p. 290.

[11] Idem, p. 291.

[12] Idem, p. 300.

[13] Idem, ibid.

[14] Idem, p. 301.

[15] Idem, p. 300. Sublinhado pela autora.

[16] Idem, p. 300.

[17] Idem, p. 301.

[18] Idem, p. 307.

[19] Idem, ibid.

[20] Noção longamente desenvolvida por de S. Vogué, "Culioli après Benveniste; énonciation, langage, intégration", *Linx*, 26, CRL Université de Nanterre, 1992, pp. 77-105.

[21] PLG I, p. 122.

[22] Idem, ibid.

[23] Posição que Benveniste criticava desde 1954 (I, II).

[24] PLG I, p. 126.

[25] Idem, p. 125.

[26] Idem, p. 127.

[27] Idem, ibid.

[28] Idem, ibid.

[29] "Creio que seja unicamente nessa passagem que Benveniste utiliza por duas vezes essa ortografia com um d. O critério modal, *déontique: réferend/aléthique: référent*, não era entretanto sem interesse: aquilo ao qual x (o locutor, a palavra, a frase...) deve se relacionar vs aquilo ao qual x se relaciona." (observação da leitura de J. C. Coquet).

[30] PLG I, p. 127.

[31] Idem, ibid.

[32] Idem, p. 307.

[33] Idem, pp. 129-30.

[34] Idem, p. 130.

[35] Idem, p. 131.

[36] PLG II, p. 66.

[37] C. Normand, "Constitution de la sémiologie chez Émile Benveniste", *Histoire, Epistémologie, Langage*, 11, 1989, pp. 141-69.

[38] C. Normand, 1992a, op. cit.

[39] Um exemplo, entre muitos outros: a diferença entre as duas preposições latinas *prae* e *pro* (perante) é remetida ao lugar diferente do sujeito em relação ao objeto colocado diante dele. (1949, I, pp. 132-39)

[40] PLG I, p. 130.

[41] Idem, p. 252.

[42] Idem, ibid.

[43] Idem, p. 257.

[44] Idem, p. 254.

[45] Idem, p. 250.

[46] Idem, p. 264.

[47] Idem, p. 265.

[48] Idem, p. 261.

[49] Idem, pp. 273-74.

[50] PLG II, p. 214.

[51] Idem, p. 200.

[52] Idem, p. 63.

[53] Idem, ibid.

[54] Idem, p. 62.

[55] Idem, p. 82.

[56] Idem, ibid.

[57] Idem, p. 64.

[58] Idem, p. 80.

[59] Idem, p. 84.

[60] Idem, ibid.

[61] Idem, ibid.

[62] PLG I, p. 239.

[63] Idem, p. 240 e n.1, p. 241.

[64] Cf. R. Martin, *Pour une logique du* sens, Paris, PUF, 1983: " Uma das finalidades atribuídas à teoria semântica é a precisão das relações de verdade que unem as frases" (p. 11); M.Galmiche, *Sémantique linguistique et logique*, Paris, PUF, 1991: "Decidir que duas frases têm o mesmo sentido não é outra coisa senão admitir que elas são verdadeiras ou falsas ao mesmo tempo" (p. 23).

[65] PLG II, p. 228.

[66] Idem, pp. 228-29.

[67] Idem, p. 229.

[68] Idem, p. 234.

[69] Paul Ricoeur, "La estructure, le mot, l'événement", *Esprit*, 5, 1967, pp. 801-21.

70 PLG II, p. 227.

71 Cf. J. C. Milner, *De La syntaxe à la interprétation*, Paris, Seuil, 1978: "É para a teoria em seu conjunto que a enunciação e o sujeito que a suporta são dados irredutíveis, dos quais ela não poderia dar conta" (p. 337).

72 Idem, p. 26.

73 Idem, p. 374.

74 Paul Ricoeur, *Du texte à l'action*, Paris, Seuil, 1986, pp. 33-34.

75 Esse estudo (já longo) sofre uma lacuna evidente visto que não leva em conta o *Vocabulaire des Institutions indo-européennes* em que a questão da referência é central e que, por sua data, se situa no centro dos últimos trabalhos de Benveniste.

Idem, p. 222.

Cf. J.-C. Milner, De la syntaxe à l'interprétation, Paris, Seuil, 1978. "É para a teoria em seu conjunto que a enumeração e o sujeito que a suporta são dados irredutíveis, dos quais ela não poderia dar conta." (p. 33?)

Idem, p. 26.

Idem, p. 374.

Paul Ricoeur, Du texte à l'action, Paris, Seuil, 1986, pp. 33-34.

Este estudo (já longo) sofre uma lacuna evidente visto que não leva em conta o fechamento das Instituitions indo-européennes em que a questão da referência é central e que, por sua data, se situa no centro dos últimos trabalhos de Benveniste.

Semiologia, semiótica, semântica: observações sobre o emprego desses termos por Émile Benveniste

Esses três termos, quer sejam ou não claramente especificados em suas diferenças, remetem ao estudo da significação. O surgimento deles diz respeito a uma história que tem uma parte ligada com a da filosofia e a da linguística; somente os abordarei aqui tentando situar seus empregos em Benveniste, que os distingue e teoriza essa distinção, particularmente no programa geral que ele oferece à linguística ao final dos anos 1960. Nessas análises empíricas, assim como neste programa global, Benveniste se apresenta como o continuador de Saussure, fiel ao mestre, mas se propondo ir mais longe sobre a questão da significação e no desenvolvimento do projeto de semiologia geral: "Compete-nos ir além do ponto a que Saussure chegou na análise da língua como sistema significante".[1]

Em um primeiro momento, examinarei o lugar da significação nas descrições empíricas de Benveniste; veremos que ele é, inicialmente, não problemático. Somente apresenta um problema teórico em um segundo momento, problema que se formula e se precisa, então, a partir das três expressões: *o semiótico, o semântico, a semiologia*. Analisarei, enfim, as relações entre esses três termos no *corpus* benvenistiano e deixarei de lado, uma vez que diz respeito a um estudo histórico específico, o destino desses termos e desse programa nos semioticistas e semanticistas após Benveniste.

Lugar da significação nas análises

Benveniste, aluno de Meillet, foi formado, na análise das formas linguísticas, na Gramática Comparada e na Linguística Histórica; seus primeiros trabalhos, tratando de línguas indo-europeias, associam descrições grama-

174 Convite à linguística

ticais e hipóteses teóricas sobre traços de estrutura, assim em *Origine de la formation des noms en Indo-Européen* (1935) [*Origem da formação dos nomes em Indo-Europeu*] e sobretudo em *Noms d'agent et noms d'action en Indo-Européen* (1948) [*Nomes de Agente e Nomes de Ação em Indo-Europeu*]. Nos estudos que foram em seguida reunidos nos dois volumes de *Problemas de linguística geral,* e mais especificamente em cada volume, a 3ª e 4ª partes ("Estruturas e análises" e "Funções sintáticas"), lembram-nos que ele parte com bastante frequência de dados indo-europeus. De fato, ele jamais viu ruptura entre o comparatismo e a linguística estrutural; entre outras razões, é isso o que lhe dá um lugar particular no estruturalismo. Naquilo que engloba sob o termo *Linguística geral*, ele continua descrevendo o funcionamento de formas linguísticas, procura destacar estruturas comuns de línguas diferentes e, sobretudo – nisso ele é precisamente saussuriano –, este estudo das formas tem o papel de esclarecer seus sentidos; sobre esse ponto suas recomendações são constantes: "É preciso, ainda, começar a ver além da forma material e não fazer apoiar-se toda a linguística na descrição das formas linguísticas".[2]

Insistindo ainda sobre o lugar da significação, ele afirma que uma descrição que não se ocupasse disso passaria ao lado daquilo que faz a especificidade da língua como sistema (daí suas críticas quanto ao comparatismo e ao estruturalismo americano); pois é a significação, diz ele, que estrutura a língua, e a significação existe somente na e pelas formas:

> O verdadeiro problema [...] consiste em reencontrar a estrutura íntima do fenômeno do qual não se percebe senão a aparência exterior e em descrever a sua relação com o conjunto das manifestações de que depende.[3]
>
> [É preciso lembrar os linguistas que] seu objeto, a língua, é informado de significação, que é por isso que é estruturado, e que esta condição é indispensável ao funcionamento da língua entre os outros sistemas de signos.[4]

Ele aplica esses princípios nos numerosos estudos em que descreve um fenômeno linguístico: a frase nominal, o médio e o passivo, a relação de *ser* e *ter* etc. Poderíamos multiplicar os exemplos. Somente lembrarei aqui o estudo de 1948 sobre a alternância dos sufixos *-ter /-tor* nos nomes de agente em indo-europeu: quando, estranhamente, aquilo que parece ter um mesmo sentido (no caso, a agentividade) se reparte entre duas formas diferentes, devemos procurar uma diferença de sentido mais sutil nos empregos em contexto: "trata-se de encontrar, no sentido dessas duas formações, a razão de suas diferenças". Uma comparação sistemática, nos textos, de "todas as palavras que comportam a dupla formação" o conduz a conclusão de que vemos, em qualquer lugar, "se opor o autor do ato e o agente de uma função"; ele caracteriza assim a diferença entre as duas formações gregas *iàtor* (aquele que realizou ocasionalmente um restabelecimento) e *iatèr* (o médico).[5] Vemos que, para Benveniste, não só o sentido está ligado à forma, contido por ela, mas também as particularidades formais devem poder se explicar pelo sentido (ele apresenta a "razão" dessas particularidades).

Resumirei esse primeiro ponto, o lugar da significação nas análises empíricas, com três observações:

- Para Benveniste, é evidente que uma particularidade formal somente tem valor linguístico se estiver ligada a uma particularidade de sentido; no que ele é saussuriano e realmente vai mais longe já que parece estabelecer uma relação de necessidade entre sentido e forma; assim, nessa observação de conclusão sobre a análise das vozes ativa e média:

> Para que essa distinção das pessoas tenha tido no indo-europeu uma importância igual à da pessoa e à do número, é preciso que tenha permitido realizar oposições semânticas que não tinham outra expressão possível.[6]

- As interpretações, pelas quais conclui a maior parte de suas análises, fazem intervir a noção de sujeito (sem que esteja realmente definido o estatuto dessa noção). É em relação à presença/ausência do sujeito, ou ao seu papel no processo que a frase predica, que a diferença formal destacada adquire sentido; assim, no caso dos nomes de agente é "o sujeito", diz Benveniste, que está caracterizado, em um caso, como "o autor de um ato", em outro, como "o agente de uma função". Do mesmo modo, ele conclui sobre o ativo e o médio:

> No ativo, os verbos denotam um processo que se efetua a partir do sujeito e fora dele. No médio [...] o verbo indica um processo do qual o sujeito é a sede; o sujeito está no interior do processo.[7]

- Os textos em que ele analisa as formas próprias à "enunciação" não têm, portanto, a particularidade de introduzir a subjetividade na análise linguística; bem antes dos linguistas se valerem desse termo e falarem, de maneira corrente, de "sujeito de enunciação", Benveniste se apoiava, para a interpretação semântica das estruturas, na situação do sujeito (aquele que fala em tal frase) em relação ao mundo do qual ele fala, como vimos no exemplo anterior. É através de observações da mesma ordem que ele caracteriza a diferença entre as preposições *prae* e *pro* em latim ou a distinção entre as duas formações de nomes de agente. Os estudos, que tratam das marcas da pessoa na língua, foram escritos muito cedo (1946, 1956) e não se distinguem das outras análises morfossintáticas. Em 1959, as descrições mais importantes, tratando dos marcadores da dêixis, estavam feitas, mas os linguistas não prestavam atenção especial a esse aspecto do trabalho de Benveniste. Foi somente a partir de 1970, data de uma publicação sintética sobre "o aparelho formal da enunciação", que a noção de *enunciação* se impôs como uma descoberta e, com ela, a importância da subjetividade na linguagem. Podemos nos admirar dessa descoberta tardia; é que o próprio Benveniste só generalizou o alcance de suas análises empíricas tardiamente: de 1964, data do primeiro estudo importante desse ponto de vista ("os níveis da análise linguística") até 1970. Nessa última série de estudos, ele se interroga de uma nova maneira sobre o "problema" da significação e elabora sistematicamente o lugar que lhe compete no estudo da linguagem, e no que é inseparável da subjetividade. É, então, que os três termos se precisam e se distinguem: *semiologia, semiótica* e *semântica*.

O surgimento do problema da significação

Apresentando minhas primeiras observações, disse que a significação, inicialmente, nas análises empíricas, não era "problemática", diferentemente do que se seguiu, em seus estudos teóricos, em que Benveniste evoca "o problema da significação". Algumas precisões sobre esse ponto: Benveniste, como vimos, descreve as formas e as interpreta sem se colocar a questão de saber se é legítimo proceder assim. Como todos os comparatistas, ele parte da evidência de que as formas linguísticas significam; simplesmente ele não se contenta em descrevê-las enquanto formas, mas afirma que é preciso se interessar por sua função significante e relacionar particularidades formais e particularidades semânticas, depreendendo, assim, o que chama de as *estruturas* de uma língua. São os estruturalistas americanos que, em nome do antimentalismo behaviorista, fizeram da significação um problema, recusando-se a considerar, na análise das formas, seus sentidos julgados não observáveis. Nessa perspectiva, é a semântica lógica, e não a linguística, que está encarregada da questão do sentido, assimilada àquela da referência.

Sabe-se que, na semiótica positivista, a sintaxe, regrando as relações das formas de toda linguagem, é separada da designação dos referentes, ao que se reduz semântica. Essa absolutamente não é a posição de Benveniste, que se situa, ao mesmo tempo, na tradição gramatical das *funções* (papel significativo das formas ligado à construção) e na cartilha saussuriana: é *porque,* e somente *porque,* elas significam que formas podem ser ditas linguísticas. Portanto, por que, a partir de certo momento, a significação é apresentada e tratada por ele como um problema?

De fato, esse problema já é evocado, muito rapidamente, em um estudo de 1954, espécie de panorama sobre as "tendências recentes em linguística geral":

> A linguagem tem como função "dizer alguma coisa". O que é exatamente essa "coisa" em vista da qual a linguagem se articula? [...] Está proposto o problema da significação.[8]

Ele não mais o desenvolve e nenhuma indicação é dada para tratá-lo; é que as análises estruturais, essencialmente taxonômicas, feitas então pelos linguistas tratam das unidades da língua, do sistema enquanto combinatória e não tratam ainda da frase. Ora, o que essa afirmação até então não desenvolvida anuncia é a perspectiva de uma análise da frase, da predicação, e os problemas que provoca: qual é o papel do linguista na análise da relação do dizer e do mundo ("essa coisa"); e, mais amplamente, qual posição filosófica sobre a linguagem essas análises pressupõem? Ela parece aqui de inspiração fenomenológica (a linguagem "se articula [...] em vista de" dizer alguma coisa), em oposição ao behaviorismo dominante.

Benveniste, então, permanece aí, ao menos na teorização; mas, como vimos, em suas análises concretas, interpretando as formas, mostrando do que elas permitem significar (sua função), ele se ocupa exatamente do que o sujeito "diz" do mundo. Ora, desse ponto de vista, as formas dos indicadores da pessoa e do tempo apresentam condições particulares de interpretação, somente são interpretáveis em uma troca intersubjetiva:

> A importância da sua função se comparará à natureza do problema que servem para resolver, e que não é senão o da comunicação intersubjetiva. A linguagem resolveu esse problema criando um conjunto de signos "vazios".[9]

A descrição dos dêiticos (essas "formas vazias") leva Benveniste a aprofundar as condições da comunicação intersubjetiva e, portanto, a se interessar pelo quadro da frase e por suas condições contextuais de interpretação. Com a frase, afirma ele, não se trata mais somente de gramática, mas de *discurso.* De

178 Convite à linguística

fato, desde 1956, ele programava dois tipos de linguística: um para se ocupar da língua "como repertório de signos", e outro que devia se encarregar da língua como "atividade manifestada em instâncias de discurso que são caracterizadas como tais através de índices próprios" (ibid.). Essa distinção entre dois pontos de vista sobre a linguagem: a análise do *sistema*/a descrição daquilo que ocorre nessas *realizações em frases* realmente enunciadas, distinção formulada na ocasião da descrição dos pronomes, é retomada e desenvolvida no texto de 1964 ("Os níveis da análise"). É a partir desse texto que o sentido fica, desde então, colocado explicitamente como problema, fazendo intervir dois componentes e recorrendo a duas abordagens de análise distintas: no sentido global de toda frase, distinguiremos, por um lado, o sentido "inerente ao sistema", isto é, às relações das unidades, o que Saussure chama valores, por outro lado, aquilo de que fala a frase que faz "referência ao mundo dos objetos"; essa descrição do referente, "tarefa distinta", não diz respeito, portanto, somente ao lógico, mas também ao linguista, na medida em que, ultrapassando a questão das unidades, ele se interessa pelas frases, realizações cada vez particulares da língua. Benveniste formula, assim, o problema do qual nos diz que "ele odeia toda a linguística moderna":

> [...] esse "sentido" é implícito, inerente ao sistema linguístico e às suas partes. Ao mesmo tempo, porém, a linguagem refere-se ao mundo dos objetos [...] Ora, dizer *qual* é o referente, descrevê-lo, caracterizá-lo especificamente é uma tarefa distinta. Assim, fica claramente delimitada a noção de "sentido", na medida em que ela se diferencia, desde então, da "designação".[10]

Em seus últimos estudos (1966, 1968, 1969, 1970), ele tenta resolver o problema: combinar (ou repartir?) as tarefas distintas que essa divisão entre sentido e designação implica para o linguista. É nesse sentido que introduz a distinção *semiótico/semântico*, que vou examinar em um terceiro ponto, delimitando esses dois termos em relação ao que ele chama de *semiologia*.

Semiologia, semiótica, semântica

Benveniste se refere explicitamente a Saussure para retomar a *semiologia* no sentido de ciência geral dos sistemas de signos; no entanto, fica difícil, como vimos anteriormente, fixar o que ele entende por *semiologia*, termo que parece designar duas perspectivas e dois objetivos bastante distintos: em um primeiro emprego, *a* semiologia retoma o programa saussuriano de "ciência geral dos sistemas de signos"; em um segundo emprego, *uma* semiologia parece designar o conjunto constituído pelas duas análises, semiótica e semântica, aplicadas a um determinado domínio (por exemplo, *a semiologia da língua)*.

Desde 1954, Benveniste lembra o que o CLG anunciava "projetando a língua sobre o plano de uma semiologia universal, abrindo visões para as quais o pensamento filosófico de hoje apenas desperta";[11] em 1968, esse programa lhe parece já bastante avançado: "Agora vemos todo o conjunto das ciências humanas se desenvolver, formar-se toda uma grande antropologia (no sentido de 'ciência geral do homem')."[12]

Essa generalidade, essa unidade dos diferentes saberes relacionados ao homem, se fundamenta no princípio semiológico saussuriano, que se pode resumir assim: não há, para o conhecimento, acesso imediato ao mundo, é necessária aí a mediação dos signos:

> Um dos dados essenciais, talvez o mais profundo, da condição humana: o de que não há relação natural, imediata e direta entre o homem e o mundo, nem entre o homem e o homem.[13, 14]

Essas afirmações de 1963, dirigidas a filósofos, em particular ingleses, retomam claramente a tradição filosófica anglo-saxônica, que se pode vincular a Ockham e que recebeu, com Locke, depois Peirce, o nome de *semiótica*. Esse ponto de vista, muito geral, faz com que não se perceba os limites desse domínio (o que Saussure previa). O que se chama de *semiótica,* na tradição anglo-saxônica, ou *semiologia,* na tradição saussuriana, a ambição dessa empreitada, solicitada a se estender indefinidamente a todo campo do saber, é de fato filosófica. Sabe-se que Charles Morris, ao retomar o projeto positivista do Círculo de Viena e inseri-lo na filosofia pragmatista americana, via sua semiótica ao mesmo tempo como ciência (ciência empírica dos sistemas de signos) e como uma teoria das ciências, uma ciência das ciências, devendo ocupar, desde então, o lugar tradicional da filosofia.[15]

Como destaquei, *semiologia* adquire esses dois sentidos em Benveniste, porém, uma vez que não tem os mesmos pressupostos filosóficos sobre a linguagem, este último não se refere a essa tradição. Ele a encontra, entretanto, em sua preocupação epistemológica e em sua visão da unidade das ciências, ao menos das ciências humanas. Em suas observações sobre a teoria e o método destas últimas, ele realmente vai mais longe do que a afirmação, então corrente, do papel piloto da linguística; ele formula uma espécie de teoria que se pode chamar "panlinguística" das ciências humanas e, portanto, da semiologia que as engloba: a *língua,* afirma ele, é a passagem obrigatória para compreender os outros sistemas de signos; somente ela pode "transformá-los em matéria inteligível": Nada pode ser compreendido – é preciso se convencer disto – que não tenha sido reduzido à língua.[16]

Nessa comunicação de 1968, dirigida a sociólogos, ele até vai dizer que, por essa razão, a língua é o "interpretante" da sociedade:

> A sociedade torna-se significante na e pela língua, a sociedade é o interpretado por excelência da língua [...] Somente a língua permite a sociedade [...] É a língua que contém a sociedade.[17]

Em um desenvolvimento hipertrófico, a semiologia é dita, em 1963, "semiologia geral", "verdadeira ciência da cultura", em 1969, "semiologia de segunda geração" e, enfim, como vimos, a "ciência geral do homem". O que sustenta esse projeto totalizante[18] é que a língua "é investida de propriedades semânticas e que ela funciona como uma máquina de produzir sentido".[19] Assim, o termo *semiologia* constitui a base destes últimos estudos teóricos, representando o ponto de fuga do programa propriamente linguístico que aí se formula e que se chama "teoria da enunciação". Esse programa se funda, ele próprio, sobre a distinção do *semiótico* e do *semântico,* e eis aí também, ao mesmo tempo, o segundo emprego de *semiologia,* um estudo que distingue e integra esses dois componentes.

Benveniste não faz equivalência entre a *semiótica* e a *semiologia;* somente encontrei *semiótica* com esse emprego em um texto de 1954, ao analisar o estruturalismo: "Vê-se ainda como possível um estudo da linguagem enquanto ramo de uma semiótica geral, que cobriria ao mesmo tempo a vida mental e a vida social."[20]

A partir do momento em que se dedica ao "problema do sentido", ele especifica o emprego de *semiótico;* o termo é empregado como adjetivo, mais comumente sob a forma substantivada *o* semiótico; não designa uma disciplina (a semiologia, a linguística etc.), mas um componente desse saber que se define em sua diferença com *o semântico.* Diferenciando, desde 1964, a questão das unidades da língua (do sistema) e a das unidades do discurso, as frases, ele coloca a necessidade de dois estudos linguísticos distintos: o primeiro descreve *o semiótico,* isto é, as propriedades gerais das unidades do sistema, comuns a todos os locutores que o interiorizaram; o segundo se ocupa do "colocar em uso" o sistema em frases e do sentido que se produz nele; é *o semântico.*

O semiótico se caracteriza como uma propriedade da língua; o semântico resulta de uma atividade do locutor que coloca a língua em ação [...].

Esses dois sistemas se superpõem assim na língua tal como a utilizamos. Na base, há o sistema semiótico, organização de signos, segundo o critério da significação [...]. Sobre este fundamento semiótico, a língua-discurso constrói uma semântica própria, uma significação do intentado [intenté], produzida pela sintagmatização das palavras em que cada palavra não retém senão uma pequena parte do valor que tem enquanto signo. Uma descrição distinta é então necessária para cada elemento conforme é tomado como signo ou como palavra.[21]

Terminarei com algumas questões sobre este alargamento da descrição linguística, seguidamente considerada como a saída do imanentismo, que permitiu, graças à superação da oposição língua/fala, empreender uma linguística do discurso. É exatamente isso que Benveniste anuncia, mas que mal se percebe como as duas análises se inscrevem igualmente em uma abordagem de linguista; em todo caso, é a dificuldade implicada e retirada na justaposição "língua-discurso".

Somente a descrição do sistema semiótico conserva um alcance geral que o inscreve nos princípios de uma análise linguística: descrição deste ou daquele fenômeno de língua, de suas unidades e de suas relações (os signos enquanto valores); nesse tipo de análise, opera-se a partir de enunciados particulares, únicos dados observáveis, para depreender as propriedades da língua enquanto sistema (o que Benveniste sempre fez em suas análises empíricas). No segundo caso (o semântico), podemos nos perguntar no que a descrição pode ser generalizável. Trata-se, aqui, das unidades enquanto *palavras* (e não mais como *signos* ou *valores*), presentes em determinada frase ou sequência de frases particulares, trocadas por locutores nesta ou naquela circunstância, remetendo a este ou aquele objeto. O sentido – o que Benveniste chama de "uma semântica própria" – depende de todos esses parâmetros que atualizam em *discurso* os valores linguísticos e seu "sentido inerente".

Porém, se a frase, como diz neste texto de 1966, "só existe no instante em que é proferida e se apaga nesse instante"; se "é um acontecimento que desaparece", portanto, por definição, particular e única, parece que o estudo das frases depende menos de uma análise linguística (em princípio generalizável) do que de um comentário de texto cada vez particular. A novidade é que esse comentário se apoia na descrição semiótica, em particular, a dos marcadores da enunciação que, ao mesmo tempo, pertencem ao sistema da língua e têm a

182 Convite à linguística

propriedade específica (de qualquer modo, ontológica) de assinalar a presença do sujeito, da "pessoa", e de centrar sobre ela o tempo e o espaço da troca.

Dito de outro modo, a análise do semântico (análise desta ou daquela unidade de discurso) associa uma análise semiótica do enunciado a um comentário sobre a situação cada vez particular da enunciação (tal sujeito, tal tempo, tal referente, tal interação, cujas marcas fazem parte da descrição semiótica); assim como todo comentário de texto, essa análise interpreta os enunciados, mas não pretende dizer tudo sobre seu sentido. A distinção *semiótico/semântico*, portanto, somente levaria a lembrar da necessidade de considerar aquele que fala (o sujeito) e, por consequência, de não pretender dizer o todo do sentido do que ele enuncia, que nenhuma análise pode encerrar. Como consequência, Benveniste descarta implicitamente todo projeto de *semântico* isolável como tal da análise das formas (do semiótico), mas ele parece descartar também toda generalização, em qualquer grau modelisável.[22] Seu programa de análise do semântico (o discurso), uma vez admitidos os princípios gerais que apresentam o quadro da enunciação, conduz à descrição do particular, da diversidade do que a língua permite a serviço de sujeitos vivos e falantes na interação subjetiva, de qualquer maneira, uma nova hermenêutica. Quanto ao quadro geral da enunciação, ele remete implicitamente a uma posição filosófica sobre a linguagem e a subjetividade que reencontra, como destaca J. C. Coquet (1992), a da fenomenologia; o que ele mesmo desenvolve sob o nome de semiótica do discurso ou ainda "semiótica subjetal".

Eu me autorizarei a concluir que essas proposições de Benveniste, combinação de uma teoria inacabada e de análises luminosas, parecem, muito mais do que um modelo diretamente aplicável, uma incitação a retomar, cada vez sob um novo olhar, o problema do sentido, tarefa que fica para cada um é a de escolher uma posição filosófica sobre a maneira pela qual o ser humano se apropria do mundo e de si mesmo.

Uma primeira versão desse texto proporcionou uma comunicação no *Congrès International de Sémiotique*, Dresden, 1999. Texto publicado originalmente em Linx, n. 44, 2001.

Notas

[1] As referências aos estudos de Benveniste são apresentadas pela autora da seguinte forma: data original de publicação, número do volume de *Problemas de linguística geral*, paginação no volume. Assim, tem-se aqui: Benveniste (1966, I, p. 219).

[2] Benveniste (1952, I, p. 118).

[3] Idem (1939, I, p. 51).

[4] Idem (1954, I, pp. 227-28).

[5] J. C. Coquet (1987; 1997) se apoia, em particular, na análise benvenistiana dos nomes de agente e na das preposições latinas *prae* e *pro*, na elaboração de sua "semiótica subjectal".

[6] Benveniste (1950, I, p. 174).

[7] Idem (1950, I, p. 172).

[8] Idem (1954, I, p. 7).

[9] Idem (1956, I, p. 254).

[10] Idem (1964, I, pp. 126-28).

[11] Idem (1954, I, p. 7).

[12] Idem (1968, II, p. 38).

[13] Idem (1963, I, p. 29).

[14] Sobre a importância em Saussure do pensamento do *semiológico*, ver: Simon Bouquet, *Introduction à la lecture de Saussure*, Paris, Payot, 1997; Johannes Fehr, *Saussure entre linguistique et sémiologie*, Paris, PUF, 2000; Claudine Normand, *Saussure*, Paris, Les Belles Lettres, 2000.

[15] Sobre a semiótica de Charles Morris, ver Normand, 1991.

[16] Benveniste (1968, II, pp. 96; 97).

[17] Idem, ibid.

[18] Sobre essa totalização, ver Normand, 1989.

[19] Benveniste (1968, II, p. 97).

[20] Idem (1954, I, p. 17).

[21] Idem (1966, II, pp. 225-29).

[22] Benveniste jamais fala de uma semântica enquanto estudo das relações da língua e do mundo, que seria separável do estudo das formas, à maneira dos lógicos; mas isso não fica sem hesitações sobre a questão da referência. Sobre essas dificuldades, ver Normand, 1996.

Semiótica e pragmática: um breve histórico

As duas origens da pragmática

De meu projeto inicial – a comparação, no desenvolvimento da pragmática, de dois paradigmas, a interação e a intersubjetividade, respectivamente associados na minha hipótese aos dois pontos de partida distintos, o americano e o francês – desenvolverei aqui apenas o que concerne à origem americana. Dentro desses limites, partirei, sem mais argumentar do lado francês, de uma afirmação sobre o que constitui uma diferença principal entre as duas origens: a pragmática francesa tem suas raízes na linguística enquanto descrição das línguas naturais; ela se define, primeiro, em reação ao imanentismo estruturalista e, para isso, serviram-lhe de base as análises de Benveniste sobre a enunciação; ela conserva desse último, em particular, a afirmação de que a subjetividade se baseia na troca linguística, sem questionar os pressupostos filosóficos dessa posição. Também em seus empréstimos tomados da escola de Oxford ela permanece indiferente a todo o pano de fundo filosófico, retendo da teoria dos atos de fala apenas o que parece utilizável em uma descrição mais ampla do fenômeno da linguagem.

Ao contrário, a pragmática americana é desde o princípio parte integrante de um projeto filosófico global, intimamente ligado a um posicionamento positivista sobre o discurso da "Ciência": os termos tidos como mentalistas (mente, pensamento, significação...) devem ser substituídos pelo vocabulário descritivo da psicologia social behaviorista. Essa decisão, que tem como noção primeira a "interação de organismos", teve sobre a pragmática americana efeitos que não são apenas terminológicos e que, desde os anos 1930, já a distinguem da pragmática francesa, a qual só se assume como tal no final dos anos 1970.

Charles W. Morris: a pragmática em um âmbito filosófico

Vou ater-me, então, aos princípios da pragmática americana, situando-a no programa semiótico global de Charles William Morris, programa explicitamente associado ao pragmatismo filosófico de Charles Sanders Peirce e à psicologia social de George Herbert Mead. Aqui, a pragmática é um constituinte da semiótica, e a própria semiótica é maximal, quer retomemos os termos de Peirce, que vê o universo como "uma perfusão de signos",[1] quer os de Mead, que engloba em sua descrição, a título de comportamentos, as trocas entre todos os tipos de organismos, seja qual for seu nível de complexidade, designando-os pelo termo comum de "processo de signos" (*sign-process*).

Sabe-se que foi Morris que reintroduziu o termo **pragmática** – usado por Kant e já retomado por Peirce – para designar um componente da teoria geral dos signos, para a qual ele propôs sucessivamente três versões: a de 1938, bastante abstrata, é marcada pelo formalismo do Círculo de Viena, em particular de Carnap, com quem Morris trabalhava na *Encyclopédie du savoir unifié*;[2] a de 1946 é pesada e longamente desenvolvida nos termos behavioristas de Mead que, ao mesmo tempo, servem de garantia empírica (apoio sobre a psicologia social) e orientam a teoria dos signos para uma teoria da ação; a de 1964 (menos conhecida), muito mais condensada, associa como dois elementos de uma mesma pesquisa a análise da significação e a dos valores (*significance*); pretende assim fazer da axiologia uma dimensão da semiótica.

Sem entrar nos detalhes dessa teoria geral dos signos em suas diferentes versões, apenas conservarei aquilo que concerne à pragmática, que Morris considera em cada caso como um constituinte completo da semiótica, intervindo ao mesmo tempo que a sintaxe e a semântica.[3] Desse ponto de vista, é útil determinar as origens que ele estabelece explicitamente em seu programa de 1938,[4] no qual apresenta sua semiótica como a síntese de três componentes filosóficos, para ele igualmente importantes:

1. A filosofia empirista inglesa (mais particularmente Locke), filosofia do conhecimento oposta ao dualismo do racionalismo cartesiano; nela, a mediação dos signos é a ponte indispensável entre percepção e pensamento.

2. A corrente filosófica contemporânea do Círculo de Viena, o Empirismo Lógico, cuja preocupação é acima de tudo lógica e epistemológica: trata-se de criar os meios de constituir linguagens científicas extraindo as regras de formação e de transformação dos enunciados (validade sintática) e fixando as condições de sua relação justa com a referência (verdade semântica), a fim de instaurar uma espécie de ética dos enunciados que exclui do discurso verídico a propaganda e a metafísica (enunciados *meaningless*). Esse programa de renovação da lógica, possibilitado pela invenção da lógica simbólica – metalinguagem formalizada que serve de modelo para todas as ciências –, deve permitir aplicar os critérios de cientificidade de qualquer disciplina. A semiótica se configura como o meio dessa tradução metalinguística em todas as áreas, em particular as ciências humanas; segundo Morris, esse será o novo *organon*.

3. O pragmatismo, pensamento filosófico propriamente americano, do qual Peirce é o fundador mas que, para Morris, é particularmente representado por John Dewey e G. H. Mead.[5] Um componente comum a todo o pragmatismo é, nos termos de Morris, seu interesse pela "atividade humana na medida em que é guiada pela inteligência e pela perseguição de um objetivo (*man's intelligence guided goal-seeking activity*). Nesse movimento, Dewey é o teórico preeminente da axiologia. Subordinando tanto os julgamentos de valor como os julgamentos de fato aos da prática ("a avaliação das situações na medida em que elas reclamam uma ação"), ele une assim a ética da pesquisa ao ideal democrático. Mas foi Mead, aos olhos de Morris, quem fundou cientificamente esse ideal, através de seus trabalhos de psicologia social inseparáveis de suas teorias filosóficas. Com base na teoria evolucionista de Darwin, o conjunto é apresentado sob o rótulo de "behaviorismo social".[6]

Pragmatismo e pragmática

O pragmatismo está, pois, fundamentalmente presente na origem americana da pragmática. A filiação terminológica e teórica, aliás, é claramente afirmada por Morris,[7] e ele salienta aquilo que constitui as quatro características não questionadas (*taken for granted*) dessa escolha filosófica: "a confiança no método científico, a força da filosofia empirista, a adoção da teoria da evolução biológica e a aceitação dos ideais da democracia americana".[8]

Isso traz para a pragmática diversas consequências: ela ganha lugar em uma visão unificada da ciência; os fenômenos pragmáticos, longe de constituir um resto não formalizável, são parte integrante da teoria dos signos, que se dedica a encontrar a metalinguagem adequada para levar em conta tudo o que o logicismo (particularmente com Carnap) excluía: os domínios moral, artístico, religioso e metafísico. Assim se estabelecerá, segundo o desejo de Morris, uma ponte (*bridge*) entre as ciências naturais e as ciências sociais. Essa integração da perspectiva de Mead na definição da pragmática constitui a contribuição principal de Morris ao projeto vienense, pois os dois outros componentes (sintático e semântico) já foram amplamente desenvolvidos por Carnap.[9]

Nesse novo quadro, a reflexão pragmática está encarregada de responder à questão da origem da linguagem e, mais amplamente, do surgimento do humano na continuidade biológica. Correlativamente, a questão da linguagem animal é introduzida de forma permanente na semiótica americana e nos debates linguístico-filosóficos.[10] Analisando os usos e os efeitos da linguagem, a pragmática deverá, enfim, ao contrário da limitação da lógica, correlacionar as questões de significações e as questões de valores (estéticos, morais etc.), o que Morris conjuga em seu título de 1964: *Signification and Significance*. A seus olhos, o pragmatismo é o guia filosófico do ideal democrático, e a semiótica, na qual a pragmática ocupa um lugar cada vez maior nas diferentes versões, é o instrumento de análise e de formulação estrita que deve dar uma dimensão científica a esse ideal e ajudar assim a realizá-lo.

Especificidade da pragmática na semiótica

Em um primeiro momento, em que Morris trabalha com Carnap no âmbito do que eles chamam "empirismo científico", as regras pragmáticas são encarregadas simplesmente de corrigir as insuficiências do empirismo clássico e do logicismo, dando uma ancoragem empírica à teoria do conhecimento. É o papel do evolucionismo darwiniano. Após a conhecida apresentação da dimensão pragmática da *semiosis* como aquela que estuda "as relações dos signos com os usuários (*interpreters*)",[11] Morris propõe uma definição um pouco mais técnica: "as regras pragmáticas estabelecem as condições necessárias para que o suporte de um signo (*sign-vehicle*) seja um signo para intérpretes".[12] Ele também determina que a pragmática se ocupa dos "aspectos psicológicos, biológicos e sociológicos do processo de significação".[13] Ele evoca então "certas linguagens" em que o componente pragmático seria particularmente importante, e parece – a partir dos exemplos que ele dá (interjeições, ordens, "expressões retóricas e poéticas") – que ele pensa mais particularmente nas línguas naturais, mas isso não fica claro. Os três tipos de regras concernem de direito a todas as linguagens.

A teoria behaviorista de 1946 dá à pragmática um objetivo mais amplo e menos técnico, destinando-se então ao que concerne *"à origem, aos usos e aos efeitos dos signos"* (retomado em 1971), definição que será mantida em 1964. Essa segunda versão, que transpõe em termos comportamentalistas ao mesmo tempo a contribuição vienense sobre a metalinguagem e a contribuição peirciana sobre o processo de semiose, é considerada por alguns semioticistas como uma falsificação de Peirce, e também era a opinião de Dewey, mas não é esse o lugar para discutir isso.[14] Assim, os signos são definidos como "as disposições para agir (*to behavior*) que eles suscitam em seus intérpretes", e a semiótica torna-se um setor da ciência geral dos comportamentos. Seguem uma descrição e uma taxonomia em termos behavioristas que muito fizeram para prejudicar a reputação de Morris e afastar os leitores mais bem dispostos. Entretanto, esse texto é interessante para nosso assunto pela orientação e o lugar, mais precisos, senão inteiramente novos, que ele dá à pragmática no interior da semiótica. Protegido por uma terminologia que, a seus olhos, assegura-lhe um fundamento científico, Morris dá um lugar cada vez maior às práticas individuais e sociais, apoiando-se agora em Mead. A semiótica é apresentada como *"um meio poderoso (powerful agency) a serviço da saúde individual e social"*, pois o conhecimento do funcionamento dos signos tem um duplo aspecto: ao mesmo tempo conhecimento e meio de ação, ele deve permitir aos indivíduos defender-se contra o que Morris chama "sua exploração" pelos signos; mas ele também pode permitir influenciar os outros, manipulá-los.

A pragmática então é associada à questão dos meios de comunicação na sociedade e dos problemas que eles trazem para a democracia. De 1938 a 1946, Morris passou de uma perspectiva antes de tudo formal (instauração de uma metalinguagem universal) a preocupações diretamente morais e políticas; da influência do formalismo vienense[15] à preponderância do pragmatismo. Esse deslocamento é consagrado pelo texto de 1964, que resume muito brevemente as noções consideradas como admitidas sobre a significação para se estender sobre a *significance* (o **sentido** na acepção de "o sentido da vida"). Um lugar maior é dado então à pragmática, que se torna parte integrante da teoria da ação desenvolvida por Mead nos anos 1930.

O papel de *Mead*: a gênese orgânica e social da linguagem e da mente

As duas obras que servem de referência constante a Morris são *Mind, Self and Society* (1934) e *The Philosophy of the Act* (1938), ambas póstumas e prefaciadas por Morris. Nelas, ele apresenta Mead como o fundador da psicologia social: partindo de Darwin e do problema do surgimento da mente na história natural das condutas animais, esse último toma uma posição behaviorista que pretende claramente distinta do mecanismo de Watson. Sua contribuição pessoal está no papel dado ao ambiente social (do qual provém o rótulo reivindicado de "behaviorismo social"), condição do surgimento do humano pela linguagem.

Pode-se resumir assim essa gênese simultânea da linguagem e da mente, transformação do indivíduo biológico em "organismo psíquico" (*minded organism*) ou *Self*: a sociedade animal minimal é composta de organismos em **interação**; essa se manifesta naquilo que Mead, retomando Wundt, chama de "uma conversação de gestos", cada gesto de um comandando uma reação no outro. Esses gestos já são "símbolos", ao mesmo tempo do objeto significado e do que seguirá, tendo portanto um "sentido" (*meaning*). Mas esse primeiro tipo de comunicação só se torna realmente uma linguagem quando o indivíduo é capaz de interpretar seu próprio gesto, de "provocar em si mesmo a resposta que seu gesto provoca no outro" (*to call out in himself the response his gesture calls out in the other*) e, através disso, de utilizar essa resposta para controlar seu próprio comportamento. Essa fase decisiva que Mead chama de "o fato de assumir o papel do outro" (*the taking the role of the other*) permite compartilhar **sentido**, estágio superior à primeira forma de comunicação que permanecia inconsciente. Os símbolos intercambiados são agora "significantes" (*significant symboles*) e é seu uso que consagra o surgimento do *mind*, assim definido: "A mente é a presença no comportamento de símbolos significantes. É a interiorização (*internalization*) pelo indivíduo do processo social de comunicação no qual surge o sentido".[16]

Em outras palavras, é um processo social objetivo, na continuidade do processo de interação de organismos, que é a condição de surgimento do indivíduo na medida em que ele é ao mesmo tempo organismo e mente (*minded organism*). Há continuidade biológica mas, segundo Mead, o homem é o único ser vivo a ter feito essa passagem do que ele chama de "impulso" para a racionalidade, e essa passagem depende da transformação de simples sinais em "símbolos significantes", portanto do surgimento da linguagem na interação social.

Surgindo na e pela linguagem, o *Self* se caracteriza então por sua capacidade de ser um objeto para si próprio, o que lhe permite ao mesmo tempo imaginar os comportamentos dos outros, voltar-se e refletir sobre si mesmo, jogar segundo regras, enfim, ter um "pensamento reflexivo" (*reflective thought*). Uma distinção suplementar introduz a moral e a criação pessoal: dentro do *Self*, o *Me* representa o reflexo da estrutura social, a "interiorização do outro generalizado", ou a integração da norma, dos valores estabelecidos; enquanto o *I* pode ser princípio de ação pessoal e causa de mudança social. Conclusão: o animal que só tinha impulsos torna-se um animal racional, um homem, e isso pela interiorização do processo social de comunicação: "Through society the impulsive animal becomes a rational animal, a man".[17]

Pragmática e axiologia

Como essa gênese desemboca em uma teoria (otimista) da ação? É que o *Self*, sendo social por natureza (por sua gênese), assume naturalmente o papel do "outro generalizado". Seus valores são os mesmos: "A social self has social impulses".[18] Uma sociedade de tais seres morais é – segundo Morris nessa apresentação de Mead – a versão do ideal democrático que Mead constrói. É essa teoria sofisticada do surgimento da linguagem, da mente e da moral que sustenta a semiótica de Morris e mais particularmente sua pragmática, alusivamente em 1938, explicitamente em 1946, ou seja, uma teoria do comportamento social cujo pivô é a noção de interação e seus efeitos.

Na versão de 1964, Morris se contenta em resumir brevemente a taxonomia behaviorista precedente para passar a um desenvolvimento sobre os valores. Tudo se passa como se, estando definida a questão da origem, fosse então necessário ocupar-se mais com outros domínios da pragmática, os usos

192 Convite à linguística

e os efeitos sociais dos signos, em particular na vida cotidiana. Aliás, segundo Morris, é o que caracteriza os trabalhos recentes em semiótica em relação aos primeiros momentos, dedicados principalmente à sintaxe e à semântica das linguagens formais.

Nessa ótica, ele se apoia mais precisamente na filosofia de Mead exposta em *The Philosophy of the Act*. Partindo dos três estágios da ação discriminados por Mead – "percepção", "manipulação" e "consumação" – ele recorreu à noção de base de "comportamento preferencial" (*preferential behavior*) para estabelecer uma taxonomia dos valores (estéticos, morais, religiosos...) que ele coloca em paralelo, de forma mais ou menos convincente, com a taxonomia dos signos elaborada em 1946;[19] o que permite que ele proponha uma interseção entre a semiótica e a axiologia, que ele reconhece não ser admitida por todos.

A semiótica, juntamente com a pragmática, nesse fim de percurso, mais do que nunca é constituinte de um programa filosófico, inseparável na perspectiva pragmatista de uma posição moral e política. O otimismo de Mead não é totalmente compartilhado por Morris. No entanto, ele continua a acreditar na força de uma racionalidade pragmática, mas deixa entender claramente que teme os usos perversos do conhecimento dos signos no papel que esse conhecimento pode dar aos especialistas. Para terminar, cito duas passagens em que se lê uma inquietude que vai se agravando. A primeira finaliza a apresentação de Mead em 1934; a segunda é tirada da versão de 1946, ou seja, logo depois da guerra:

> Se o ideal democrático se move em direção à realização, George H. Mead, junto com John Dewey, terão sido seus maiores porta-vozes filosóficos, um Walt Whitman no âmbito do pensamento; se forças para a esquerda ou direita tornam a realização impossível, Mead terá ajudado a escrever o epitáfio dessa relação.[20]
>
> O controle social dos indivíduos através de seus sistemas de signos é inevitável, e as possibilidades deste controle serão sempre maiores à medida que o conhecimento dos signos e as técnicas de comunicação se desenvolvem. **A questão portentosa** é como tal controle será exercido.[21]

E depois?

Gostaria apenas de lembrar que a pragmática americana, em seus primórdios (longos), é compatível com uma posição moral e política fundada em uma filosofia ao mesmo tempo positivista e pragmatista. A respeito do

Semiótica e pragmática 193

que resta hoje dessa herança e o que pôde acontecer na França e eventualmente se transformar, pode-se apenas propor algumas questões. Esse ponto de partida recalcado, simultaneamente à desaprovação global do behaviorismo (desaprovação não significando obrigatoriamente desaparecimento), teve efeitos sensíveis no desenvolvimento da semiótica americana e em sua expansão, e quase diluição, em setores tão diversos como a zoossemiótica e a etnometodologia? É o que deveria ser esclarecido por um estudo sistemático desses trabalhos, cuja abundância e diversidade, no entanto, tornam difícil uma abordagem sintética.[22] Por outro lado, sendo o Atlântico há muito tempo "atravessado", o paradigma da interação, importado da psicologia social – que teorizava a linguagem permanecendo totalmente indiferente aos fatos de língua – penetrou há muito tempo os estudos pragmáticos em línua francesa, que constituíam inicialmente um setor da linguística. Vimos o lugar que mantinham nessa tradição americana as posições morais e políticas, as mesmas que se encontram no léxico contemporâneo do liberalismo e do consenso, por exemplo no pragmatista R. Rorty.[23] Por todas essas razões, pode-se não achar evidente a assimilação do paradigma da **interação** e o da intersubjetividade, herdado do linguista Benveniste, remanejado em dialogismo pelo filósofo F. Jacques, assimilado (geralmente sem questionamento) à dimensão social da linguagem e utilizado ainda de várias outras formas por todos aqueles que querem descrever o "linguístico". E, questão aparentemente bem diferente, mas que concerne à pragmática em suas relações inevitáveis com a semântica: por que G. H. Mead e sua teoria do surgimento interessa hoje aos cognitivistas?[24]

Perspectivas de pesquisas abundantes ou sugestões improfícuas? Quem deseja realmente conhecer sua história?

Texto originalmente publicado em *Revue de sémantique et pragmatique*, n. 1, 1997.

Notas

[1] Essa expressão de Peirce serviu de título aos *Proceedings of the First North American Colloquium* (Tampa, Florida, 1975), editado por Thomas A. Sebeok. A epígrafe de Peirce é citada por Wendy Steiner (1979, p. 123), em sua crítica, sob o título "A profusion of Semioticians": "[...] não meramente o universo dos existentes, mas todo o universo mais amplo [...] o universo ao qual nós estamos acostumados a referir como "a verdade" [...] todo esse universo é borrifado de signos, se é que não é composto exclusivamente de signos".

[2] International Encyclopedia of Unified Science. Cf. Claudine Normand, "Charles Morris, le rôle du behaviorisme en sémiotique", *Langages*, 107, 1992, pp. 103-18 e A. Soulez, *Manifeste du Cercle de Vienne et autres écrits*, Paris, PUF, 1985.

[3] Contrariamente às observações frequentes que fazem da pragmática em Morris um tipo de remorso ou de um fôlego extra, somente intervindo quando sintaxe e semântica cumpriram seu papel; cf. para um exemplo recente A. Berrendoner e M. J. Reichler-Béguelin: *"essa imbricação reduz a nada a repartição territorial inaugurada por Morris entre o sintaticista e o pragmaticista, ou, se preferirmos, a ideia comumente aceita*

de que sintaxe e pragmática são dois domínios separados de estruturas, esta herdando o produto daquela", "Accords 'associatifs'" in *Cahiers de praxématique* 24 (1995, p. 42).

[4] C. W. Morris, *Foundations of theory of signs*, Foundations of the Unity of Science, International Encyclopedia of Unified Science, vol. I, 2, 1938b.

[5] Para sustentar sua semiótica, Morris não se refere a W. James, que considera especulativo; ele se limita a apresentá-lo rapidamente em *The Pragmatic Mouvement in American Philosophy*, New York, Braziller, 1970.

[6] Sobre essa expressão cf. C. Normand "Charles Morris, le rôle du behaviorisme en sémiotique", *Langages*, 107, 1992, pp. 103-18. Ainda que tenha sido reivindicada pelo próprio Mead, ela foi contestada em seguida; cf. Maurice Natanson, *The social Dynamics of George Herbert Mead*, Washington, Public Affairs Press, 1956, que julga Mead subestimado e limitado por esse rótulo; segundo ele, esse rótulo impede de apreender em sua filosofia toda uma dimensão fenomenológica.

[7] "The term 'pragmatics' has obviously been coined with reference to the term 'pragmatism'. It is a plausible view that the permanent significance of pragmatism lies in the fact that it has directed the attention more closely to the relation of signs to their users than had previously been done" (1938b, in 1971, p. 43). ["O termo 'pragmática' foi obviamente cunhado em referência ao termo 'pragmatismo'. É uma visão plausível que o significado permanente de pragmatismo repouse sobre o fato de que ele dirigiu a atenção para a relação dos signos com seus usuários de forma mais detida do que havia sido feito antes."]

[8] C. W. Morris, *The Pragmatic Mouvement in American Philosophy*, New York, Braziller, 1970, p. 5.

[9] Carnap inicialmente resistiu à introdução dessa dimensão pouco formalizável da teoria dos signos, cf. R. Carnap, "Intellectual Biography", *Schilpp*, P.A. Ed., 1963; como destaca F. Armangaud, *La Pragmatique*, Paris, PUF, 1985, p. 19, ele só a aceitou realmente para desenvolver uma pragmática formal, deixando a Morris a responsabilidade da descrição empírica behaviorista.

[10] Cf. W. Steiner, *Modern American Semiotics 1930-1978*, Bailey Ed., 1978, p. 103. Sobre as posições diferentes de Morris e de Cassirer e Langer sobre a distinção entre "human and sub-human sign use". Aquilo que Morris qualificava de "core-problem" foi, segundo W. Steiner, "*a recurring dispute in American linguistically oriented semiotics*". Sabe-se da importância do tema para Chomsky, que tem uma comunicação sobre esse ponto reproduzida no mesmo número de *Semiótica*.

[11] C. W. Morris, *Foundations of theory of signs*, Foundations of the Unity of Science, International Encyclopedia of Unified Science, vol. I, 2, 1938b, p. 13.

[12] Idem, p. 48.

[13] Idem, p. 65.

[14] Cf. G. Deledalle, "Charles Morris, lecteur de Peirce?", *Lire Peirce aujourd'hui*, De Boeck, 1992. Morris tentou, mas aparentemente sem sucesso, responder às críticas inauguradas por Dewey (1948, retomado em 1971, apresentação e tradução C. Normand, "Charles Morris, le positivisme sémiotique", *Linx*, 23, 1991, pp. 103-18.

[15] As preocupações sociopolíticas também eram muito presentes nos Vienenses, mas mais implícitas, pelo menos em seu projeto de formalização. Cf. A. Soulez (1985); em um texto a ser publicado, a respeito de O. Neurath, iniciador do projeto da *Enciclopédia*, A. S. fala de "ingéniorat social".

[16] G. H. Mead, *Mind, self and society*, Chicago, Chicago University Press, 1934, p. XXII.

[17] Idem, p. XXXII.

[18] Idem, p. XXXIII.

[19] C. W. Morris, *Signification and significance*, Cambridge, Cambridge University Press, 1964. "The difficulties with the term 'meaning' in semiotics are paralleled by those with the term 'value' in axiology [...] Just as we sought in chapter I to identify a kind of behavior to ground the terms of semiotic, we now seek to identify a kind of behavior for introducing the terms of axiology" (p. 16). ["As dificuldades com o termo 'significado' em semiótica são análogas àquelas do termo 'valor' em axiologia [...]. Assim como nós procuramos, no capítulo I, identificar um tipo de comportamento para fundamentar os termos da semiótica, procuramos agora identificar um tipo de comportamento para introduzir os termos da axiologia."]

[20] Mead, op. cit., p. XXXIV.

[21] Grifado por Claudine Normand. Esse trecho de 1946 já foi apresentado e traduzido em Normand-Trollez, "Du pragmatisme à La pragmatique: Charles Morris", *Langages*, 77, 1985, pp. 75-83. (Tradução de Paula Ávila Nunes)

[22] Como atesta a revista de W. Steiner (1978), ou as enumerações de Sebeok (1986 e 1991), das quais não sobressai nenhuma característica unificante.

[23] Cf. *Critique*, maio de 1985, n. 456, "La traversée de l'Atlantique", número especial reunindo as comunicações

de um colóquio de 1984, em Baltimore. Invocando Dewey, R. Rorty retoma ali, contra as teorias "metafísicas" da história, que seriam próprias aos filósofos continentais, os temas do pragmatismo, a seus olhos a única solução moral e política: *"O pragmatismo é uma espécie de defesa filosófica do liberalismo político, uma forma de tornar aceitável a política social-democrata"*; a história surge agora como "o triunfo da persuasão sobre a força", para chegar a um "livre consenso"; liberdade sobre a qual Lyotard, em sua resposta, exprime dúvidas falando de um "imperialismo conversacional" (569-584).

[24] Cf. E. Landowski (1993, p. 106) sobre o problema levantado pela "divisão histórica entre essas duas grandes orientações". Sobre a imbricação dessas noções, resolvida (?) pelo conceito de "Regulações PSL", isto é, "psico-sociolinguísticas", bem como a relação, apenas evocada, com o cognitivismo, cf. C. Chabrol (1993, p. 100).

Saussure-Benveniste

Sausurre-Benveniste não é um título; é somente um anúncio e um gesto de recuo ou de hesitação: da relação entre esses dois nomes, aqui justapostos na ordem neutra da cronologia, há sem dúvida algo a dizer, mas como? Deve-se escolher uma ordem a seguir, um tipo de discurso, e já houve tantos deles! Para relembrar:

- O discurso da filiação, transmissão, da "escola": Saussure *genuit* Benveniste, que *gerou* a análise de discurso e alguns outros filhos. Eis a grande continuidade da História, o acúmulo tranquilo dos conhecimentos, tesouro que cada geração herda, e é encarregada de transmitir, de fazer prosperar; missão e transmissão! O discurso de fundação é uma variante: Saussure e Benveniste, dois "pais" do estruturalismo, o segundo tendo, mais do que qualquer outro, contribuído para propagar e esclarecer o primeiro, a defendê-lo contra o behaviorismo, a elucidar as ideias daquele através de suas próprias análises e desenvolvê-las com propostas novas, pois dizia: "*Cabe a nós irmos além do ponto onde Saussure parou* [...]".[1]

- O discurso da novidade: Benveniste libertou os linguistas presos às amarras da teoria saussuriana. Ele lhes devolveu a subjetividade, o mundo e o discurso que se faz sobre ele; Benveniste reatou com a filosofia e aproximou-se da psicologia social e da pragmática, reencontrou a virtude do diálogo e da interação. Enfim, uma Linguística diferente.

- O discurso da comparação ou sua variante *démodé*, a "influência": Saussure forneceu os princípios, os temas, o método; Benveniste aplicou-o em suas análises concretas que transformaram (ou simplesmente enriqueceram) de modo radical as descrições comparatistas: Benveniste é o mais saussuriano dos linguistas, ele permitiu, a partir de Saussure, o estabelecimento de uma Linguística da significação...

198 Convite à linguística

Esses três discursos, misturados ou separados violentamente, já foram proferidos de modo abundante. Na mesma linha acadêmica, seria possível ainda sugerir ao menos outros dois:

- Discurso sobre a relação com a interdisciplinaridade: de um lado, a demarcação estrita operada por Saussure entre a Linguística e as outras ciências, inclusive a Filosofia, operação necessária a seu projeto, mas que não deixa de ser contrariada pelo anúncio de uma semiologia englobante, a menos que ela seja ameaçadora; por outro lado, em oposição, a prática de Benveniste que, como a de seu mestre Meillet, destina-se aos sociólogos, aos filósofos e mesmo aos psicanalistas e que, de alguma maneira, convida-os a se unirem sob a égide da Linguística em uma "semiologia universal". Seguindo um raciocínio muito próximo, seria possível comparar na obra de Lacan as referências aos dois linguistas e seus resultados: de um lado a *"linguisterie"*;[*] de outro, a decepção causada por aquele que, no entanto, era considerado "um dos maiores".

- Discurso sobre a relação com a instituição universitária: tanto para um quanto para outro, uma consagração certa, uma notoriedade certificada pelas instâncias clássicas de avaliação (títulos, publicações, cargos); para ambos, uma solidão intelectual mais ou menos reconhecida, inclusive entre os colegas, e um enorme volume de manuscritos inéditos, encontrados pouco a pouco, ou não encontrados.

Será abordada aqui uma relação diferente: falaremos de encontros. Benveniste encontrou Saussure no que pôde conhecer de seus escritos; muitos linguistas, talvez todos, pelo menos na França, encontraram ambos em escritos que se tornaram mais que abundantes; textos, manuscritos, glosas e comentários. Mais do que de referências, tratar-se-á de presenças: ambos se impuseram e se impõem ainda hoje para quem se interessa por linguagem. Cada um deles, mais do que revelar, levou os outros a pressentirem que algo essencial estava em jogo ali, naquilo que continua sem ser consensualmente nomeado: língua, discurso, comunicação... Eles nos despertaram do sono dogmático, levantando questões que, não obstante suas tentativas e todas aquelas posteriores, não estão encerradas; feridas narcísicas, teria dito Freud: nós ainda não sabemos o que fala em nós, e eles são uma das fontes dessa incerteza.

---

* N.T.: neologismo criado por Lacan no seminário "D'un discours qui ne serait pas du semblant", livro XVIII.

No entanto, nem um nem outro rompeu com a tradição comparatista: eles simplesmente a perturbaram e, conforme o caso, a tumultuaram. Disseram a seus contemporâneos, em termos frequentemente muito parecidos: vocês descrevem, detalham, classificam alguma coisa cuja natureza não conhecem. Vocês descobrem cada vez mais detalhes, mas não sabem o que fazem. Vocês comparam muitas línguas, vivas ou mortas, traçam sua história, mas já se perguntaram o que é a língua?

— A linguagem?

— Não! A LÍNGUA! O que se deve supor presente nas falas, que faz com que ela seja diferente de ruídos, cantos de pássaros ou trovão.

— Mas essa presença, ela não é o pensamento?

— Sem dúvida, mas sob que forma? Como o caroço da azeitona? Como o sangue nas veias? Como o Corpo Santo na hóstia? Compreendam que "qualquer um que põe o pé no terreno da *língua* pode se dizer abandonado por todas as analogias do céu e da terra".[2]

Saussure era, então, "um começo"? É o que perguntam os jornalistas. Dois vieram (separadamente, para jornais diferentes) interrogar Benveniste para saber tudo de Saussure. Estamos em 1968, e eles querem de imediato compreender tudo da Linguística moderna. Benveniste rompe então o discurso incisivo da filiação, da tradição, da escola: "Saussure não é um começo, é outra coisa, ou um outro tipo de começo".[3]

A propósito, quem foi Saussure para mim? Ele se pergunta então, sem mais ocupar-se com o jornalista. É assim que o imaginamos... Ele não é mais jovem; tem seu lugar reconhecido, esta cátedra no *Collège de France*, a mesma que Saussure recusou por razões obscuras; é o sucessor de seu mestre Antoine Meillet. Ele só é conhecido por seus colegas, notoriedade modesta, completamente diferente do alvoroço feito repentinamente em torno do nome de Saussure. Será que pressente que lhe resta pouco tempo para se definir, dizer o que recebeu dos outros e o que espera agora de si mesmo? Ele acaba de evocar com a clareza habitual, essa longa linhagem comparatista na qual se situou até o momento: muito jovem, impulsionado, enquadrado, entronizado por Meillet, o mestre da *"École de Paris"* (assim ele a designava, com orgulho), aluno fiel, hoje sem dúvida infiel, mas não é isso que lhe é perguntado...

Eis que ele já está pronto para prosseguir, para conduzir o curso da mudança na continuidade, essa corrente do comparatismo com o estruturalismo na qual Saussure, desde 1878, ocupa um lugar essencial, e da qual ele próprio é

200 Convite à linguística

hoje elo e testemunha. E, aliás, ele vai dizer, com certa ironia, a este ignorante ofuscado pela moda:

> É um espetáculo surpreendente a popularidade dessa doutrina, mal compreendida, descoberta tardiamente e em um momento em que o estruturalismo em Linguística já é para alguns algo ultrapassado. Nesse ano de 1968, a noção de estruturalismo linguístico tem exatamente quarenta anos.[4]

Porém, em um primeiro momento, ele se detém: não! Nada de discurso fundador, nada de pai, nada de autoridade! Tampouco fidelidade, repetição, retomada, nada de Torá nem de Talmude! Saussure foi outra coisa, "um outro tipo de começo"!

É somente um momento de hesitação na questão já discutida da continuidade, a tentativa de fazer ouvir, pelo menos adivinhar, o que foi um encontro, uma aventura da inteligência, antes de se torturar em comentários, estudos, celebrações. Mas não é isso que os jornalistas esperam; eles querem informação, que se explique essa euforia de uma vanguarda que pretende reconstruir o mundo através do poder da palavra e se inspira em um poeta hermético e em um curso de Linguística salvo do esquecimento pela devoção de alguns.

Como esses jornalistas, geralmente mais bem informados, foram parar nessa salinha do *Collège de France*, junto a esse professor tão pouco famoso, com uma plateia tão restrita? Eles queriam saber tudo desse linguista morto em 1913 e subitamente alçado à categoria de mestre do saber! Claro que ele era conhecido! Mas somente por seus pares, admirado e criticado de acordo com os usos codificados desse meio fechado. Ele morreu ainda jovem, discretamente, deixando, como se diz, uma obra inacabada. Mas seria ela acabável? Meillet, que havia frequentado suas aulas em Paris, devotava-lhe afeição e admiração. Foi com a lembrança emocionada do professor bastante jovem que "fazia apreciar e sentir a ciência que ele ensinava", daquela voz "harmoniosa e velada", daqueles "olhos azuis repletos de mistério", que mais de vinte anos depois ele tinha lido o *Cours* devotamente editado.[5]

Teria ele realmente lido esse livro, em sua inquietante novidade? Benveniste talvez duvide disso, mas não o dirá. Ele, que escapou do encanto direto da presença e encontrou somente o texto, eco difratado dessa voz, sabe, no entanto, até que ponto esse texto incendiário pode inflamar a inteligência, seduzi-la talvez: essa contingência dos signos "arbitrários", essa imanência do sentido que só se estabelece por estar ligada a formas, essa abertura a uma semiologia pronta para englobar tudo ou, antes, para ameaçar tudo! Mas podemos compartilhar desse desvario? Ele é desejável para a ciência para a qual sua função e suas convicções o devotam?

É que a fascinação não pode fazer com que se esqueçam as diferenças que tornam improváveis um acordo profundo: Saussure, um patriota suíço, que teria, dizem, recusado a honra do *Collège de France* para não ter de renunciar à sua nacionalidade; aristocrata protegido pela fortuna familiar; atraído muito jovem pelo arianismo, mais tarde pelo antissemitismo; tudo isso que se supõe ou se murmura, só podia ser estranho a Benveniste, francês nascido na Síria, infiel ao rabinato ao qual havia sido destinado, próximo em sua juventude dos poetas surrealistas e depois do partido comunista, funcionário público discreto e solitário. Ambos dedicaram igualmente sua vida à pesquisa, fadando-a dessa maneira à austeridade e ao isolamento, mas a do segundo foi marcada por acidentes violentos: a guerra, o cativeiro do qual ele escapou, a clandestinidade e os anos de exílio; e, ao retornar, teve de retomar tudo em um escritório devastado.

Dessas diferenças impostas ou escolhidas Benveniste, evidentemente, não dirá nada; o encontro dos dois diz respeito somente à inteligência e ao amor, que lhes é comum, pela língua. Mas, sobre esse próprio objeto, é certo que eles teriam concordado? Como sobre o princípio maior da "arbitrariedade do signo": Benveniste jamais modificou a crítica feita em 1939 e conservada na compilação de 1966, ainda que todos os outros estudos sejam posteriores a 1945. A ligação, ele dizia, é arbitrária somente do ponto de vista de Sirius, entre a coisa e o nome; entre o significante e o significado, ela é, ao contrário, "necessária" para todo locutor.

A demonstração era hábil e permitia apontar no *Cours* uma expressão confusa; mas, fazendo isso, ela diminuía o alcance do princípio saussuriano, ela o reduzia a uma tomada de posição tradicional sobre a origem da linguagem, enquanto que Saussure fazia dela o próprio pivô do pensamento semiológico da língua. Isso devia permitir descobrir o segredo de sua natureza: arbitrária porque social, semiológica por ser instável e arbitrária; esse jogo de termos intrincados é o que opõe para sempre o princípio semiológico a todo pensamento clássico do signo e à filosofia, sempre pronta a se desvencilhar da língua para fazer dela o rótulo do referente ou a representação do pensamento.

É que não se tratava somente de retificar uma formulação confusa! Alguma coisa mais profunda devia preocupar Benveniste nessa questão da "arbitrariedade", isto explicaria por que ele preferia, em suas análises maravilhosamente saussurianas, falar mais de estrutura e de função do que de valores

202 Convite à linguística

e de diferenças. Ousemos levantar a hipótese, pois ele próprio nunca disse isso, de que o que o incomodava era a contingência. Assim como o Deus de Einstein não podia ser suspeito de dar as cartas, o signo não pode ser, não deve ser inteiramente privado de fundamento. Se determinar a forma particular está relacionado ao verbo *médio*, diferenciando-o do *ativo*, por exemplo, ou à posição no espaço daquele que fala em relação ao objeto de que fala, é porque aquilo mesmo que é visado ("o intencionado") tinha necessidade dessa forma diferente de todas as outras, que "sentido" não podia ficar sem expressão. Forma e sentido estão intimamente ligados, um não anda sem o outro, mas essa ligação não pode ser inteiramente contingente e, se nos aplicamos em descrever atentamente as formas, descobrimos que é o sentido que dá "a razão" de suas diferenças, até mesmo de suas anomalias. Há, de fato, uma ordem dos signos, essa ordem diferente daquela da natureza ou da racionalidade, mas não sem relação com a substância, ingrediente inseparável do sujeito vivo e do mundo de sua experiência (seu *Umwelt*).

Aqui Benveniste se separa de Saussure sem avisar. Ele nos diz que é somente questão de "ir além" no estudo da significação; de fato, pode-se pensar que ele vai para outro lugar: retorna a uma fenomenologia que um estruturalismo metodológico não tinha abarcado, dá abertura a descrições que integram os traços da subjetividade nos enunciados e sua presença ativa em toda a enunciação. Nunca abandonar a língua, em sua matéria significante, suas estruturas comuns, seu aparelho "semiótico", mas conciliar esse gesto saussuriano com a singularidade subjetiva, a comunicação sempre situada, o "acontecimento evanescente" que é todo enunciado, analisar "o semântico"; essa era a aposta de Benveniste.

O seu projeto de semiologia encontra-se profundamente modificado por causa disso. Saussure anunciava sem ênfase uma ciência geral dos sistemas de signos e somente os manuscritos nos mostram a que ponto ele se preocupou com ela. Efetivamente, tratava-se de algo completamente diferente de uma nova ciência, apenas englobante: era toda a relação com o mundo, com o conhecimento, com o pensamento, que se era obrigado a reconsiderar: em suma, uma filosofia do espírito, mas a partir da língua, essa abstração material que se funda somente em si mesma. Um manuscrito mostra isso claramente:

> No capítulo **semiologia**: [...] Se um objeto pudesse, onde quer que fosse, ser um termo sobre o qual está fixado o signo, a Linguística deixaria imediatamente de ser o que ela é, desde o vértice até a base; de resto, ao mesmo tempo o espírito humano, como fica evidente a partir dessa discussão.

A empreitada é vertiginosa, assim como interminável. Teria ele conhecido todos os cadernos em que se desenha esse projeto sobre o qual Benveniste, pode-se pensar, teria preferido não tomar conhecimento, pois é preciso manter a razão. A ciência progride, o conhecimento da linguagem abre continuamente novos caminhos, nada pode parar seu desenvolvimento: "semiologia geral", "semiologia de segunda geração", "semiologia universal"... Todas as ciências estão envolvidas, convidadas a se reagruparem sob a égide de um pensamento dos signos que só lhes impõe uma coisa: não esquecer que o sentido passa sempre por formas. Desde então, "longas perspectivas se abrem para a análise das formas complexas do discurso, a partir do quadro formal esboçado aqui".[6] O otimismo de suas últimas formulações é temperado apenas por alguma reserva final que deixa seu mistério ao poder de significar, julgado talvez sagrado:

> No final dessa reflexão, somos reconduzidos ao nosso ponto de partida, à noção de significação. E eis que se reanima em nossa memória a fala límpida e misteriosa do velho Heráclito, que conferiria ao Senhor do Oráculo o atributo que nós colocamos no âmago mais profundo da linguagem: *Oute légei, oute krýptei* "ela não diz nem esconde", *alla semaínei* "mas ela significa".[7]

Saussure, ainda que "ultrapassado", teria deixado traços de sua inquietude? A semiologia, essa utopia positivista, seria incapaz de encerrar em uma descrição dominada o "turbilhão" sócio-histórico das línguas e das culturas? Não é o que levava a entender, em um manuscrito recentemente encontrado, essa lacuna que Saussure deixou em suspenso:

> É preciso expor nosso pensamento íntimo? Teme-se que a visão exata do que é a linguagem leve somente a duvidar do futuro da Linguística. Há desproporção nessa ciência, entre a soma de operações necessárias para apropriar-se racionalmente do objeto, e a importância desse objeto: da mesma maneira que haveria desproporção entre a pesquisa científica do que acontece durante uma partida de jogo e [...].[8]

Texto originalmente publicado em *Cahiers Ferdinand de Saussure: revue suisse de linguistique générale*, n. 56, 2004.

Notas

[1] Neste capítulo, as citações de *Problèmes de linguistique générale* são referidas no seguinte sistema: sigla PLG, indicação do tomo, data e página. Assim, tem-se aqui PLG, t. II, p. 219.

[2] Ferdinand de Saussure, *Cours de linguistique générale*, éd. R. Engler, t. I, 1968, p. 259.

[3] PLG, t. I, 1966, p. 31.

[4] PLG, t. II, p. 17.

[5] *Linguistique Historique et linguistique générale* II, Klincksieck, 1952, p. 179.

204 Convite à linguística

⁶ PLG, t. II, p. 88.
⁷ Idem, p. 229.
⁸ Ferdinand de Saussure, *Écrits de linguistique générale*, Ed. S. Bouquet et R. Engler, 2002, Gallimard, p. 87.

Nota sobre a tradução e a equipe de tradutores

Este trabalho não teria sido possível sem o empenho dos tradutores. Todos, e cada um a seu modo, fizeram o possível para apresentar ao leitor brasileiro um texto que desse a conhecer, de forma clara e consistente, as ideias de Claudine Normand.

O grupo de tradutores trabalhou em absoluta sintonia com os revisores técnicos e com os organizadores. A todos o nosso agradecimento.

A atividade de traduzir implica além de conhecimento linguístico e técnico uma boa dose de coragem. O tradutor é, normalmente, uma figura discreta; nem sempre a complexidade de seu trabalho se mostra integralmente aos olhos dos leitores menos familiarizados com essa atividade.

Os textos aqui reunidos formularam a todos da equipe dificuldades muito particulares. A tradução dos textos de Claudine Normand é recente entre nós, logo, não há, ainda, uma terminologia da autora cunhada para o português; o texto de Claudine Normand, o leitor verá, é cheio de sutilezas, especificidades e usos do francês que revelam um estilo ímpar; o escopo teórico visitado pela autora é de grande amplitude (linguística, filosofia, psicanálise, entre outros).

Tudo isso exigiu muita atenção. Esperamos que o leitor brasileiro possa se encantar com as reflexões da autora com a mesma intensidade com que fomos afetados pela singularidade de sua escrita.

Equipe de tradução

Cristina de Campos Velho Birck
Daniel Costa da Silva
Fabíola Oliveira
Germano Weinrich
Gustavo Azambuja Feix
Heloísa Monteiro Rosário
Joice Monticelli Furtado
Leci Borges Barbisan
Liziane Mayer
Patrícia Chittoni Ramos Reuillard
Paula Ávila Nunes
Paula Fernanda Malaszkiewicz
Sandra Dias Loguercio

Equipe de revisão técnica e de tradução

Heloísa Monteiro Rosário
Leci Borges Barbisan
Patrícia Chittoni Ramos Reuillard
Valdir do Nascimento Flores

A autora

Claudine Normand é uma das autoras mais influentes da linguística francesa, atualmente. Além de fundadora do Groupe de recherche sur l'histoire de la linguistique (cujo?) que coordena até hoje, é professora de Linguística de l'Université de Paris x (Nanterre) e escreveu inúmeros livros e estudos sobre as questões epistemológicas da linguística, o discurso pedagógico, a língua e a psicanálise. Publicou, em 2000, Saussure (Ed. Belles Lettres), um livro que investiga detalhadamente as ideias de Ferdinand de Saussure; em 2002, publicou Doxa, brina, brinox, petite grammaire du quotidien (Ed. Le Pli), livro que reúne exercícios do que chama de "linguistique douce," uma linguística que se autoriza a reencontrar a poesia, a música, o sonho; em 2005 publicou uma entrevista com Antoine Culioli, Onze rencontres avec le langage et le langage (Ed. Ophrys) em 2006, pela mesma editora, veio a público Au gré des non mopps... Invitation à la linguistique, uma narrativa confessional e entusiasmada sobre o percurso de uma linguista pelos caminhos da linguística. Vale ainda lembrar a organização, juntamente com Michel Arrivé, de dois números especiais de Linx, publicação do Centre de Recherches linguistiques da l'Université de Paris x - Nanterre em 1995, "Saussure aujourd'hui"; em 1997, "Émile Benveniste: vingt ans après".

A autora

Claudine Normand é uma das autoras mais instigantes da linguística francesa, atualmente. Além de fundadora do *Groupe de recherche em histoire de la linguistique* (GHIL), que coordena até hoje, é professora de Linguística da Universidade de Paris x (Nanterre) e escreveu inúmeros livros e estudos sobre as questões epistemológicas da linguística, o discurso pedagógico, a língua e a psicanálise. Publicou, em 2000, *Saussure* (Ed. Belles Lettres), um livro que investiga detalhadamente as ideias de Ferdinand de Saussure; em 2002, publicou *Bouts, brins, bribes: petite grammaire du quotidien* (Ed. Le Pli), livro que reúne exercícios do que chama de "linguistique douce", uma linguística que se autoriza a reencontrar a poesia, a música, o sonho; em 2005 publicou uma entrevista com Antoine Culioli, *Onze rencontres: sur le langage et les langues* (Ed. Ophrys); em 2006, pela mesma editora, vem a público *Allegro ma non troppo: invitation à la linguistique*, uma narrativa confessional e entusiasmada sobre o percurso de uma linguista pelos caminhos da linguística. Vale ainda lembrar a organização, juntamente com Michel Arrivé, de dois números especiais de *Linx*, publicação do Centre de Recherches linguistiques da Université de Paris x – Nanterre: em 1995, "Saussure aujourd'hui"; em 1997, "Émile Benveniste: vingt ans après".